Terminological Series
issued by the Foreign Office of the Federal Republic of Germany
Volume 4

Terminologische Schriftenreihe
herausgegeben vom Auswärtigen Amt der Bundesrepublik Deutschland
Band 4

Série de publications terminologiques du Ministère des Affaires étrangères
de la République fédérale d'Allemagne
tome 4

Publicaciones terminológicas
editadas por el Ministerio de Relaciones Exteriores
de la República Federal de Alemania
Volumen 4

Walter de Gruyter · Berlin · New York 1992

Standardformulierungen für deutsche Vertragstexte

mit Übersetzungen
in englischer, französischer und spanischer Sprache

3., neubearbeitete Auflage

zusammengestellt vom Sprachendienst des Auswärtigen Amts
der Bundesrepublik Deutschland

Walter de Gruyter · Berlin · New York 1992

♾ Gedruckt auf säurefreiem Papier,
das die US-ANSI-Norm über Haltbarkeit erfüllt.

Die Deutsche Bibliothek - CIP-Einheitsaufnahme

Standardformulierungen für Vertragstexte : mit Übersetzungen in englischer, französischer und spanischer Sprache / zsgest. vom Sprachendienst des Auswärtigen Amts der Bundesrepublik Deutschland. - 3., neubearb. Aufl. - Berlin ; New York : de Gruyter, 1992
(Terminological series ; Vol. 4)
ISBN 3-11-012824-1
NE: Deutschland <Bundesrepublik> / Auswärtiges Amt / Sprachendienst; GT

Druck: WB-Druck GmbH, 8959 Rieden am Forggensee
Buchbinderische Verarbeitung: Dieter Mikolai, 1000 Berlin 10

Vorwort

Die Standardformulierungen für deutsche Vertragstexte, die 1956 und in einer zweiten Auflage 1962 vom Auswärtigen Amt der Bundesrepublik Deutschland herausgegeben wurden, waren zunächst für die Bediensteten der obersten Bundesbehörden bestimmt. Die große Nachfrage, die nach der erweiterten Auflage von 1962 seitens anderer Behörden des In- und Auslands, internationaler Organisationen und sonstiger Dienststellen einsetzte und weiterhin anhält, machte eine Neuausgabe erforderlich. Um diese einem größeren Interessentenkreis zugänglich zu machen, ist sie nunmehr im Buchhandel erhältlich.

Zweck der Standardformulierungen war es von Anbeginn an, die Arbeit derjenigen zu erleichtern, die völkerrechtliche Verträge zu entwerfen, auszuhandeln oder zu übersetzen haben. Diese Arbeiten gewinnen bei der Intensivierung der internationalen Beziehungen und der damit verbundenen Zunahme völkerrechtlicher Übereinkünfte mehr und mehr an Bedeutung. Hier mag ein kurzer historischer Rückblick angebracht sein.

Eine Durchsicht des deutschen Reichsgesetzblatts und der ersten Bände des Bundesgesetzblatts zeigt, daß die zahlreichen vom Deutschen Reich und von der Bundesrepublik Deutschland geschlossenen Verträge in ihrer deutschen Fassung oder Übersetzung eine weitgehende Uneinheitlichkeit der Formelsprache aufweisen. Begriffe oder formale Vertragsteile, die im Englischen, Französischen und Spanischen einheitlich ausgedrückt sind, findet man im Deutschen in bunter Vielfalt wiedergegeben. So wurde etwa der in den erwähnten Fremdsprachen feststehende Begriff der diplomatischen »notification / notificación« in dem einen deutschen Vertragstext mit »Mitteilung«, im anderen mit »Meldung«, im dritten mit »Benachrichtigung«, in anderen Fällen mit »Unterrichtung«, »Bericht«, »Erklärung«, »Anzeige«, »Bekanntgabe«, »Angabe« oder mit »Notifizierung« übersetzt, von dem Gebrauch mehrerer dieser Benennungen in ein und demselben Vertrag ganz zu schweigen.

Eine solche Uneinheitlichkeit ist aber nicht nur unschön, sie ist auch aus sachlichen Gründen abzulehnen. Wenn beispielsweise in einem Sachgebiet, auf dem eine Anzahl Verträge unter der Schirmherrschaft einer internationalen Organisation geschlossen wurde, diese Organisation eines Tages Regeln für die Handhabung der in diesen Verträgen vorgesehenen »notifications / notificaciones« aufstellt, so lassen sich diese Regeln im Deutschen nur dann eindeutig wiedergeben, wenn »notification / notificación« in allen einschlägigen deutschen Vertragstexten mit demselben Wort, nämlich »Notifikation«, wiedergegeben und wenn zusätzlich dieses Wort nicht auch zur Übersetzung anderer Wörter der fremdsprachigen Texte, z.B. des Wortes »communication / comunicación«, verwendet wurde.

Daß es im Deutschen zu so weitgehend feststehenden Formulierungen wie im Englischen, Französischen und Spanischen nie gekommen ist, erklärt sich daraus, daß sich die moderne Form der Vertragsurkunde im spätmittelalterlichen Vertragsverkehr zwischen den ersten westeuropäischen Nationalstaaten entwickelt hat. So haben London und Paris in einem etwa sieben Jahrhunderte langen Gegen- und Miteinander ein sehr einheitliches Vertrags- und Formelschema geschaffen. Die entsprechenden, vom mittelalterlichen deutschen Kaiserreich entwickelten Formen und Formeln dagegen konnten für das moderne System souveräner Staaten deshalb nicht zum Vorbild werden, weil das Reich in der damaligen westlichen Welt keine gleichberechtigten Vertragspartner kannte, die Formulierungen der Reichskanzlei also auf den modernen zwischenstaatlichen Verkehr ohne Einfluß bleiben mußten. Während sich die Auflösung des alten Reiches vollzog, übertrugen die deutschen Territorialstaaten seit dem achtzehnten Jahrhundert die fertigen, im diplomatischen Verkehr zwischen Madrid, Paris, London und einigen anderen westeuropäischen Hauptstädten geprägten Vertragsformen und -formeln in die deutsche Sprache, wobei sich naturgemäß zahlreiche sprachliche Varianten herausbildeten. Bei dieser Uneinheitlichkeit ist es im deutschen Sprachgebiet bis in die Nachkriegszeit geblieben.

Durch die seit den fünfziger Jahren amtlich gebotene Anwendung der Standardformulierungen ist es inzwischen weitgehend gelungen, für die formelhaften Teile der deutschen Vertragstexte eine terminologische Übereinstimmung zu erzielen. Ebenso wurden sprachliche Korrektheit und ein guter Stil angestrebt, damit die Sprache der völkerrechtlichen Verträge sowohl den an die deutsche Gesetzessprache als auch den an die gehobene Allgemeinsprache gestellten Anforderungen entspricht.

Zahlreiche Übersetzungskonferenzen, auf denen mit Vertretern anderer deutschsprachiger Staaten eine gemeinsame oder weitgehend abgestimmte Übersetzung internationaler Übereinkünfte hergestellt wurde, haben diese Bemühungen wesentlich gefördert.

Die bisher gemachten Erfahrungen sowie die Fortentwicklung des Völkervertragsrechts liegen dieser - um viele Beispiele erweiterten - Neuausgabe der Standardformulierungen für deutsche Vertragstexte zugrunde. Sie sollen auch in Zukunft die terminologische Einheitlichkeit und die sprachliche Qualität der deutschen Vertragstexte erhalten und nach Möglichkeit verbessern.

STANDARDFORMULIERUNGEN FÜR DEUTSCHE VERTRAGSTEXTE

Inhalt

Abschnitt A

Allgemeines

§§ 1 - 6

§ 1 - Deutsch in völkerrechtlichen Verträgen[1]
- Vertragssprache, Übersetzungssprache -

(1) Die von der Bundesrepublik Deutschland oder ihren Verfassungsorganen geschlossenen völkerrechtlichen Verträge sind entweder **zweiseitige**, d.h. mit einem anderen Staat oder dessen Verfassungsorganen geschlossene Übereinkünfte, oder **mehrseitige**, d.h. entweder mit mehreren anderen Staaten oder deren Verfassungsorganen geschlossene Übereinkünfte oder Übereinkünfte, die im Rahmen internationaler Organisationen zustande gekommen sind und die für die Bundesrepublik Deutschland durch Ratifikation, Annahme, Genehmigung oder Beitritt wirksam geworden sind.

Zweiseitige Übereinkünfte werden in deutscher und, wenn die andere Vertragspartei eine oder mehrere Fremdsprachen benutzt, in dieser oder diesen Sprachen abgefaßt; Deutsch ist also stets »**Vertragssprache**«.

Mehrseitige Übereinkünfte, mit Ausnahme der zwischen den deutschsprachigen Staaten geschlossenen, werden in einer oder mehreren Fremdsprachen und gegebenenfalls in deutscher Sprache abgefaßt; im letzteren Fall ist auch Deutsch »**Vertragssprache**«. In der Regel wird der Wortlaut solcher Übereinkünfte zunächst in einer oder mehreren Fremdsprachen ausgehandelt, anhand deren dann der deutsche Wortlaut gefertigt wird.

Ist bei **mehrseitigen** Übereinkünften **Deutsch nicht Vertragssprache**, so wird eine amtliche **Übersetzung** gefertigt.

Bei **mehrseitigen** Übereinkünften, denen außer der Bundesrepublik Deutschland andere deutschsprachige Staaten als Vertragsparteien angehören, wird nicht selten eine **gemeinsame deutsche Übersetzung** erstellt.

Bei der Übersetzung von Europarats-Übereinkommen verwenden die drei deutschsprachigen Mitgliedstaaten die vereinbarte deutsche Übersetzung der Muster-Schlußklauseln des Europarats[2].

(2) Die als Beispiele wiedergegebenen Vertragstexte sind weitgehend dem Bundesgesetzblatt Teil II und anderen amtlichen Unterlagen entnommen. Sie sind wie folgt angeordnet:

Bei **zweiseitigen Übereinkünften** steht der deutsche Wortlaut an erster, der fremdsprachige Wortlaut an zweiter Stelle. Sind mehrere fremdsprachige Fassungen angegeben, so ist dies durch »oder« kenntlich gemacht.

Ist bei **mehrseitigen Übereinkünften Deutsch Vertragssprache**, so steht der deutsche Wortlaut an erster Stelle; ist **Deutsch Übersetzung**, so steht er an letzter Stelle.

---

1 Das Wort »Vertrag« ist hier im weitesten Sinn gebraucht; es umfaßt alle in § 7 aufgeführten Übereinkünfte.

2 siehe § 30

§ 2 - Vertragsdeutsch

»Was geschrieben wird, soll klar, erschöpfend, aber so kurz wie möglich ausgedrückt werden« (§ 34 Abs. 1 GGO I). Diese für die deutsche Amts- und Gesetzessprache maßgebliche Weisung gilt sinngemäß auch für den Wortlaut völkerrechtlicher Übereinkünfte. Allerdings ist hier die Forderung nach einem durchsichtigen und möglichst knappen Satzbau viel schwerer zu erfüllen, da zumeist die fremdsprachigen Vertragstexte mit den anderen Vertragsparteien ausgehandelt werden und der Übersetzer an den ausgehandelten fremdsprachigen Wortlaut gebunden ist. Von dem Übersetzer wird daher die Bereitschaft gefordert, sich um den stilistisch besten und sprachlich eindeutigen Ausdruck bei möglichst genauer Entsprechung von deutschem und fremdsprachigem Text zu bemühen.

»Gesetze müssen sprachlich einwandfrei und soweit wie möglich für jedermann verständlich gefaßt sein« (§ 35 Abs. 1 GGO II). Dieser Hinweis gilt auch für die Sprache deutscher Vertragstexte.

Fremdwörter sind nach Möglichkeit zu vermeiden, wenn es bedeutungsgleiche deutsche Ausdrücke gibt: »Erklärung« (statt »Deklaration«), »Zusammenarbeit« (statt »Kooperation«), »zweiseitig und mehrseitig« (statt »bilateral und multilateral«) usw.

Das gleiche gilt für Anglizismen: »Führungskräfte« oder »Leitung« (statt »Management«), »Flughafen« (statt »Airport«), »Erklärung« (statt »Statement«) usw.

Hat dagegen das Fremdwort eine Bedeutung, die nicht oder nur ungenau durch ein deutsches Wort wiedergegeben werden kann, so ist das Fremdwort zu benutzen: »Präambel«, »Ratifikation«, »Notifikation« usw.; vgl. die betreffenden Stichwörter.

Bei der Übersetzung von Vertragstexten, die Fachtermini enthalten, ist zu prüfen, wie diese in einschlägigen Rechts- und Verwaltungsvorschriften lauten.

§ 3 - Zeitformen der Vertragssprache

(1) In der Regel ist im Deutschen - im Gegensatz zu vielen Fremdsprachen - die einfache Gegenwartsform (»Vertragspräsens«) zu wählen, um vertragliche Gebote auszudrücken:

... shall take measures ...	... prendront les mesures ...	... tomarán las medidas ...

»... **treffen / ergreifen** Maßnahmen ...«

... measures shall be taken ...	... les mesures seront prises ...	... las medidas serán tomadas ...

»... Maßnahmen werden **getroffen / ergriffen** ...«

Any Contracting Party shall give public notice of the total quantity ...	Toute Partie contractante publiera le total du volume ...	Toda Parte Contratante publicará el total del volumen ...

»Jede Vertragspartei **veröffentlicht** die Gesamtmenge ...«

(2) Verpflichten sich die Vertragsparteien nicht zu bestimmten Handlungen, sondern zur Verfolgung einer bestimmten Politik oder zur Anerkennung gewisser Grundsätze, so ist zuweilen das Futur dem Vertragspräsens vorzuziehen:

The Contracting Parties shall endeavour ...	Les Parties contractantes s'efforceront ...	Las Partes Contratantes tratarán ...

»Die Vertragsparteien **werden** bestrebt **sein** ...«

Enthält eine Übereinkunft Gebote für Dritte, z.B. für Staatsangehörige der Vertragsparteien, oder werden bestimmte Vorschriften der Übereinkunft näher beschrieben, so empfiehlt sich manchmal die Wendung »... ist zu ... / ... hat zu ... / ... muß ...«:

Such applications shall be addressed to ...	Ces demandes seront adressées à ...	Estas demandas serán dirigidas a ...

»Diese Anträge **sind** an ... **zu** richten.«

All charges and regulations imposed by Contracting Parties on traffic in transit shall be reasonable.	Tous les droits et règlements appliqués par les Parties contractantes au trafic en transit devront être équitables.	Todos los derechos y regulaciones aplicados por las Partes Contratantes al tráfico en tránsito deberán ser adecuados.

»Alle Belastungen und Vorschriften, denen die Vertragsparteien den Durchfuhrverkehr unterwerfen, **müssen** angemessen **sein** (oder: **haben** angemessen **zu sein**).«

Ist ein Gebot durch eine Verneinung ausgedrückt, so wird dies im Deutschen oft mit »... dürfen ... nicht ... / ... dürfen ... kein(e, em, en, er) ...« wiedergegeben:

Nationals of a Contracting State shall not be subjected in the other Contracting State to any	Les nationaux d'un Etat contractant ne sont soumis dans l'autre Etat contractant à aucune	Los nacionales de un Estado Contratante no serán sometidos en el otro Estado Contratante

taxation or any requirement connected therewith which is other or more burdensome than the taxation and connected requirements to which nationals of that other State in the same circumstances are or may be subjected.

imposition ou obligation y relative, qui est autre ou plus lourde que celles auxquelles sont ou pourront être assujettis les nationaux de cet autre Etat qui se trouvent dans la même situation.

a ningún impuesto u obligación relativa al mismo que no se exijan o que sean más gravosos que aquéllos a los que estén o puedan estar sometidos los nacionales de este otro Estado que se encuentren en las mismas condiciones.

»Staatsangehörige (oder: Angehörige[3]) eines Vertragsstaats **dürfen** im anderen Vertragsstaat **keiner** Besteuerung oder damit zusammenhängenden Verpflichtung unterworfen werden, die anders oder belastender ist als die Besteuerung und die damit zusammenhängenden Verpflichtungen, denen Staatsangehörige (oder: Angehörige[3]) des anderen Staates unter gleichen Verhältnissen unterworfen sind oder unterworfen werden können.«

Auf jeden Fall aber drücken das englische »shall« sowie das französische und spanische Futur oder Präsens bindende Verpflichtungen aus (Muß-Vorschrift), dürfen also nicht mit »soll(en)« übersetzt werden. Dem deutschen »soll(en)« entsprechen die Wörter »should / devrai(en)t / debería(n)«; diese Formen werden vor allem bei Empfehlungen verwendet (Soll-Vorschrift).

§ 4 - Präpositionen

Die älteren »klassischen« und in der Umgangssprache üblicheren Präpositionen sind, soweit irgend möglich, den neueren »funktionalen« Präpositionen vorzuziehen: »Inkrafttreten **nach** Artikel 15« statt: »... gemäß Artikel 15«; »Vertrag **zur** Gründung ...« statt: »... betreffend die Gründung ...«; »Vorschriften **über** die Durchführung ...« statt: »... in bezug auf die (oder: bezüglich der) Durchführung ...«; »Erklärung **zu** dem Übereinkommen ...« statt: »... hinsichtlich des Übereinkommens ...«.

Der Gebrauch funktionaler Präpositionen ist nur dort vertretbar, wo sonst Unklarheiten, stilistische Mängel, Verdoppelungen oder Schwerfälligkeiten entstehen würden: »Jede Verpflichtung oder Haftung **in bezug** auf Schäden ...« statt: »Jede Verpflichtung aus Schäden oder Haftung für Schäden ...«; »Protokoll, zusätzliche Zugeständnisse **betreffend**, zum Allgemeinen Zoll- und Handelsabkommen« statt des mißverständlichen Ausdrucks: »Protokoll über zusätzliche Zugeständnisse zum Allgemeinen Zoll- und Handelsabkommen«; »... um sich auf einen Bericht über ihre Ansichten **bezüglich** des westlichen Standpunkts zu einigen ...« statt: »... über ihre Ansichten über den westlichen Standpunkt ...«; »Nach Ablauf dieser Frist findet das Verfahren **gemäß** Artikel ... (oder: das in Artikel ... **vorgesehene** Verfahren) Anwendung« statt: »... das Verfahren nach Artikel ...«.

---

3 siehe § 22 unter »national (Subst.)«

§ 5 - Rechtschreibung

(1) Für alle Übereinkünfte der Bundesrepublik Deutschland ist - wie auch sonst für amtliche Schriftstücke - eine einheitliche Schreibweise anzustreben. »Die Schreibweise richtet sich nach den amtlichen Regeln für die deutsche Rechtschreibung« (Anhang II zur GGO I, Anlage K 4 zu § 14 Abs. 7 der Kanzleianweisung, unter VI Nr. 4). Auf diesen »amtlichen Regeln« beruht der **Duden**. Es ist also die in der jeweils neuesten Auflage des Duden angegebene Rechtschreibung anzuwenden.

(2) In Fällen, in denen der Duden mehrere Schreibweisen zuläßt, soll die jeweils neuere Form verwendet werden, da diese sich voraussichtlich auf die Dauer durchsetzen wird. So wird meist **»aufgrund«** statt »auf Grund«, **»anhand«** statt »an Hand« usw. geschrieben.

Bei mehrsilbigen Wörtern entfällt in der Regel das Genetiv-e, während es bei einsilbigen Wörtern erhalten bleibt: »des **Vertragsstaats**« statt »des Vertragsstaates«, aber »des **Staates**« statt »des Staats«. Meist entfällt auch das Dativ-e: »auf dem **Gebiet**« statt »auf dem Gebiete«.

(3) **Abkürzungen** werden in Vertragstexten weniger häufig als in anderen Texten verwendet. So schreibt man besser **»beziehungsweise«** statt »bzw.«, **»unter anderem«** statt »u.a.«, **»vom Hundert«** statt »v.H.«.

(4) Bei **Zahlenangaben** im fremdsprachigen Originaltext ist in der deutschen Übersetzung die entsprechende Schreibweise anzuwenden:

5 years	5 ans	5 años

»**5** Jahre«

---

six months	six mois	seis meses

»**sechs** Monate«

Sind bei Vorliegen mehrerer fremdsprachiger Originaltexte die Zahlen nicht einheitlich wiedergegeben, so soll bei der Übersetzung ins Deutsche die Schreibweise derjenigen Sprache übernommen werden, in der vorwiegend verhandelt wurde; dies ist in vielen Fällen das Englische:

This Convention shall enter into force 12 months after the date of deposit of the sixtieth instrument of ratification or accession.	La Convention entre en vigueur douze mois après la date de dépôt du soixantième instrument de ratification ou d'adhésion.	Esta Convención entrará en vigor 12 meses después de la fecha en que haya sido depositado el sexagésimo instrumento de ratificación o de adhesión.

»Dieses Übereinkommen tritt **12** Monate nach Hinterlegung der sechzigsten Ratifikations- oder Beitrittsurkunde in Kraft.«

Eine Ausnahme bildet die »Geschehen«-Formel am Schluß der Übereinkunft. Hier werden im Deutschen der Tag (nicht der Monat) und die Jahreszahl der Unterzeichnung in arabischen Zahlen angegeben, auch wenn diese Zahlen in den Fremdsprachen ausgeschrieben sind:

Done at Vienna, this twenty-third day of May, one thousand nine hundred and sixty-nine.	**Fait à Vienne, le vingt-trois mai mil neuf cent soixante-neuf.**	**Hecha en Viena, el día veintitrés de mayo de mil novecientos sesenta y nueve.**

»Geschehen zu Wien am **23. Mai 1969**.«

(5) Bei Bezeichnungen von Staaten und Hoheitsgebieten und ihren Ableitungen gilt ausschließlich die in dem vom Auswärtigen Amt herausgegebenen und über den Deutschen Bundes-Verlag zu beziehenden »Länderverzeichnis für den amtlichen Gebrauch in der Bundesrepublik Deutschland« (Deutsch-Englisch-Französisch-Spanisch) verwendete Rechtschreibung, auch wo die Schreibweise des Duden hiervon abweicht oder wo dieser mehrere Schreibweisen zuläßt. Dies gilt auch für die Schreibweise der ausländischen Hauptstädte.

Die deutschen Bezeichnungen der Staaten und ihre Ableitungen, die mit denjenigen des »Länderverzeichnisses« identisch sind, werden außerdem im »Verzeichnis der ausländischen Staatennamen für den amtlichen Gebrauch in der Bundesrepublik Deutschland« wiedergegeben, das vom Auswärtigen Amt - Referat 501 - in dem vom Bundesminister des Innern herausgegebenen »Gemeinsamen Ministerialblatt« veröffentlicht wird.

Kommen in Verträgen und anderen amtlichen Schriftstücken Namen, Personenbezeichnungen oder Adjektive geographischer Art vor - z.B. von Gebieten, Inseln, Gebirgen, Flüssen oder Städten -, die weder im Länderverzeichnis noch im Duden aufgeführt sind, so kann die amtliche Form oder Schreibweise über das Referat 116-9 (Geographisch-Kartographischer Dienst) des Auswärtigen Amts festgestellt werden.

§ 6 - Zeichensetzung (Interpunktion)

Im deutschen Wortlaut einer Übereinkunft ist ungeachtet der Interpunktion in den fremdsprachigen Texten nach den deutschen Zeichensetzungsregeln zu verfahren, wie sie in der jeweils neuesten Auflage des Duden, Band 1, und in der »Sonderreihe zum Großen Duden«, Band 1, zusammengefaßt sind.

Eine häufige Abweichung der - ohnehin recht strengen - deutschen Interpunktionsregeln von der - meist weniger strengen - fremdsprachigen Praxis ist beispielsweise die Verwendung des **Doppelpunkts bei Aufzählungen**. Während in den Fremdsprachen nach dem einleitenden Satz häufig ein Doppelpunkt steht, wird dieser im Deutschen nur dann gesetzt, wenn es sich dabei um einen selbständigen Satz handelt. Geht der einleitende Satz jedoch weiter, so entfällt das Satzzeichen, oder es wird, je nach Satzkonstruktion, ein Komma gesetzt. Beginnt auch die Aufzählung mit einem selbständigen Satz, so erhält das erste Wort dieses Satzes einen großen Anfangsbuchstaben, falls es sich nicht ohnehin um ein Hauptwort handelt.

1. Heads of consular posts are divided into four classes, namely:	1. Les chefs de poste consulaire se répartissent en quatre classes, à savoir:	1. Los jefes de oficina consular serán de cuatro categorías:
(a) consuls-general;	a) consuls généraux;	a) cónsules generales;
(b) consuls;	b) consuls;	b) cónsules;
(c) vice-consuls;	c) vice-consuls;	c) vicecónsules;
(d) consular agents.	d) agents consulaires.	d) agentes consulares.

»(1) Die Leiter konsularischer Vertretungen sind in folgende vier Klassen eingeteilt:

a) Generalkonsuln,
b) Konsuln,
c) Vizekonsuln,
d) Konsularagenten.«

The functions of a member of a consular post shall come to an end inter alia:	Les fonctions d'un membre d'un poste consulaire prennent fin notamment par:	Las funciones de un miembro de la oficina consular terminarán inter alia:
(a) on notification by the sending State to the receiving State that his functions have come to an end;	a) la notification par l'Etat d'envoi à l'Etat de résidence du fait que ses fonctions ont pris fin;	a) por la notificación del Estado que envía al Estado receptor de que se ha puesto término a esas funciones;
(b) on withdrawal of the exequatur;	b) le retrait de l'exequatur;	b) por la revocación del exequátur;
(c) on notification by the receiving State to the sending State that the receiving State has ceased to consider him as a member of the consular staff.	c) la notification par l'Etat de résidence à l'Etat d'envoi qu'il a cessé de considérer la personne en question comme membre du personnel consulaire.	c) por la notificación del Estado receptor al Estado que envía de que ha cesado de considerar a la persona de que se trate como miembro del personal consular.

»Die dienstliche Tätigkeit eines Mitglieds einer konsularischen Vertretung wird unter anderem dadurch beendet,

a) daß[4] der Entsendestaat dem Empfangsstaat die Beendigung seiner dienstlichen Tätigkeit notifiziert,

b) daß[4] das Exequatur entzogen wird oder

c) daß[4] der Empfangsstaat dem Entsendestaat notifiziert, er betrachte die betreffende Person nicht mehr als Mitglied des konsularischen Personals.«

---

2. With respect to attacks, the following precautions shall be taken:	2. En ce qui concerne les attaques, les précautions suivantes doivent être prises:	2. Respecto a los ataques, se tomarán las siguientes precauciones:
(a) those who plan or decide upon an attack shall:	a) ceux qui préparent ou décident une attaque doivent:	a) quienes preparen o decidan un ataque deberán:
(i) do everything feasible to verify that the objectives to be attacked are neither civilians nor civilian objects and are not subject to special protection but are military objectives within the meaning of paragraph 2 of Article 52 and that it is not prohibited by the provisions of this Protocol to attack them;	i) faire tout ce qui est pratiquement possible pour vérifier que les objectifs à attaquer ne sont ni des personnes civiles, ni des biens de caractère civil, et ne bénéficient pas d'une protection spéciale, mais qu'ils sont des objectifs militaires au sens du paragraphe 2 de l'article 52, et que les dispositions du présent Protocole n'en interdisent pas l'attaque;	i) hacer todo lo que sea factible para verificar que los objetivos que se proyecta atacar no son personas civiles ni bienes de carácter civil, ni gozan de protección especial, sino que se trata de objetivos militares en el sentido del párrafo 2 del artículo 52 y que las disposiciones del presente Protocolo no prohíben atacarlos;

4 Bei Aufzählungen wird oft eine bessere Lesbarkeit erzielt, wenn der Anfang des Gliederungsteils nicht vor die Gliederung gesetzt, sondern in jedem Aufzählungsteil wiederholt wird.

(ii) take all feasible precautions in the choice of means and methods of attack with a view to avoiding, and in any event to minimizing, incidental loss of civilian life, injury to civilians and damage to civilian objects;	ii) prendre toutes les précautions pratiquement possibles quant au choix des moyens et méthodes d'attaque en vue d'éviter et, en tout cas, de réduire au minimum les pertes en vies humaines dans la population civile, les blessures aux personnes civiles et les dommages aux biens de caractère civil qui pourraient être causés incidemment;	ii) tomar todas las precauciones factibles en la elección de los medios y métodos de ataque para evitar o, al menos, reducir todo lo posible el número de muertos y de heridos que pudieran causar incidentalmente entre la población civil, así como los daños a los bienes de carácter civil;
(iii) ...	iii) ...	iii) ...

»(2) Im Zusammenhang mit Angriffen sind folgende Vorsichtsmaßnahmen zu treffen:

a) Wer einen Angriff plant oder beschließt,

i) hat[5] alles praktisch Mögliche zu tun, um sicherzugehen, daß die Angriffsziele weder Zivilpersonen noch zivile Objekte sind und nicht unter besonderem Schutz stehen, sondern militärische Ziele im Sinne des Artikels 52 Absatz 2 sind und daß der Angriff nicht nach diesem Protokoll verboten ist;

ii) hat[5] bei der Wahl der Angriffsmittel und -methoden alle praktisch möglichen Vorsichtsmaßnahmen zu treffen, um Verluste unter der Zivilbevölkerung, die Verwundung von Zivilpersonen und die Beschädigung ziviler Objekte, die dadurch mit verursacht werden könnten, zu vermeiden und in jedem Fall auf ein Mindestmaß zu beschränken;

iii) ...«

---

5 siehe Fußnote 4 auf S. 9

Abschnitt B

Bezeichnung von Übereinkünften (Titel)

§§ 7 - 10

§ 7 - Bezeichnung von Übereinkünften

(1) Die Bezeichnung völkerrechtlicher Übereinkünfte im Titel und im Text weist große Mannigfaltigkeit auf. Die Form des Abschlusses - als Staatsvertrag, Regierungsübereinkunft, Ressortübereinkunft -, die politische oder wirtschaftliche Bedeutung, innerstaatliche (verfassungsrechtliche) Gründe sowie die Zahl der Vertragsparteien bestimmen im Einzelfall die Wahl der einen oder anderen Bezeichnung.

Die Bezeichnung von Übereinkünften sollte keinen Zweifel über ihre jeweilige Form (Staatsvertrag usw.) aufkommen lassen und muß mit den übrigen die Form der Übereinkunft bestimmenden Merkmalen (Bezeichnung der Vertragsparteien in der Präambel, im materiellen Teil und in den Unterzeichnungsformeln) übereinstimmen.

a) **Zweiseitige Staatsverträge** von grundsätzlicher - insbesondere politischer - Bedeutung und längerer Laufzeit sollten im Titel und im Text als **»Vertrag«** bezeichnet werden (»Treaty / Traité / Tratado« usw.). Andere zweiseitige Staatsverträge können **»Abkommen«** genannt werden, insbesondere, wenn die andere Vertragspartei die Bezeichnung »Agreement / Accord / Acuerdo« oder »Convention / Convenio / Convención« usw. vorzieht. Im Interesse terminologischer Übereinstimmung darf die Übereinkunft nicht im Deutschen als »Vertrag«, in der Fremdsprache dagegen als »Agreement«, »Convention« o.ä. bezeichnet werden.

b) **Zweiseitige Regierungsübereinkünfte** werden als **»Abkommen«** oder **»Vereinbarung«** (»Agreement / Accord / Acuerdo«) bezeichnet.

c) **Ressortübereinkünfte** werden als **»Abkommen«** (»Agreement / Accord / Acuerdo« usw.) oder **»Vereinbarung«** (»Arrangement / Arreglo« oder »Agreement / Accord / Acuerdo« usw.) bezeichnet.

d) **Noten- / Briefwechsel** werden als **»Vereinbarung«** (»Arrangement / Arreglo« usw.) bezeichnet.

e) **Mehrseitige Übereinkünfte** - sowohl Staatsverträge als auch Regierungs- und Ressortübereinkünfte - heißen in der deutschen Vertragssprache in der Regel **»Übereinkommen«** (»Convention / Convenio / Convención« oder »Agreement / Accord / Acuerdo«), mitunter auch **»Vertrag«** (s.o.), **»Vereinbarung«** (s.o.), **»Protokoll«** (»Protocol / Protocole / Protocolo«).

(2) Als Oberbegriff für mehrere zwei- oder mehrseitige Verträge, die selbst verschiedene Bezeichnungen tragen, ist im Deutschen ungeachtet der fremdsprachigen Bezeichnung (»Agreement / Accord / Acuerdo«, »Convention / Convención« o.ä.) stets das Wort **»Übereinkunft«** zu verwenden, sofern der fremdsprachige Wortlaut nicht das Wort »Treaty / Traité / Tratado« verwendet. In diesem Fall heißt es auch im Deutschen »Vertrag«; siehe hierzu die Bemerkungen zu »Instrument« in Absatz 3.

(3) Für die Übersetzung fremdsprachiger Bezeichnungen von zwei- oder mehrseitigen Übereinkünften, deren fremdsprachiger Titel bereits feststeht, sowie für die Übersetzung deutscher Bezeichnungen von Übereinkünften, die von deutscher Seite vorgeschlagen werden, gilt im einzelnen folgende Regelung:

Act[6]	**Acte**	**Acta**

»Akte«

Additional Act	**Acte additionnel**	**Acta Adicional**

»Zusatzakte«

Final Act	**Acte final**	**Acta Final**

»Schlußakte«

General Act	**Acte général**	**Acta General**

»Generalakte«

Additional Act: s. unter »Act«

Additional Protocol: s. unter »Protocol«

Administrative Agreement: s. unter »Agreement«

Agreed Declaration: s. unter »Declaration«

Agreed Minute(s): s. unter »Minute(s)«

Agreement[7]	**Accord**	**Acuerdo**

wenn zweiseitig: »Abkommen«; »Vereinbarung«
wenn mehrseitig: »Übereinkommen«; selten »Vereinbarung«

---

6 Die Stellungnahmen, Empfehlungen, Richtlinien, Entschließungen, Beschlüsse, Entscheidungen, Abkommen u.a.m. einer internationalen Organisation werden manchmal zusammenfassend als »acts / actes / actas« bezeichnet. Hierfür ist das Wort »Akte« (Plural) zu verwenden.

7 siehe auch: »Memorandum of Agreement«

Administrative Agreement	**Accord administratif**	**Acuerdo Administrativo**

wenn zweiseitig: »Verwaltungsabkommen«; »Verwaltungsvereinbarung«
wenn mehrseitig: »Verwaltungsübereinkommen«; selten »Verwaltungsvereinbarung«

Basic Agreement	**Accord-cadre**	**Acuerdo Básico**

»Rahmenabkommen«

Executive Agreement[8]

»Regierungsabkommen«

Four-Power Agreement	**Accord des Quatre Puissances**	**Acuerdo de las Cuatro Potencias**

»Viermächte-Übereinkommen«

Headquarters Agreement	**Accord de siège**	**Acuerdo de Sede**

»Sitzabkommen«

Quadripartite Agreement	**Accord quadriparti(te)**	**Acuerdo Cuatripartito**

»Viermächte-Übereinkommen«[9]; »Vierer-Übereinkommen«; »Vierparteien-Übereinkommen«

---

8 nach amerikanischem Staatsrecht ein Abkommen, das der Präsident als Regierungschef (chief executive) ohne Mitwirkung der gesetzgebenden Körperschaften schließen kann

9 Die Übereinkunft vom 03.09.1971 betreffend Berlin heißt im verbindlichen englischen Wortlaut »Quadripartite Agreement«, im verbindlichen französischen Wortlaut »Accord quadripartite«, in der spanischen Übersetzung »Acuerdo Cuatripartito« und in der deutschen Übersetzung - abweichend von der geltenden Regelung - »Viermächte-Abkommen«.

Special Agreement	**Accord spécial**	**Acuerdo Especial**

wenn zweiseitig: »Sonderabkommen«; »Sondervereinbarung«[10]
wenn mehrseitig: »Sonderübereinkommen«; »Sondervereinbarung«[10]

Supplementary (Supplementing) Agreement	**Accord supplémentaire (additionnel; complémentaire)**	**Acuerdo Adicional (Suplementario; Complementario)**

wenn zweiseitig: »Zusatzabkommen«; selten »Ergänzungsabkommen«; »Zusatzvereinbarung«; selten »Ergänzungsvereinbarung«
wenn mehrseitig: »Zusatzübereinkommen«; selten »Ergänzungsübereinkommen«; »Zusatzvereinbarung«; selten »Ergänzungsvereinbarung«

Tripartite Agreement	**Accord triparti(te)**	**Acuerdo Tripartito**

»Dreier-Übereinkommen«; »Dreiparteien-Übereinkommen«

Arrangement[11]	**Arrangement**	**Arreglo**

»Vereinbarung«; »Abmachung«

Special Arrangement	**Arrangement spécial**	**Arreglo Especial**

»Sondervereinbarung«; »Sonderabmachung«

Basic Agreement: s. unter »Agreement«

---

10 In zwei- oder mehrseitigen »agreements / accords / acuerdos« werden zuweilen »special agreements / accords spéciaux / acuerdos especiales« vorgesehen, welche die Durchführung des Abkommens oder Übereinkommens im einzelnen regeln sollen. Derartige untergeordnete Übereinkünfte sind im Deutschen zweckmäßigerweise als »Sondervereinbarungen« zu bezeichnen.

11 Diese Bezeichnung wird auch häufig für einseitige Akte verwendet; sie bedeutet dann »Regelung«, »Vorkehrung« oder kann auch den Sinn von »veranlassen« haben.

Charter	**Charte**	**Carta**

»Charta«

Concluding Document	**Document de clôture**	**Documento de Terminación**

»Abschließendes Dokument«

Concordat	**Concordat**	**Concordato**

»Konkordat«

Constitution[12]	**Constitution; Acte constitutif**	**Constitución; Acta constitutiva**

»Satzung«

Convention	**Convention**	**Convenio; Convención**

wenn zweiseitig: »Abkommen«
wenn mehrseitig: »Übereinkommen«

Supplementary Convention	**Convention supplémentaire (complémentaire)**	**Convenio Suplementario (Complementario)**

wenn zweiseitig: »Zusatzabkommen«; selten »Ergänzungsabkommen«; »Zusatzvereinbarung«; selten »Ergänzungsvereinbarung«
wenn mehrseitig: »Zusatzübereinkommen«; selten »Ergänzungsübereinkommen«; »Zusatzvereinbarung«; selten »Ergänzungsvereinbarung«

Covenant	**Pacte**	**Pacto**

»Pakt«

---

12 Die Gründungsurkunde internationaler Organisationen heißt im Englischen oft »Constitution«, doch sind die Bezeichnungen - auch in den anderen Fremdsprachen - uneinheitlich; siehe unter »Statute(s)«. Im Deutschen heißt eine solche Gründungsurkunde stets »Satzung«; lediglich die »Constitution« der Internationalen Arbeitsorganisation heißt »Verfassung«.

Decision	Décision	Decisión

»Beschluß«; »Entscheidung«

Die für Mitgliedstaaten verbindlichen »decisions / décisions / decisiones« zwischenstaatlicher Organisationen und ihrer Nebenorgane sind im Deutschen als **Beschlüsse** zu bezeichnen; siehe z.B. das Übereinkommen über die Organisation für Wirtschaftliche Zusammenarbeit und Entwicklung, Artikel 5:

In order to achieve its aims, the Organisation may ... take decisions which, except as otherwise provided, shall be binding on all the Members ...	**En vue d'atteindre ses objectifs, l'Organisation peut ... prendre des décisions qui, sauf disposition différente, lient tous les Membres ...**	**Para alcanzar sus objetivos, la Organización podrá tomar decisiones que, salvo disposiciones contrarias, vinculan a todos los Miembros ...**

»Um ihre Ziele zu erreichen, kann die Organisation ... **Beschlüsse** fassen; diese sind für alle Mitglieder bindend, soweit nichts anderes vorgesehen, ...«

Eine Ausnahme bilden die »decisions / décisions / decisioni[13]« der Hohen Behörde der Montanunion sowie des Rates und der Kommission der Europäischen Gemeinschaften; sie werden aufgrund des deutschen Wortlauts der Gründungsverträge als **Entscheidungen** bezeichnet.

Die »decision / décision / decisión« eines Gerichts ist eine **Entscheidung**.

Declaration[14]	Déclaration	Declaración

»Erklärung«

Agreed Declaration	Déclaration convenue (agréée)	Declaración Acordada

»Vereinbarte Erklärung«

---

13 italienisch; Spanien gehörte nicht zu den Gründungsstaaten.

14 Die Bezeichnung »Statement« wird äußerst selten für Erklärungen verwendet, die Übereinkünfte darstellen. In einem solchen Fall sollte sie im Deutschen mit »Erklärung« wiedergegeben werden.

Declaration of Intent(ion)	**Déclaration d'intention**	**Declaración de Intención**
»Absichtserklärung«		
Declaration of Principle	**Déclaration de principe**	**Declaración de Principio**
»Grundsatzerklärung«		
Declaration of Understanding	**Déclaration d'entente**	**Declaración de Acuerdo**
»Einvernehmenserklärung«		
Interpretative Declaration	**Déclaration interprétative**	**Declaración Interpretativa**
»Auslegungserklärung«		
Joint Declaration	**Déclaration commune**	**Declaración Común (Conjunta)**
»Gemeinsame Erklärung«		
Directive	**Directive**	**Directiva**
»Richtlinie«		
Exchange of Letters	**Echange de lettres**	**Cambio (Canje) de Cartas**
»Briefwechsel«[15]		

15 nicht: Schriftwechsel; dem entspricht das fremdsprachige »(exchange of) correspondence / (échange de) correspondance / (intercambio de) correspondencia«.

Exchange of Notes[16] | **Echange de notes**[16] | **Cambio (Canje) de Notas**[16]

»Notenwechsel«[16]

Exchange of Diplomatic Notes | **Echange de notes diplomatiques** | **Cambio de Notas Diplomáticas**

»Diplomatischer Notenwechsel«

Executive Agreement: s. unter »Agreement«

Explanatory Memorandum[17] | **Exposé des Motifs**[17] | **Exposición de Motivos**[17]

»Erläuternde Denkschrift«; »Erläuterndes Memorandum«; »Erläuterungen«[17]

Explanatory Report[17] | **Rapport explicatif**[17] | **Informe Explicativo**[17]

»Erläuternder Bericht«[17]

Final Act: s. unter »Act«

Four-Power Agreement: s. unter »Agreement«

General Act: s. unter »Act«

General Treaty: s. unter »Treaty«

Guidelines | **Lignes directrices** | **Lineas directrices**

»Leitlinien«

---

16 Diese Benennung wird für den Austausch sowohl von unterschriftsbedürftigen diplomatischen Noten als auch von Verbalnoten verwendet, die statt der Unterschrift einen Amtsstempel-Abdruck (mit Paraphe) erhalten.

17 amtliches Dokument, das manchen Übereinkünften beigefügt ist

__Headquarters Agreement__: s. unter »Agreement«

__Instrument__	Instrument	Instrumento

als Oberbegriff »Übereinkunft«

Es kommt vor, daß mit einer einzigen Benennung auf eine Anzahl von Übereinkünften Bezug genommen wird, deren amtliche Bezeichnungen teils »Vertrag«, teils »Übereinkommen« u.a.m. lauten:

... have prepared the Convention on ..., the Agreement on ..., and the Protocol concerning ... These instruments are annexed to the present Final Act.	... ont élaboré la Convention relative à ..., l'Accord sur ... et le Protocole sur ... Ces instruments sont joints en annexe au présent Acte final.	... han elaborado el Convenio sobre ..., el Acuerdo sobre ... y el Protocolo sobre ... Estos instrumentos están unidos como anexos a la presente Acta final.

»... haben das Übereinkommen über ..., die Vereinbarung betreffend ... sowie das Protokoll zum ... ausgearbeitet. Die genannten **Übereinkünfte** sind dieser Schlußakte beigefügt.«

It is recognized that member States have undertaken obligations in this matter by means of treaties, agreements or conventions. The present provisions shall not affect any obligations arising for member States from such treaties, agreements or conventions concluded with third States.	Il est reconnu que les Etats membres ont assumé des obligations dans ce domaine, dans des traités, accords ou conventions. Les présentes dispositions ne portent pas atteinte aux obligations découlant pour les Etats membres de tels traités, accords ou conventions conclus avec des Etats tiers.	Se reconoce que los Estados miembros han contraído obligaciones en este terreno en tratados, acuerdos o convenios. Las presentes disposiciones no afectan a las obligaciones derivadas para los Estados miembros de tales tratados, acuerdos o convenios concluidos con terceros Estados.

»Es wird anerkannt, daß Mitgliedstaaten in Verträgen, Abkommen oder Übereinkommen Verpflichtungen auf diesem Gebiet übernommen haben. Die vorliegenden Bestimmungen lassen die Verpflichtungen von Mitgliedstaaten aus bestehenden **Übereinkünften** dieser Art mit dritten Staaten unberührt.«

Bezieht sich jedoch das Wort »instrument / instrumento« auf einseitig erlassene Verfügungen, so ist es mit »**Urkunde**« wiederzugeben.

__Interpretative Declaration__: s. unter »Declaration«

Joint Declaration: s. unter »Declaration«

Joint Minute(s): s. unter »Minute(s)«

Joint Protocol: s. unter »Protocol«

Memorandum of Agreement	(Mémorandum d') Accord	Memorándum de Acuerdo

»Vereinbarung«

Memorandum of Understanding	(Mémorandum d') Entente	Memorándum de Acuerdo

»Vereinbarung«; »Abmachung«

Minute(s)	Procès-Verbal	Minuta; Acta

»Niederschrift«

Agreed Minute(s)	Procès-Verbal convenu	Minuta Acordada

»Vereinbarte Niederschrift«

Joint Minute(s)	Procès-Verbal commun	Minuta Común (Conjunta)

»Gemeinsame Niederschrift«

Optional Protocol: s. unter »Protocol«

Pact	Pacte	Pacto

»Pakt«

Proposal	Proposition	Propuesta

»Vorschlag«

Protocol	Protocole	Protocolo

»Protokoll«

Additional Protocol	**Protocole additionnel**	**Protocolo Adicional**
»Zusatzprotokoll«		
Joint Protocol	**Protocole commun**	**Protocolo Común (Conjunto)**
»Gemeinsames Protokoll«		
Optional Protocol	**Protocole facultatif**	**Protocolo Facultativo**
»Fakultativprotokoll«		
---	**Protocole d'accord**	**Protocolo de Acuerdo**
»Vereinbarungsprotokoll«		
Protocol annexed (to the Treaty)	**Protocole annexe (au Traité)**	**Protocolo Anexo (al Tratado)**
»Protokoll als Anlage (zum Vertrag)«		
Protocol of Extension	**Protocole de prorogation (reconduction)**	**Protocolo de Prórroga (Reconducción)**
»Verlängerungsprotokoll«		
Protocol of Signature	**Protocole de signature**	**Protocolo de Firma**
»Unterzeichnungsprotokoll«		
Special Protocol	**Protocole spécial**	**Protocolo Especial**
»Sonderprotokoll«		
Supplementary Protocol	**Protocole additionnel**	**Protocolo Adicional**
»Zusatzprotokoll«		

Quadripartite Agreement: s. unter »Agreement«

Recommendation	**Recommandation**	**Recomendación**

»Empfehlung«

Regulation	**Règlement**	**Reglamento**

»Verordnung«

Bei »regulations / règlements / reglamentos« kann es sich auch um »Regelungen«, »Vorschriften« oder »allgemeine Anordnungen« handeln, die nicht den Charakter von Übereinkünften haben, aber in diesen erwähnt werden.

Resolution	**Résolution**	**Resolución**

»Entschließung«[18]

Special Agreement: s. unter »Agreement«

Special Arrangement: s. unter »Arrangement«

Special Protocol: s. unter »Protocol«

Statement of Understanding	**Mémorandum d'Accord**	**Declaración de Entendimiento**

»Einvernehmenserklärung«

Statute(s)	**Statut(s); Statut organique**	**Estatuto(s)**

»Satzung«[19]

Supplementary (Supplementing) Agreement: s. unter »Agreement«

18 Die »resolutions« der Hauptorgane der Vereinten Nationen werden in der Regel als »Resolutionen« bezeichnet.

19 Das »Statute« eines Gerichts wird meist als »Statut« bezeichnet, z.B. das Statut des Internationalen Gerichtshofs.

Supplementary Convention: s. unter »Convention«

Supplementary Protocol: s. unter »Protocol«

Treaty	Traité	Tratado

»Vertrag«

Basic (Skeleton) Treaty	Traité-cadre	Tratado Básico

»Rahmenvertrag«

General Treaty	Traité général	Tratado General

»Generalvertrag«

Tripartite Agreement: s. unter »Agreement«

Understanding[20]	Entente	Acuerdo

»Absprache«; »Vereinbarung«; »Verständigung«; selten »Klarstellung«

(4) Die vorstehende Regelung für die Bezeichnung der Übereinkünfte gilt nicht für solche, die in der Bundesrepublik Deutschland bereits in einer amtlichen deutschen Fassung oder Übersetzung veröffentlicht worden sind. Bei Bezugnahmen auf derartige Übereinkünfte ist selbstverständlich die vorhandene amtliche deutsche Bezeichnung festzustellen und zu verwenden, auch wenn sie der obigen Regelung nicht entspricht. Wird jedoch eine bestehende Übereinkunft im Sinn des § 27 erneuert, so ist beim Herstellen des neuen deutschen Wortlauts die vorstehende Regelung zu beachten; siehe z.B.

Abkommen von 1905 über den Zivilprozeß / **Übereinkommen** von 1954 über den Zivilprozeß

Abkommen von 1944 über den Internationalen Währungsfonds / **Übereinkommen** von 1976 über den Internationalen Währungsfonds

Revidiertes Abkommen von 1961 über die Soziale Sicherheit der Rheinschiffer / **Übereinkommen** von 1979 über die Soziale Sicherheit der Rheinschiffer

---

20 siehe auch: »Declaration of Understanding«, »Memorandum of Understanding«

§ 8 - Alternat und Alphabet

(1) Die Einführung des Alternats zugunsten einer Vertragspartei bedeutet internationaler Übung entsprechend, daß alle in der Vertragsurschrift auf diese Vertragspartei bezogenen Bezeichnungen ihrer Bevollmächtigten, Behörden und Organe jeweils **vorangestellt** sind, d.h. jede Vertragspartei wird in »ihrer« Urschrift jeweils zuerst genannt. Durch Anwendung des Alternats wird formal die Gleichberechtigung der Staaten beim Abschluß völkerrechtlicher Übereinkünfte zum Ausdruck gebracht.

(2) **Alternat bei zweiseitigen Übereinkünften**

Es ist zwischen dem **großen** und dem **kleinen** Alternat zu unterscheiden. Das große Alternat findet bei Übereinkünften Anwendung, die politisch, rechtlich oder in anderer Hinsicht von besonderer Bedeutung sind. Bei anderen Übereinkünften wird in der Regel das einfachere **kleine** Alternat angewendet, insbesondere beim Abschluß von zweiseitigen Regierungs- und Ressortübereinkünften. Es wird auch bei Staatsverträgen von geringerer Bedeutung angewendet.

Bei Anwendung des großen Alternats werden vier Fassungen[21] - zwei in deutscher Sprache und zwei in der Fremdsprache - gefertigt.

In der **deutschen** Vertragsurschrift erscheinen sowohl in der deutschen als auch in der fremdsprachigen Fassung im Titel und in der Präambel an erster Stelle die deutsche Seite, in der Sprachenklausel an erster Stelle die deutsche Sprache, bei den Unterzeichnungsformeln die deutsche Seite links oder (wenn die Unterzeichnungsformeln untereinander stehen) an oberster Stelle.

In der **fremden** Vertragsurschrift erscheinen sowohl in der fremdsprachigen als auch in der deutschen Fassung im Titel und in der Präambel an erster Stelle die fremde Seite, in der Sprachenklausel an erster Stelle die Fremdsprache, bei den Unterzeichnungsformeln die fremde Seite links oder (wenn die Unterzeichnungsformeln untereinander stehen) an oberster Stelle.

Ist der Sprachenklausel zu entnehmen, daß eine Mittelsprache Verwendung findet, und wird die Übersetzung in die Mittelsprache von der deutschen Seite gefertigt, so sollte auch in der für die Vertragsurschrift der fremden Seite bestimmten Fassung in der Mittelsprache das Alternat zugunsten der deutschen Seite eingeführt werden, um sonst erforderliche Mehrarbeit zu vermeiden.

---

21 nicht zu verwechseln mit den »Urschriften«; die deutsche Vertragsurschrift besteht aus der deutschen **und** der fremdsprachigen Fassung, in denen die deutsche Seite jeweils zuerst genannt wird. Die fremde Urschrift besteht aus der fremdsprachigen **und** der deutschen Fassung, in denen die fremde Seite jeweils zuerst genannt wird. Es gibt also insgesamt **zwei** Urschriften.

Von alternierenden Fassungen im **materiellen** Teil der Übereinkunft (z.B. Festlegung von verschiedenen Rechten und Pflichten der einen und der anderen Vertragspartei) ist möglichst abzusehen, damit die Reihenfolge der Artikel, Absätze und Sätze unverändert bleibt und die Vertragsbestimmungen von beiden Vertragsparteien einheitlich zitiert werden können. Es kann allenfalls innerhalb eines Absatzes, der nicht weiter untergliedert sein darf, alterniert werden (z.B. bei der Zitierung einer früheren Übereinkunft der Vertragsparteien).

Bei Anwendung des kleinen Alternats werden zwei Fassungen - eine in deutscher Sprache und eine in der Fremdsprache - gefertigt.

Für beide Vertragsurschriften wird je eine Erstschrift und eine Zweitschrift (= Doppel) der deutschen und der fremdsprachigen Fassung hergestellt. Die Zweitschrift der deutschen Fassung, in deren Titel, Präambel usw. die deutsche Seite an erster Stelle erscheint, wird Bestandteil der für die andere Vertragspartei bestimmten Urschrift; die Zweitschrift der fremdsprachigen Fassung, in deren Titel, Präambel usw. die andere Vertragspartei an erster Stelle genannt wird, wird Bestandteil der für die Bundesrepublik Deutschland bestimmten Urschrift. Jede Vertragspartei erhält somit als Vertragsurschrift den Wortlaut in der eigenen Sprache in Erstschrift und den Wortlaut in der fremden Sprache in Zweitschrift (Doppel).

(3) **Alternat bei mehrseitigen Übereinkünften**

Ist bei einer **mehrseitigen** Übereinkunft im Titel oder im Text ein Alternat zugunsten anderer Staaten vorgesehen, so wird im deutschen Vertragstext ein Alternat zugunsten der Bundesrepublik Deutschland eingeführt; das gleiche gilt für amtliche Übersetzungen, wenn Deutsch nicht Vertragssprache ist.

Agreement between the United Kingdom of Great Britain and Northern Ireland, the Kingdom of Denmark, the French Republic and the Federal Republic of Germany

Accord entre la République française, la République fédérale d'Allemagne, le Royaume de Danemark et le Royaume-Uni de Grande-Bretagne et d'Irlande du Nord

»Übereinkommen zwischen der Bundesrepublik Deutschland, dem Königreich Dänemark, der Französischen Republik und dem Vereinigten Königreich Großbritannien und Nordirland«

Fehlt die Bundesrepublik Deutschland in einer solchen Zusammenstellung, bei welcher in der oder den fremdsprachigen Fassungen das Alternat zugunsten der einzelnen Vertragsparteien oder Vertragssprachen angewendet wird, so ordnet der für den deutschen Text Verantwortliche die Staaten rein alphabetisch nach dem deutschen Alphabet an, denn jede andere Reihenfolge würde eine der das Alternat anwendenden Parteien bevorzugen, also den Grundsatz der Gleichrangigkeit der verschiedenen Vertragsparteien oder -sprachen verletzen. Schematisch ausgedrückt:

United Kingdom, Denmark, France, Spain	France, Danemark, Espagne, Royaume-Uni	España, Dinamarca, Francia, Reino Unido

»Dänemark, Frankreich, Spanien, Vereinigtes Königreich«

Allen Zusammenstellungen ohne Alternat nach dem Alphabet der fremden Vertragssprache oder -sprachen entspricht in der deutschen Fassung eine Zusammenstellung nach dem deutschen Alphabet. Da der für den deutschen Text Verantwortliche nicht eine dieser gleichermaßen verbindlichen Fassungen mit ihrem besonderen und jeweils anderen Alphabet einer anderen vorziehen darf, hat er das Sinnbild der Gleichberechtigung, die alphabetische Reihenfolge, nach seiner eigenen Sprache anzuwenden:

Austria, Denmark, France, Spain, United Kingdom	Autriche, Danemark, Espagne, France, Royaume-Uni	Austria, Dinamarca, España, Francia, Reino Unido

»Dänemark, Frankreich, Österreich, Spanien, Vereinigtes Königreich«

The original of this Convention, of which the Arabic, Chinese, English, French, Russian and Spanish texts are equally authentic, ...	L'original de la présente Convention, dont les textes anglais, arabe, chinois, espagnol, français et russe font également foi, ...	El original de esta Convención, cuyos textos en árabe, chino, español, francés, inglés y ruso son igualmente auténticos, ...

»Die Urschrift dieses Übereinkommens, dessen arabischer, chinesischer, englischer, französischer, russischer und spanischer Wortlaut gleichermaßen verbindlich ist, ...«

Ist in **allen** Vertragssprachen die Reihenfolge der Staaten dieselbe - also nicht durchweg alphabetisch -, so entspricht die Anordnung im deutschen Wortlaut der Reihenfolge in den fremdsprachigen Fassungen; schematisch ausgedrückt:

Austria, France, Spain, United Kingdom	Autriche, France, Espagne, Royaume-Uni	Austria, Francia, España, Reino Unido

»Österreich, Frankreich, Spanien, Vereinigtes Königreich«

Dieser letztgenannte Fall tritt insbesondere bei den Unterschriften ein. Dabei wird im allgemeinen auch dann nicht alterniert, wenn dies im Vertragstext selbst der Fall ist. Die Bezeichnungen der jeweiligen Vertragspartei in den verschiedenen Sprachen der Übereinkunft werden in dichter Folge (engzeilig) untereinander gesetzt, damit die Unterzeichnenden nur einmal zu unterschreiben brauchen; maßgebend ist in diesem Fall meist das Alphabet der Sprache, in der überwiegend verhandelt wurde, vornehmlich Englisch.

Die Verfasser der Verträge zur Gründung der Europäischen Wirtschaftsgemeinschaft und der Europäischen Atomgemeinschaft haben ein weder mit Alternatsfragen noch mit verschiedenen alphabetischen Reihenfolgen belastetes Anordnungsprinzip angewandt, das sogenannte absolute Alphabet: Jeder Staat rückt an die Stelle, an die sein Name aufgrund seiner eigenen Amtssprache alphabetisch gehört: **B**elgique, **D**eutschland, **F**rance, **I**talia, **L**uxembourg, **N**ederland; schematisch ausgedrückt:

Belgium, **G**ermany, **F**rance, **I**taly, **L**uxembourg, **N**etherlands	**B**elgique, **A**llemagne, **F**rance, **I**talie, **L**uxembourg, **P**ays-Bas	**B**elgio, **G**ermania, **F**rancia, **I**talia, **L**ussemburgo, **P**aesi Bassi[22]

»**B**elgien, **D**eutschland, **F**rankreich, **I**talien, **L**uxemburg, **N**iederlande«

Diese Anordnung gilt in sämtlichen amtlichen Fassungen und amtlichen Übersetzungen der EG-Verträge und ihrer Folgeurkunden; sie wird auch nach dem Beitritt weiterer Staaten zu den Europäischen Gemeinschaften angewendet. Die Bezeichnungen dieser Staaten werden jeweils an der entsprechenden Stelle des absoluten Alphabets eingeordnet.

§ 9 - Benennung internationaler Organisationen

Besonders bei mehrseitigen Übereinkünften erscheint häufig bereits im Titel der Name einer internationalen Organisation, wenn ein entsprechender Gründungsvertrag geschlossen, geändert oder ergänzt wird. Soweit in diesen Fällen noch keine amtlich festgelegte deutsche Bezeichnung besteht, ist bei der Übersetzung des fremdsprachigen Namens wie folgt zu verfahren:

Von der Möglichkeit, welche die deutsche Sprache (im Gegensatz zu den romanischen Sprachen, jedoch übereinstimmend mit der griechischen und englischen Sprache) bietet, nämlich zusammengesetzte Wörter zu bilden, ist in allen Fällen Gebrauch zu machen, in denen dies der üblichen Ausdrucksweise entspricht. Dies gilt insbesondere, wenn die Verwendung eines zusammengesetzten Wortes statt mehrerer Einzelwörter zur Klarheit des Satzbaus im Text oder zur leichteren Handhabung der Organisationsbezeichnung in der Praxis beiträgt.

»Die Organisation für die internationale Zivilluftfahrt, die ihre Bewährungsprobe längst bestanden hat, ...« Wer hat sich bewährt, die Organisation oder die Zivilluftfahrt? Gemeint ist: »Die Internationale Zivilluftfahrt-Organisation, die ihre Bewährungsprobe längst bestanden hat, ...«; nur diese - übrigens amtlich festgelegte - Bezeichnung der Organisation ermöglicht einen eindeutigen Satzbau.

---

22 siehe Fußnote 13 auf S. 17

»Verteidigungs- und Rüstungsausschuß« oder »Ausschuß für Verteidigung und Rüstung«? Die Wahl der zweiten Möglichkeit zwingt im Satz zu folgenden Wendungen: »Die Bundesregierung hat von dem Wunsch des Ausschusses der Westeuropäischen Union für Verteidigung und Rüstung Kenntnis genommen, ...« oder »... hat von dem Wunsch des Ausschusses für Verteidigung und Rüstung der Westeuropäischen Union Kenntnis genommen, ...«. Beides ist schwerfällig und mißverständlich; denn es läßt die Deutung zu, als sei - im ersten Fall - von einer »Westeuropäischen Union für Verteidigung und Rüstung« oder - im zweiten Fall - von der »Verteidigung und Rüstung der Westeuropäischen Union« die Rede. In seiner zusammengesetzten Form dagegen ermöglicht der Name des Ausschusses eine flüssigere und vor allem unmißverständliche Ausdrucksweise: »Die Bundesregierung hat von dem Wunsch des Verteidigungs- und Rüstungsausschusses der Westeuropäischen Union Kenntnis genommen, ...«.

Entsprechend doppeldeutig wirkt der »Hohe Kommissar der Vereinten Nationen für Flüchtlinge« oder der »Hohe Kommissar für Flüchtlinge der Vereinten Nationen«, während der Ausdruck »Hoher Flüchtlingskommissar der Vereinten Nationen« eindeutig ist und dem Wesen der deutschen Sprache entspricht.

Diese Technik der Zusammensetzung findet ihre Grenze lediglich dort, wo Wortungetüme entstehen würden, z.B. »Erziehungs-, Wissenschafts- und Kulturorganisation der Vereinten Nationen«. Die amtliche Bezeichnung lautet: »Organisation der Vereinten Nationen für Erziehung, Wissenschaft und Kultur«. - Ebenso ist es natürlich nicht tragbar, etwa von einer »Afrikanisch-asiatischen ländlichen Wiederaufbauorganisation« zu sprechen; in Fällen dieser Art ist die Auflösung des Begriffs in seine Bestandteile - »Afrikanisch-asiatische Organisation für ländlichen Wiederaufbau« - unvermeidlich.

Von diesen verhältnismäßig seltenen Häufungen der Begriffsbestandteile abgesehen, sind jedoch Zusammensetzungen nachstehender Art anzustreben (die folgenden Beispiele sind amtlich festgelegte Bezeichnungen):

Food and Agriculture Organization of the United Nations / Organisation des Nations Unies pour l'alimentation et l'agriculture / Organización de las Naciones Unidas para la Agricultura y la Alimentación / »Ernährungs- und Landwirtschaftsorganisation der Vereinten Nationen«

International Coffee Council / Conseil international du café / Consejo Internacional del Café / »Internationaler Kaffeerat«

International Telecommunication Union / Union internationale des télécommunications / Unión Internacional de Telecomunicaciones / »Internationale Fernmeldeunion«

United Nations Children's Fund / Fonds des Nations Unies pour l'enfance / Fondo de las Naciones Unidas para la Infancia / »Kinderhilfswerk der Vereinten Nationen«

§ 10 - Stichwörter zur Bezeichnung internationaler Organisationen, Einrichtungen, Körperschaften und Stellen

Die fremdsprachigen und deutschen Bezeichnungen zahlreicher internationaler Organisationen sind in dem vom Sprachendienst des Auswärtigen Amts zusammengestellten Verzeichnis »Internationale Organisationen« (Walter de Gruyter, Berlin - New York 1985) aufgeführt. Nachstehend werden einige Beispiele aus diesem Verzeichnis sowie Stichwörter zur Bezeichnung anderer Organisationen, Körperschaften oder Stellen mit den entsprechenden deutschen Ausdrücken wiedergegeben:

Administration / Administration / Administración / »Verwaltung«

Administration of the Customs Union / Gestion de l'Union douanière / Administración de la Unión Aduanera / »Verwaltung der Zollunion«

Administrative Committee on Co-ordination / Comité administratif de coordination / Comité Administrativo de Coordinación / »Verwaltungsausschuß für Koordinierung«

Agency:

Eine eigentliche, die ganze Spannweite dieses Wortes umfassende Bezeichnung fehlt im Deutschen, Französischen und Spanischen. In Verträgen ist »agency« je nach Sachlage mit »Agentur«, »Amt«, »Dienststelle«, »Einrichtung«, »Organ«, »Organisation«, »Stelle« oder »Verwaltung«, **nicht** jedoch mit »Ausschuß« zu übersetzen; siehe Bemerkung unter »Committee«.

ad hoc agency / service ad hoc / servicio ad hoc / »Ad-hoc-Stelle«

administrative agency / service administratif / servicio administrativo / »Verwaltungsstelle«

Agency for the Control of Armaments / Agence pour le contrôle des armements / Agencia para el Control de Armamentos / »Amt für Rüstungskontrolle«; »Rüstungskontrollamt«

government(al) agency / service gouvernemental / servicio gubernamental / »Regierungsstelle«; »staatliche Stelle«

intergovernmental agency / institution intergouvernementale / organismo intergubernamental / »zwischenstaatliche Einrichtung«

International Atomic Energy Agency / Agence internationale de l'énergie atomique / Organismo Internacional de Energía Atómica / »Internationale Atomenergie-Organisation«

regional agencies / organismes régionaux / organismos regionales / »regionale Einrichtungen«

Specialized Agencies (brought into relationship with the U.N.) / Institutions spécialisées (reliées à l'ONU) / Organismos Especializados (vinculados con las Naciones Unidas) / (mit den Vereinten Nationen in Beziehung gebrachte) »Sonderorganisationen«

Alliance / Alliance / Alianza / »Bund«; »Bündnis«

Alliance for Progress / Alliance pour le progrès / Alianza para el Progreso / »Bündnis für den Fortschritt«

Assembly / Assemblée / Asamblea / »Versammlung«

common assembly / assemblée commune / asamblea común / »gemeinsame Versammlung«

consultative assembly / assemblée consultative / asamblea consultiva / »beratende Versammlung«

general assembly / assemblée générale / asamblea general / »Generalversammlung«

plenary assembly / assemblée plénière / asamblea plenaria / »Vollversammlung«

Association / Association / Asociación / »Vereinigung«; »Verband«; »Assoziation«

Association of South-East Asian Nations / Association des nations de l'Asie du Sud-Est / Asociación de Naciones del Asia Sudoriental / »Verband Südostasiatischer Nationen«

European Free Trade Association / Association européenne de libre-échange / Asociación Europea de Libre Intercambio / »Europäische Freihandelsassoziation«

Authority / Autorité / Autoridad / »Behörde«

Board:

Eine eigentliche Bezeichnung hierfür fehlt im Deutschen, Französischen und Spanischen. Das Wort bedeutet ursprünglich einen Holztisch, dann ein um diesen versammeltes Kollegium. In Verträgen ist »board« je nach Sachlage mit »Amt«, »Behörde«, »Direktorium«, »Stelle« oder »Vorstand«, notfalls mit »Kommission« zu übersetzen. Die Wiedergabe mit »Rat« ist nur dann unbedenklich, wenn feststeht, daß im Rahmen des betreffenden Vertrags ein »council / conseil / consejo« weder vorhanden noch in Aussicht genommen ist. Das Wort »Ausschuß« für »board« ist zu vermeiden, da jeder »board« mit hoher Wahrscheinlichkeit irgendwann einmal eigene Ausschüsse einsetzt; siehe Bemerkung unter »Committee«. Auch bei Zusammensetzungen, wie z.B. Board of Administration, of Administrators, of Directors, of Governors, of Management, of Managers, oder Administrative, Executive, Governing, Managing Board läßt sich nur aufgrund der Vertragsbestimmungen feststellen, welche der folgenden deutschen Bezeichnungen dem betreffenden Gremium am meisten gerecht wird: »Aufsichtsrat«; »Direktorium«; »Exekutivrat«; »Gouverneursrat«; »Kuratorium«; »Verwaltungsrat«; »Vollzugsrat«; »Vorstand«.

advisory board / conseil consultatif / consejo consultivo / »Beratungsstelle«; »Beratungsamt«; »Konsultativrat«; »Beirat«

board of arbitration / bureau (commission) d'arbitrage / órgano (comisión) de arbitraje / »Schiedskommission«; »Schiedsstelle«

board of control / autorité de contrôle / autoridad de control / »Kontrollamt«; »Kontrollstelle«

board of governors / conseil des gouverneurs / consejo de gobernadores / »Gouverneursrat«

board of mediation / bureau (commission) de médiation / órgano (comisión) de mediación / »Vermittlungskommission«; »Vermittlungsstelle«

executive board / conseil exécutif / consejo ejecutivo / »Exekutivrat«

International Narcotics Control Board / Organe international de contrôle des stupéfiants / Junta Internacional de Fiscalización de Estupefacientes / »Internationales Suchtstoff-Kontrollamt«

planning board / bureau d'étude(s) / oficina de estudios / »Planungsamt«; »Planungsstelle«

supervisory board / conseil de surveillance / consejo de vigilancia / »Aufsichtsamt«; »Überwachungsamt«

Body / Corps; Organe / Organo / »Körperschaft«; »Organ«; »Stelle«; »Gremium«

Die Übersetzung mit »Ausschuß« ist zu vermeiden; siehe Bemerkung unter »Committee«.

ad hoc body / organe spécial / órgano especial / »Ad-hoc-Organ«

administrative body / corps administratif / cuerpo administrativo / »Verwaltungsorgan«; »Verwaltungsstelle«

auxiliary body / organe auxiliaire / organismo auxiliar / »Hilfsorgan«

corporate body / personne morale / persona moral; persona jurídica; corporación / »Körperschaft«; »juristische Person«

deliberative body / corps déliberatif / cuerpo deliberante / »beratende Körperschaft«

executive body / organe exécutif / órgano ejecutivo / »Exekutivorgan«

governing body / conseil d'administration / consejo de administración / »Vorstand«; »Verwaltungsrat«

legislative body / corps législatif / cuerpo legislativo / »gesetzgebende Körperschaft«

public body / organisme de droit public / corporación de derecho público / »öffentlich-rechtliche Körperschaft«

subordinate body / organ(ism)e subordonné / órgano subordinado / »nachgeordnetes Organ«; »nachgeordnete Stelle«

subsidiary body / organ(ism)e subsidiaire / órgano subsidiario / »Nebenorgan«

supervisory body / organe de surveillance / órgano de vigilancia / »Aufsichtsorgan«; »Überwachungsstelle«

Bureau / Bureau[23] / Oficina; Junta / »Büro«[23]; »Amt«

International Bureau of Education / Bureau international d'éducation / Oficina Internacional de Educación / »Internationales Erziehungsbüro«

International Hydrographic Bureau / Bureau hydrographique international / Oficina Hidrográfica Internacional / »Internationales Hydrographisches Büro«

South Pacific Bureau for Economic Co-operation / Bureau de la coopération économique pour le Pacifique Sud / Oficina del Pacífico Meridional para la Cooperación Económica / »Amt für wirtschaftliche Zusammenarbeit im Südpazifik«

Centre / Centre / Centro / »Zentrum«; »Zentrale«; »Stelle«

administrative centre / centre administratif / centro administrativo / »(zentrale) Verwaltungsstelle«

Industrial Studies and Development Centre / Centre de développement et d'études industrielles / Centro de Desarrollo y Estudios Industriales / »Zentrum für industrielle Studien und Entwicklung«

information centre / centre d'information / centro de información / »Informationszentrale«; »Informationsstelle«

joint research centre / centre commun de recherche(s) / centro común de investigaciones / »gemeinsame Forschungsstelle«

Chamber / Chambre / Cámara / »Kammer«

International Chamber of Commerce / Chambre de commerce internationale / Cámara de Comercio Internacional / »Internationale Handelskammer«

Commission / Commission / Comisión / »Kommission«

Das Wort »Ausschuß« ist nur zu verwenden, wenn es sich um ein parlamentarisches Gremium handelt; siehe Bemerkung unter »Committee«.

ad hoc commission / commission ad hoc / comisión ad hoc / »Ad-hoc-Kommission«

---

23 siehe jedoch auch: »general committee / bureau / mesa« unter »Committee«

advisory commission / commission consultative / comisión consultiva / »Beratungskommission«

arbitration (arbitral) commission / commission d'arbitrage (arbitrale) / comisión de arbitraje (arbitral) / »Schiedskommission«

Central Commission for the Navigation of the Rhine / Commission centrale pour la navigation du Rhin / Comisión Central para la Navegación del Rin / »Zentralkommission für die Rheinschiffahrt«

commission of inquiry; fact-finding commission / commission d'enquête / comisión de investigación / »Untersuchungskommission«

Commission on Human Rights / Commission des droits de l'homme / Comisión de Derechos Humanos / »Menschenrechtskommission«

Commission on International Commodity Trade / Commission du commerce international des produits de base / Comisión sobre Comercio Internacional de Productos Básicos / »Kommission für den internationalen Rohstoffhandel«

Commission on Narcotic Drugs / Commission des stupéfiants / Comisión de Estupefacientes / »Suchtstoffkommission«

conciliation commission / commission de conciliation / comisión de conciliación / »Vergleichskommission«; »Schlichtungskommission«

Danube Commission / Commission du Danube / Comisión del Danubio / »Donaukommission«

disarmament commission / commission du désarmement / comisión de desarme / »Abrüstungskommission«

economic commission / commission économique / comisión económica / »Wirtschaftskommission«

European Commission of Human Rights / Commission européenne des droits de l'homme / Comisión Europea de Derechos Humanos / »Europäische Kommission für Menschenrechte«

functional commission / commission technique / comisión orgánica / »Fachkommission«

interim commission / commission intérimaire / comisión interina / »Interimskommission«; »Übergangskommission«

International Commission for Agricultural Industries / Commission internationale des industries agricoles / Comisión Internacional de las Industrias Agrícolas / »Internationale Kommission für landwirtschaftliche Industrien«

joint (balanced) commission / commission paritaire / comisión paritaria / »paritätische Kommission«

mediation (mediatory) commission / commission de médiation / comisión de mediación / »Vermittlungskommission«

permanent commission / commission permanente / comisión permanente / »ständige Kommission«

preparatory commission / commission préparatoire / comisión preparatoria / »Vorbereitungskommission«

regional commission / commission régionale / comisión regional / »Regionalkommission«

special commission / commission spéciale / comisión especial / »Sonderkommission«

standing commission / commission permanente / comisión permanente / »ständige Kommission«

sub(-)commission / sous-commission / subcomisión / »Unterkommission«

Committee / Comité / Comité / »Ausschuß«

Das Wort »Komitee« ist nur zu verwenden, wenn es sich um eigenständige Gremien handelt, die selbst Organe haben können (»Internationales Komitee vom Roten Kreuz«, »Internationales Olympisches Komitee«, »Ministerkomitee des Europarats«). Im Hinblick auf das außerordentlich häufige Auftreten von »committees / comités« in der Vertragspraxis ist das Wort »Ausschuß« nur als Bezeichnung für »committee / comité« zu verwenden, während für »agency«, »board«, »body«, »commission / comisión«, »group / groupe / grupo«, »panel« u.ä. die unter diesen Stichwörtern angegebenen deutschen Entsprechungen zu wählen sind. Eine Ausnahme bilden die parlamentarischen Ausschüsse, die in Frankreich »commission«, in Spanien »comisión« (im angelsächsischen Bereich aber »committee«) heißen; siehe Bemerkung unter »Commission«.

ad hoc committee / comité ad hoc / comité ad hoc / »Ad-hoc-Ausschuß«

administrative committee / comité administratif / comité administrativo / »Verwaltungsausschuß«

advisory committee / comité consultatif / comité consultivo / »Beratungsausschuß«; »beratender Ausschuß«

agenda committee / comité de l'ordre du jour / comité del orden del día / »Tagesordnungsausschuß«

arbitration (arbitral) committee / comité d'arbitrage (arbitral) / comité de arbitraje (arbitral) / »Schiedsausschuß«

armaments committee / comité des armements / comité de armamentos / »Rüstungsausschuß«

auditing committee / comité de vérification des comptes; comité des commissaires aux comptes / comité de verificación (intervención) de cuentas; comité de auditoría / »Rechnungsprüfungsausschuß«; »Rechnungsprüferausschuß«

auxiliary committee / comité auxiliaire / comité auxiliar / »Hilfsausschuß«

budget(ary) committee / comité du budget / comité presupuestario / »Haushaltsausschuß«

committee of control / comité de contrôle / comité de control / »Kontroll-ausschuß«

committee of enquiry: s. unter »committee of inquiry«

committee of experts / comité des experts / comité de expertos / »Sach-verständigenausschuß«

committee of four / comité des quatre / comité de los cuatro / »Vierer-ausschuß«

committee of inquiry / comité d'enquête / comité de investigación / »Unter-suchungsausschuß«

committee of the heads of delegation / comité des chefs de délégation / comité de jefes de delegación / »Ausschuß der Delegationsleiter«

committee of the whole:

Bei diesem der englischen parlamentarischen Praxis entstammenden Wort ist im Französischen und Spanischen vom Sinn des »whole« auszugehen. Je nachdem, ob das »whole« z.B. ein Rat oder eine Kommission ist, lauten die französischen und spanischen Bezeichnungen: le conseil (la commission) siégeant en comité / el consejo (la comisión) constituido(a) en comité. Die deutsche Bezeichnung lautet »Gesamtausschuß«.

committee of three / comité des trois / comité de los tres / »Dreieraus-schuß«

committee of ways and means (ways and means committee) / comité budgétaire (du budget) / comité presupuestario (del presupuesto) / »Haushaltsausschuß«

committee on agricultural problems / comité des problèmes agricoles / comité de problemas agrícolas / »Ausschuß für Agrarfragen«

committee on contributions / comité des contributions / comité de cuotas (contribuciones) / »Beitragsausschuß«

committee on inland transport / comité des transports intérieurs / comité de transportes interiores / »Binnenverkehrsausschuß«

conciliation committee / comité de conciliation / comité de conciliación / »Vergleichsausschuß«

consultative committee / comité consultatif / comité consultivo / »Bera-tungsausschuß«; »beratender Ausschuß«

control committee / comité de contrôle / comité de control / »Kontroll-ausschuß«

co-ordinating (co-ordination) committee / comité de coordination / comité de coordinación (coordinador) / »Koordinierungsausschuß«

council committee / comité du conseil / comité del consejo / »Ratsausschuß«

credentials committee / comité de vérification des pouvoirs / comité de verificación de poderes (credenciales) / »Vollmachtenprüfungsausschuß«

directing (directive) committee / comité de direction / comité de dirección; comité directivo / »Direktionsausschuß«; »leitender Ausschuß«

drafting (editorial) committee / comité de rédaction / comité de redacción / »Redaktionsausschuß«

economic committee / comité économique / comité económico / »Wirtschaftsausschuß«

enlarged committee / comité élargi / comité aumentado (ampliado) / »erweiterter Ausschuß«

executive committee / comité exécutif / comité ejecutivo / »Exekutivausschuß«; »Vollzugsausschuß«

financial (finance) committee / comité financier (des finances) / comité financiero (de finanzas) / »Finanzausschuß«

four-power committee / comité des quatre puissances / comité de las cuatro potencias / »Viermächteausschuß«

general committee / bureau / mesa / »Präsidialausschuß«; »Präsidium«; »Büro«; »Vorstand«

Statt »general committee« wird im Englischen oft die Bezeichnung »officers« verwendet; im Französischen heißt es dann meist »membres du bureau«, im Spanischen »miembros de la mesa«. Diese Bezeichnungen können mit »Amtsträger« übersetzt werden.

general (main) committee / comité des affaires générales (comité principal; grand comité) / comité de asuntos generales (comité principal) / »allgemeiner Ausschuß«; »Hauptausschuß«

good offices committee / comité de bons offices / comité de buenos oficios / »Ausschuß für gute Dienste«

interim committee / comité intérimaire / comité interino / »Interimsausschuß«; »Übergangsausschuß«

intersessional committee / comité intersessionnel (inter-sessions) / comité intersesional (intersesionario) / »Zwischenausschuß«; »intersessionaler Ausschuß«

joint committee / comité conjoint (mixte) / comité conjunto (mixto) / »gemeinsamer Ausschuß«

legal committee; committee on legal questions / comité juridique / comité jurídico / »Rechtsausschuß«

liaison committee / comité de liaison / comité de enlace / »Verbindungsausschuß«

main committee: s. unter »general (main) committee«

manpower committee / comité de la main d'oeuvre / comité de la mano de obra / »Arbeitskräfteausschuß«

mediation committee / comité de médiation / comité de mediación / »Vermittlungsausschuß«; »Schlichtungsausschuß«

military committee / comité militaire / comité militar / »Militärausschuß«

military staff committee / comité d'état major / comité de estado mayor / »Generalstabsausschuß«

mixed committee / comité mixte / comité mixto / »gemischter Ausschuß«

monetary committee / comité monétaire / comité monetario / »Währungsausschuß«

negotiating committee / comité de négociation / comité de negociación / »Verhandlungsausschuß«

organizing committee / comité d'organisation / comité organizador (de organización) / »Organisationsausschuß«

permanent committee / comité permanent / comité permanente / »ständiger Ausschuß«

planning committee / comité d'étude(s) (de planification) / comité de estudios (de planificación) / »Planungsausschuß«

policy committee / comité d'étude(s) / comité de estudios / »Grundsatzausschuß«

preparatory committee / comité préparatoire / comité preparatorio / »Vorbereitungsausschuß«

procedural committee / comité de procédure / comité de procedimiento / »Verfahrensausschuß«

quadripartite committee; committee of four / comité quadriparti(te) (des quatre) / comité cuatripartito (de los cuatro) / »Viererausschuß«; »Vierparteienausschuß«

resolution committee / comité des résolutions / comité de resolución / »Entschließungsausschuß«; »Ausschuß zur Prüfung von Entschließungsanträgen«

restricted committee / comité restreint / comité restringido / »engerer Ausschuß«

review committee / comité d'examen / comité de inspección / »Prüfungsausschuß«

select committee / petit comité / petit comité / »engerer Ausschuß«

senior committee / haut comité / alto comité / »Oberausschuß«

social committee; committee on social questions (for social affairs) / comité social (des questions sociales) / comité social (de asuntos sociales) / »Sozialausschuß«

special committee / comité spécial / comité especial / »Sonderausschuß«

specialized (specialist) committee / comité technique (spécialisé en matière ...) / comité especializado / »Fachausschuß«

standing committee / comité permanent / comité permanente / »ständiger Ausschuß«

standing-orders committee; rules committee / comité du règlement / comité de reglamento / »Geschäftsordnungsausschuß«

steering committee / comité de direction (directeur) / comité de dirección; comité directivo / »Lenkungsausschuß«

subcommittee / sous-comité / subcomité / »Unterausschuß«

coal trade subcommittee / sous-comité du marché charbonnier / subcomité de comercio del carbón / »Unterausschuß Kohlenhandel«

subcommittee on iron and steel / sous-comité du fer et de l'acier / subcomité de hierro y acero / »Unterausschuß Eisen und Stahl«

subordinate committee / comité subordonné / comité subordinado / »nachgeordneter Ausschuß«

subsidiary committee / comité subsidiaire / comité subsidiario / »Nebenausschuß«

supervisory committee / comité de surveillance / comité de supervisión (de vigilancia) / »Überwachungsausschuß«

technical assistance committee / comité de l'assistance technique / comité de asistencia técnica / »Ausschuß für technische Hilfe«

technical committee / comité technique / comité técnico / »Fachausschuß«

temporary committee / comité temporaire / comité pro tempore; comité temporal / »nichtständiger Ausschuß«

three-power committee / comité des trois puissances / comité de las tres potencias / »Dreimächteausschuß«

transport committee / comité des transports / comité de transportes / »Verkehrsausschuß«

tripartite committee (committee of three) / comité triparti(te) (des trois) / comité tripartito (de los tres) / »Dreierausschuß«; »Dreiparteienausschuß«

trustee committee / comité de tutelle / comité de tutela / »Treuhandausschuß«

working committee / comité de travail / comité de trabajo / »Arbeitsausschuß«

Community / Communauté / Comunidad / »Gemeinschaft«

European Economic Community / Communauté économique européenne / Comunidad Económica Europea / »Europäische Wirtschaftsgemeinschaft«

Company; Society / Société / Sociedad / »Gesellschaft«

European Company for the Financing of Railway Rolling Stock / Société européenne pour le financement de matériel ferroviaire / Sociedad Europea de Financiamiento del Material Ferroviario / »Europäische Gesellschaft für die Finanzierung von Eisenbahnmaterial«

Confederation / Confédération / Confederación / »Bund«

International Confederation of Free Trade Unions / Confédération internationale des syndicats libres / Confederación Internacional de Organizaciones Sindicales Libres / »Internationaler Bund Freier Gewerkschaften«

Conference / Conférence / Conferencia / »Konferenz«

conference of plenipotentiaries / conférence de plénipotentiaires / conferencia de plenipotenciarios / »Bevollmächtigtenkonferenz«

Conference on Confidence- and Security-building Measures and Disarmament in Europe / Conférence sur les mesures de confiance et de sécurité et sur le désarmement en Europe / Conferencia sobre Medidas destinadas a fomentar la Confianza y la Seguridad y sobre Desarme en Europa / »Konferenz über vertrauens- und sicherheitsbildende Maßnahmen und Abrüstung in Europa«

Conference on Security and Co-operation in Europe / Conférence sur la sécurité et la coopération en Europe / Conferencia sobre la Seguridad y la Cooperación en Europa / »Konferenz über Sicherheit und Zusammenarbeit in Europa«

general conference / conférence générale / conferencia general / »Generalkonferenz«

Hague Conference on Private International Law / Conférence de La Haye de droit international privé / Conferencia de La Haya de Derecho Internacional Privado / »Haager Konferenz für Internationales Privatrecht«

Congress / Congrès / Congreso / »Kongreß«

Corporation / Société / Corporación / »Gesellschaft«; »Körperschaft«

Council / Conseil / Consejo / »Rat«

administrative council / conseil administratif / consejo administrativo / »Verwaltungsrat«

advisory council / conseil consultatif / consejo consultivo / »Konsultativrat«

Council of Europe / Conseil de l'Europe / Consejo de Europa / »Europarat«

Economic and Social Council / Conseil économique et social / Consejo Económico y Social / »Wirtschafts- und Sozialrat«

executive council / conseil exécutif / consejo ejecutivo / »Exekutivrat«

International Council for the Exploration of the Sea / Conseil international pour l'exploration de la mer / Consejo Internacional para la Exploración del Mar / »Internationaler Rat für Meeresforschung«

International Wheat Council / Conseil international du blé / Consejo Internacional del Trigo / »Internationaler Weizenrat«

parliamentary council / conseil parlementaire / consejo parlamentario / »parlamentarischer Rat«

permanent council / conseil permanent / consejo permanente / »ständiger Rat«

Security Council / Conseil de sécurité / Consejo de Seguridad / »Sicherheitsrat«

Trusteeship Council / Conseil de tutelle / Consejo de Administración Fiduciaria / »Treuhandrat«

Court of Arbitration / Cour d'arbitrage / Corte de arbitraje / »Schiedshof«

Permanent Court of Arbitration / Cour permanente d'arbitrage / Corte Permanente de Arbitraje / »Ständiger Schiedshof«

Court of Justice / Cour de justice / Corte de justicia / »Gerichtshof«

International Court of Justice / Cour internationale de justice / Corte Internacional de Justicia / »Internationaler Gerichtshof«

Federation / Fédération / Federación / »Bund«; »Verband«

Fund / Fonds / Fondo / »Fonds«[24]

International Monetary Fund / Fonds monétaire international / Fondo Monetario Internacional / »Internationaler Währungsfonds«

social fund / fonds social / fondo social / »Sozialfonds«

special fund / fonds spécial / fondo especial / »Sonderfonds«

---

24 In Übereinkünften zur Sozialversicherung entspricht dem »Fund / Fonds / Fondo« manchmal das Wort »Kasse« (Knappschaftskasse u.ä.).

<u>Group</u> / Groupe / Grupo / »Gruppe«

im Deutschen nicht mit »Ausschuß« wiederzugeben; siehe Bemerkung unter »Committee«

ad hoc group / groupe ad hoc / grupo ad hoc / »Ad-hoc-Gruppe«

advisory group / groupe consultatif / grupo consultivo / »Beratungsgruppe«

consultative group / groupe consultatif / grupo consultivo / »Konsultativgruppe«; »Beratungsgruppe«

four-power group / groupe des quatre puissances; groupe quadriparti(te) / grupo de las cuatro potencias / »Viermächtegruppe«

group of experts / groupe d'experts / grupo de expertos / »Sachverständigengruppe«

liaison group / groupe de liaison / grupo de enlace / »Verbindungsgruppe«

planning group / groupe d'étude(s) / grupo de estudios / »Planungsgruppe«

quadripartite group / groupe quadriparti(te) / grupo cuatripartito / »Vierergruppe«

review group / groupe d'étude(s) / grupo de inspección / »Prüfungsgruppe«

special group / groupe spécial / grupo especial / »Sondergruppe«

specialized group / groupe spécialisé / grupo especializado / »Fachgruppe«

special working group / groupe spécial de travail / grupo especial de trabajo / »Sonderarbeitsgruppe«

steering group / groupe directeur / grupo directivo / »Lenkungsgruppe«

study group / groupe d'étude(s) / grupo de estudios / »Studiengruppe«

sub-group / sous-groupe / subgrupo / »Untergruppe«

three-power group / groupe des trois puissances; groupe triparti(te) / grupo de las tres potencias / »Dreimächtegruppe«

tripartite group / groupe triparti(te) / grupo tripartito / »Dreiergruppe«

working group (party) / groupe de travail / grupo de trabajo / »Arbeitsgruppe«

temporary working group (party) / groupe de travail à titre temporaire / grupo de trabajo pro tempore / »nichtständige Arbeitsgruppe«

<u>Institute</u> / Institut / Instituto / »Institut«; »Anstalt«

Economic Development Institute / Institut pour le développement économique / Instituto de Desarrollo Económico / »Institut für Wirtschaftsentwicklung«

International Institute for the Unification of Private Law / Institut international pour l'unification du droit privé / Instituto Internacional para la Unificación del Derecho Privado / »Internationales Institut für die Vereinheitlichung des Privatrechts«

International Institute of Refrigeration / Institut international du froid / Instituto Internacional del Frío / »Internationales Kälteinstitut«

Institution / Institution / Institución / »Einrichtung«; »Organ«; »Institution«; »Anstalt«

League / Ligue / Liga / »Liga«

League of Arab States / Ligue des Etats arabes / Liga de los Estados Arabes / »Liga der Arabischen Staaten«

League of Red Cross Societies / Ligue des sociétés de la Croix-Rouge / Liga de Sociedades de la Cruz Roja / »Liga der Rotkreuzgesellschaften«

Office / Office / Oficina; Despacho / »Amt«; »Büro«

central office / office central / oficina central / »Zentralamt«; »Zentralbüro«

executive office / cabinet / despacho; gabinete / »Exekutivbüro«

International Office of Epizootics / Office international des épizooties / Oficina Internacional de las Epizootias / »Internationales Tierseuchenamt«

International Wine Office / Office international du vin / Oficina Internacional del Vino / »Internationales Weinamt«

Organ / Organe / Organo / »Organ«

ad hoc organ / organe spécial (ad hoc) / órgano especial (ad hoc) / »Ad-hoc-Organ«

administrative organ / organe administratif / órgano administrativo / »Verwaltungsorgan«

auxiliary organ / organe auxiliaire / órgano auxiliar / »Hilfsorgan«

consultative organ / organe consultatif / órgano consultivo / »Beratungsorgan«; »Konsultativorgan«

principal organ / organe principal / órgano principal / »Hauptorgan«

special organ / organe spécial / órgano especial / »Sonderorgan«

subordinate organ / organe subordonné / órgano subordinado / »nachgeordnetes Organ«

subsidiary organ / organe subsidiaire / órgano subsidiario / »Nebenorgan«

Organization (Organisation) / Organisation / Organización / »Organisation«

European Organisation for the Safety of Air Navigation / Organisation européenne pour la sécurité de la navigation aérienne / Organización Europea para la Seguridad de la Navegación Aérea / »Europäische Organisation zur Sicherung der Luftfahrt«

International Labour Organisation / Organisation internationale du travail / Organización Internacional del Trabajo / »Internationale Arbeitsorganisation«

Organisation for Economic Co-operation and Development / Organisation de coopération et de développement économiques / Organización de Cooperación y Desarrollo Económicos / »Organisation für Wirtschaftliche Zusammenarbeit und Entwicklung«

International Criminal Police Organization / Organisation internationale de police criminelle / Organización Internacional de Policía Criminal / »Internationale Kriminalpolizeiliche Organisation«

World Health Organization / Organisation mondiale de la santé / Organización Mundial de la Salud / »Weltgesundheitsorganisation«

Panel:

Eine eigentliche Bezeichnung fehlt im Deutschen, Französischen und Spanischen. Das Wort bedeutet ursprünglich eine für Eintragungen geeignete Holztafel, dann die darauf eingetragenen Namen und gelegentlich die daraus zusammengestellte Gruppe. In Verträgen ist »panel« je nach Sachlage mit »Verzeichnis«, »Liste«, »Gruppe« oder »Stelle«, nicht jedoch mit »Ausschuß« zu übersetzen; siehe Bemerkung unter »Committee«.

panel of experts / cadre (liste) d'experts / cuadro (lista) de expertos / »Liste von Sachverständigen«; »Sachverständigenliste«

Parliament / Parlement / Parlamento / »Parlament«

European Parliament / Parlement européen / Parlamento Europeo / »Europäisches Parlament«

Registry (of a court of justice) / Greffe (d'une cour de justice) / Secretaría (de una corte de justicia) / »Kanzlei«; »Geschäftsstelle« (eines Gerichtshofs)

Secretariat / Secrétariat / Secretaría / »Sekretariat«

Society; Company / Société / Sociedad / »Gesellschaft«

Specialized Agencies: s. unter »Agency«

Tribunal / Tribunal / Tribunal / »Gericht(shof)«

administrative tribunal / tribunal administratif / tribunal administrativo / »Verwaltungsgericht«

arbitral (arbitration) tribunal / tribunal arbitral (d'arbitrage) / tribunal arbitral (de arbitraje) / »Schiedsgericht«

Union / Union / Unión / »Union«

Inter-Parliamentary Union / Union interparlementaire / Unión Interparlamentaria / »Interparlamentarische Union«

Western European Union / Union de l'Europe occidentale / Unión Europea Occidental / »Westeuropäische Union«

Abschnitt C

Die Präambel

§§ 11 - 13

§ 11 - Aufbau der Präambel

Als Präambel einer Übereinkunft wird im allgemeinen der gesamte Eingangsteil zwischen der Überschrift und dem ersten Artikel bezeichnet.

Auf die **Aufzählung der Vertragsparteien** können die **Beweggründe** für den Vertragsabschluß (»considérants«) folgen, die mit herkömmlich benutzten Wendungen eingeleitet werden (Präambel im engeren Sinn) und von dem übrigen Teil der Präambel durch Gedankenstriche abzusetzen sind, auch wenn in der (den) Fremdsprache(n) andere Satzzeichen - meist Komma oder Semikolon - verwendet werden. Hier pflegt namentlich das von den Vertragsparteien mit dem Vertragsabschluß angestrebte Ziel charakterisiert zu werden; oft werden Feststellungen über den Stand der Beziehungen zwischen den Vertragsparteien und die von ihnen gemeinsam anerkannten Grundsätze getroffen. Die Präambel kann für die Auslegung des Vertrags Bedeutung haben.

Die Präambel endet in der Regel mit einer **Vereinbarungsformel** (»sind wie folgt übereingekommen«; »haben folgendes vereinbart«), die zum materiellen Vertragstext überleitet.

Am Ende der Präambel **klassischer** Staatsverträge werden die Unterzeichnungsbevollmächtigten genannt; Prüfung und Austausch der Vollmachten werden festgestellt.

Der Aufbau der Präambel einer internationalen Übereinkunft weist in den Fremdsprachen eine im wesentlichen feststehende feierliche Form auf. Auch im Deutschen ist an der herkömmlichen Form festzuhalten und insbesondere die Auflösung in einen erzählenden Stil zu vermeiden.

Beispiel für die Präambel eines zweiseitigen Staatsvertrags:

Der Präsident der Bundesrepublik Deutschland und der Präsident ... -	**The President of the Federal Republic of Germany and the President of ...,**
in dem Wunsch, die Beziehungen zwischen den beiden Staaten auf dem Gebiet ... zu regeln -	**desiring to regulate relations between their (respective) countries in the field of ...,**
sind übereingekommen, hierüber einen Vertrag zu schließen[25], und haben zu ihren Bevollmächtigten ernannt:	**have agreed to conclude a Treaty to this effect, and have designated as their plenipotentiaries:**

25 Verträge und andere Übereinkünfte werden »geschlossen« (nicht »abgeschlossen«).

Der Präsident der Bundesrepublik Deutschland
Herrn ....,
der Präsident ....
Herrn ....

Die Bevollmächtigten haben nach Austausch ihrer in guter und gehöriger Form befundenen Vollmachten folgendes vereinbart: (oder: ... sind ... wie folgt übereingekommen:)
....

The President of the Federal Republic of Germany
Mr ....,
The President of ....
Mr ....

These plenipotentiaries, having exchanged their full powers, found in good and due form, have agreed as follows:
....

<u>oder</u>

Le Président de la République fédérale d'Allemagne
et
le Président ...,

désireux de régler les relations entre leurs pays (respectifs) dans le domaine ...,

sont convenus de conclure un Traité à cet effet et ont désigné comme leurs plénipotentiaires:

Le Président de la République fédérale d'Allemagne
M. ....,
le Président ....
M. ....

Ces plénipotentiaires, après avoir échangé leurs pleins pouvoirs reconnus en bonne et due forme, sont convenus de ce qui suit:
....

<u>oder</u>

El Presidente de la República Federal de Alemania
y
el Presidente ...,

deseando regular las relaciones entre sus (respectivos) países en materia de ...,

han resuelto concluir un Tratado a este efecto y han designado como plenipotenciarios:

El Presidente de la República Federal de Alemania
al Señor ....,
el Presidente ....
al Señor ....

Los plenipotenciarios, después de haber canjeado (cambiado) sus plenos poderes, que fueron hallados en buena y debida forma, han convenido lo siguiente:
....

Beispiel für die Präambel eines mehrseitigen Staatsvertrags (Übereinkommens), bei dem auch Deutsch Vertragssprache ist[26]:

---

26 In diesem Fall wird die deutsche Fassung im Bundesgesetzblatt Teil II in der linken Spalte gedruckt. Ist Deutsch nicht Vertragssprache, so erscheint die deutsche Übersetzung in der rechten Spalte.

Die Hohen Vertragsparteien -

in der Erwägung, ...,

in der Erkenntnis, ...,

und

in dem Wunsch, zu diesem Zweck ein Übereinkommen zu schließen -

haben zu ihren Bevollmächtigten ernannt:

....
.................................;

diese sind nach Vorlage (Mitteilung, Austausch, Hinterlegung) ihrer in guter und gehöriger Form befundenen Vollmachten wie folgt übereingekommen: (oder: ... haben ... folgendes vereinbart:)

The High Contracting Parties,

considering ....,

recognizing ....,

and

desiring for these purposes to conclude a Convention,

have appointed as their plenipotentiaries:

....
..................................,

who after having exhibited (communicated, exchanged, deposited) their respective full powers, found to be in good and due form, have agreed as follows:

Les Hautes Parties contractantes,

considérant ....,

reconnaissant ....,

et

désireuses de conclure une Convention à cet effet,

ont désigné comme leurs plénipotentiaires:

....
................................,

qui (lesquels), après avoir présenté (communiqué, échangé, déposé) leurs pleins pouvoirs respectifs, trouvés en bonne et due forme, sont convenus de ce qui suit:

Las Altas Partes Contratantes,

considerando ....,

reconociendo ....,

y

deseosos de concluir un Convenio a este efecto,

han designado como sus plenipotenciarios:

....
..................................,

quienes, después de haber(se) presentado (comunicado, canjeado, depositado) sus plenos poderes respectivos, encontrados en buena y debida forma, han convenido en lo que sigue:

Der stilistische Bruch, der am Anfang einer Präambel zwischen der Erwähnung der Vertragsparteien und dem ersten Beweggrund für das moderne Sprachgefühl entsteht, läßt sich vermeiden, wenn dieser Beweggrund nicht rein substantivisch eingeleitet wird. Dies ist anzustreben und in vielen Fällen möglich:

»Die Generalkonferenz der Organisation der Vereinten Nationen für Erziehung, Wissenschaft und Kultur -

eingedenk der Allgemeinen Erklärung der Menschenrechte, die den Grundsatz der Nichtdiskriminierung bekräftigt ...« (statt: »... im Hinblick auf die Allgemeine Erklärung ...«)

»Wir, die Völker der Vereinten Nationen -

fest entschlossen, künftige Geschlechter vor der Geißel des Krieges zu bewahren ...« (statt: »... in dem Entschluß, künftige Geschlechter ...«)

»Die Regierungen der Bundesrepublik Deutschland, des Königreichs Belgien, des Königreichs Dänemark, der ... und ... -

von dem Wunsch geleitet, die Ziele und Befugnisse der Organisation für ... neu zu bestimmen ...« (statt: »... in dem Wunsch, die Ziele ...«)

Einfachere Präambeln werden entsprechend gefaßt.

In seltenen Fällen beginnt die Präambel im fremdsprachigen Urtext nicht mit der Nennung der Vertragsparteien, sondern mit den Beweggründen. In solchen Fällen ist auch die deutsche Übersetzung entsprechend anzuordnen:

Recalling ...,	Rappelant ...,
recognizing ...,	reconnaissant ...,
desiring ...,	désireux ...,
the Governments of ... and of ... have agreed on the following provisions:	les Gouvernements ... et ... sont convenus des dispositions suivantes:
Recordando ...,	Eingedenk ...,
reconociendo ...,	in der Erkenntnis ...,
deseosos ...,	in dem Wunsch, ...,
los Gobiernos de ... y de ... han convenido en las siguientes disposiciones:	sind die Regierungen ... und ... wie folgt übereingekommen: (oder: ... haben die Regierungen ... folgendes vereinbart:)

Die einleitenden Wörter der Präambel (»The High Contracting Parties«, »La République française« o.ä.) sowie die die Beweggründe einleitenden Wörter sind im fremdsprachigen Urtext oft in Großbuchstaben gesetzt. Da beim Druck im Bundesgesetzblatt anders verfahren wird, sollten bei der Übersetzung fremdsprachiger Texte solche Wörter auch dann nicht in Großbuchstaben geschrieben werden, wenn dies in den Fremdsprachen der Fall ist; sie sollten jedoch unterstrichen werden.

§ 12 - Die Beweggründe

Auch die in den meisten Präambeln enthaltene Aufzählung von Beweggründen stellt altüberliefertes Formgut dar. Diese Beweggründe werden im fremdsprachigen Wortlaut meist mit bestimmten herkömmlich verwendeten Partizipien, Gerundien oder ähnlichen Formulierungen eingeleitet. Für die Wahl der entsprechenden Wörter im Deutschen empfiehlt es sich, die folgenden Anregungen nicht als starres Übersetzungsschema anzusehen, sondern in jedem Fall die Wendung zu wählen, die dem Sinn des betreffenden Beweggrunds am besten gerecht wird. Die gebräuchlichsten Ausdrücke dieser Art lauten:

acknowledging	affirmant; reconnaissant	afirmando; reconociendo

»in Anerkennung«

affirming	affirmant	afirmando

»in Bestätigung«; »im Bekenntnis«; »in Bekräftigung«

anxious	soucieux	animados del deseo

»in dem Bemühen«; »in dem Bestreben«; »bemüht«; »bestrebt«

appreciating	appréciant	apreciando

»in Würdigung«; »in Anerkennung«

aware	constatant; conscients	constatando; conscientes

»in Anbetracht«; »in dem Bewußtsein«; »in Kenntnis«; »angesichts«; »eingedenk«

bearing in mind	considérant; conscients	teniendo presente; considerando; conscientes

»in dem Bewußtsein«; »eingedenk dessen«

being satisfied	**constatant**	**constatando; seguros de que; con la certeza de que**

»in der Gewißheit«

believing	**croyant; persuadés; convaincus; estimant**	**estimando; convencidos**

»überzeugt«; »in der Überzeugung«; »im Vertrauen darauf«

by virtue of	**vu (+ Akkusativ)**	**en virtud de**

»aufgrund«; »gestützt auf«; »kraft«; »nach Einsicht«

concerned	**préoccupés**	**preocupados**

»besorgt«

confirming	**confirmant**	**confirmando**

»in Bestätigung«

conscious	**conscients**	**conscientes**

»in dem Bewußtsein«; »im Bewußtsein« (mit Substantiv); »eingedenk«

considering; in consideration	**considérant; estimant**	**considerando**

»in Anbetracht«; »in der Erwägung«; »von der Erwägung geleitet«; »im Hinblick«; »mit Rücksicht«; »angesichts«; »in Würdigung«; »eingedenk«

convinced	**convaincus**	**convencidos**

»überzeugt«; »in der Überzeugung«

decided	**décidés**	**decididos; resueltos**

»entschlossen«

desiring; desirous	désirant; désireux	deseando; con el deseo; deseosos

»in dem Wunsch«; »von dem Wunsch geleitet«

determined	déterminés; résolus	decididos; determinados; resueltos

»in dem festen Willen«; »gewillt«; »(fest) entschlossen«

drawing attention to	attirant l'attention sur; faisant observer (ou: remarquer)	haciendo observar

»unter Hinweis auf«

expressing the intention	exprimant leur intention	expresando su intención

»unter Bekundung der Absicht«

expressing their concern	exprimant leur pré-occupation	expresando su pre-ocupación

»ihrer Besorgnis Ausdruck gebend«

expressing their wish	exprimant leur désir	expresando su deseo

»von dem Wunsch geleitet«; »ihrem Wunsch Ausdruck verleihend«; »in dem ausdrücklichen Wunsch«

guided by	guidés par	guiados por

»geleitet von«

having agreed	étant convenus	habiendo convenido

»einig über«; »einig in dem Entschluß«; »in dem einvernehmlichen Entschluß«; »aufgrund ihres einvernehmlichen Entschlusses«; »nach Vereinbarung«

having decided	ayant décidé	habiendo decidido

»entschlossen«

having decided at ...	**ayant décidé à ...**	**habiendo decidido en ...**

»im Verfolg ihres in ... gefaßten Beschlusses«; »aufgrund ihres in ... gefaßten Beschlusses«

having decided on ...	**ayant décidé le ...**	**habiendo decidido el ...**

»im Verfolg ihres am ... gefaßten Beschlusses«; »aufgrund ihres Beschlusses vom ...«

having in mind	**conscients**	**teniendo en cuenta; conscientes**

»eingedenk«; »in Anbetracht«; »in Würdigung«; »im Bewußtsein«

having noted	**ayant noté**	**habiendo notado**

»nach Kenntnisnahme«

having regard to	**eu égard à; vu (+ Akkusativ)**	**en vista de**

»im Hinblick«; »mit Rücksicht«; »eingedenk«; »gestützt auf«

in pursuance of	**en vertu de**	**con arreglo a; en virtud de**

»im Verfolg«; »in Ausführung«; »in Anwendung«

inspired by a common will	**animés de la volonté commune**	**animados de la voluntad común**

»von dem gemeinsamen Willen beseelt«

intending	**entendant; dans l'intention**	**con el propósito**

»in der Absicht«; »in dem Vorsatz«; »gewillt«

in view of	**en vue de**	**en vista de**

»in Anbetracht«; »im Hinblick«; »angesichts«

mindful	**conscients; soucieux**	**conscientes; atentos a**

»in Würdigung«; »eingedenk«; »mit Rücksicht«

moved by the desire | **animés du désir** | **animados del deseo**

»von dem Wunsch geleitet (beseelt)«; »in dem Wunsch«

noting | **notant; constatant; prenant acte** | **constatando; tomando nota; observando**

»in Anbetracht«; »in Beachtung«; »im Hinblick«; »in Kenntnis«; »angesichts«; »unter Hinweis«; »Kenntnis nehmend«

noting with appreciation | **notant avec satisfaction** | **constatando con satisfacción**

»mit Genugtuung (Befriedigung) feststellend«

persuaded | **persuadés** | **persuadidos**

»überzeugt«; »in der Überzeugung«

proclaiming | **proclamant** | **proclamando**

»in Bekundung«; »in Verkündung«

prompted by the desire | **animés du désir** | **animados del deseo; inspirados por el deseo**

»von dem Bestreben geleitet«; »in dem Bestreben«; »von dem Wunsch geleitet (beseelt)«; »in dem Wunsch«

pursuant to | **en vertu de** | **en virtud de**

»kraft«; »aufgrund«; »in Anwendung«

reaffirming | **réaffirmant** | **reafirmando**

»in Bekräftigung«

realizing | **convaincus** | **reconociendo; convencidos**

»in (der) Erkenntnis«

recalling | **rappelant** | **recordando**

»eingedenk«; »im Hinblick«; »unter Hinweis«

recognizing	reconnaissant	reconociendo

»in Anerkenntnis«; »in Anerkennung«; »in (der) Erkenntnis«; »in Würdigung«

resolved	résolus	decididos; resueltos

»in dem Entschluß«; »entschlossen«; »gewillt«

stressing	soulignant	subrayando

»unter Hinweis«

taking into account	tenant compte	teniendo en cuenta

»unter Berücksichtigung«

taking into consideration	prenant en considération	teniendo en cuenta (en consideración); tomando en cuenta (en consideración)

»unter Berücksichtigung«; »in Würdigung«

taking note	prenant note	tomando nota

»in Anbetracht«; »unter Berücksichtigung«

welcoming	se félicitant de; accueillant avec satisfaction	felicitándose; celebrando; congratulándose; complacidos; acogiendo con agrado

»erfreut über«; »eingedenk der willkommenen (begrüßenswerten)«

whereas	attendu; vu que	teniendo en cuenta; considerando que; en vista de

»in der Erwägung«; »im Hinblick«; »angesichts«; »da«; »eingedenk«; »in Anbetracht«

wishing	désirant; désireux	deseando

»in dem Wunsch«; »von dem Wunsch geleitet«

§ 13 - Präambeln einiger im Bundesgesetzblatt Teil II veröffentlichter Übereinkünfte

Zweiseitige Übereinkünfte

Der Präsident der Bundesrepublik Deutschland	Le Président de la République fédérale d'Allemagne
und	et
der Präsident der Französischen Republik -	le Président de la République française,
in dem Wunsch, die Straßenverbindungen zwischen den beiden Staaten zu verbessern,	désireux d'améliorer les liaisons routières entre les deux Etats,
in Anbetracht des Abkommens vom 30. Januar 1953 über die festen Brücken und Fähren über den Rhein an der deutsch-französischen Grenze -	vu l'Accord du 30 janvier 1953 relatif aux ponts fixes et aux bacs franchissant le Rhin à la frontière franco-allemande,
sind übereingekommen, ein Abkommen zu schließen, und haben hierfür zu ihren Bevollmächtigten ernannt:	sont convenus de conclure un Accord et ont désigné à cet effet comme plénipotentiaires:
Der Präsident der Bundesrepublik Deutschland:	Le Président de la République fédérale d'Allemagne:
Dr. Hans Werner Lautenschlager, Staatssekretär im Auswärtigen Amt,	M. Hans Werner Lautenschlager, Secrétaire d'Etat aux Affaires étrangères,
Der Präsident der Französischen Republik:	Le Président de la République française:
Henri Froment-Meurice, Botschafter Frankreichs in der Bundesrepublik Deutschland;	M. Henri Froment-Meurice, Ambassadeur de France auprès de la République fédérale d'Allemagne,
diese sind nach Austausch ihrer in guter und gehöriger Form befundenen Vollmachten	lesquels, après avoir échangé leurs pleins pouvoirs, reconnus en bonne et due forme,
wie folgt übereingekommen:	sont convenus des dispositions suivantes:

Die Bundesrepublik Deutschland

und

die Vereinigten Staaten von Amerika -

in dem Wunsch, die Zusammenarbeit beider Staaten bei der Bekämpfung der Kriminalität wirksamer zu gestalten und insbesondere den Verkehr zwischen den beiden Staaten auf dem Gebiet der Auslieferung neu zu regeln und dadurch zu erleichtern -

sind wie folgt übereingekommen:

The Federal Republic of Germany

and

the United States of America,

desiring to provide for more effective cooperation between the two States in the repression of crime and, specifically, newly to regulate and thereby to facilitate the relations between the two States in the area of extradition,

have agreed as follows:

Die Bundesrepublik Deutschland

und

die Republik Panama -

in dem Wunsch, die wirtschaftliche Zusammenarbeit zwischen beiden Staaten zu vertiefen,

in dem Bestreben, günstige Bedingungen für Kapitalanlagen von Staatsangehörigen oder Gesellschaften des einen Staates im Hoheitsgebiet des anderen Staates zu schaffen, und

in der Erkenntnis, daß eine Förderung und ein vertraglicher Schutz dieser Kapitalanlagen geeignet sind, die private wirtschaftliche Initiative zu beleben und den Wohlstand beider Völker zu mehren -

haben folgendes vereinbart:

La República de Panamá

y

la República Federal de Alemania,

Animadas del deseo de intensificar la colaboración económica entre ambos Estados,

Con el propósito de crear condiciones favorables para las inversiones de capital de los nacionales o sociedades de un Estado en el territorio del otro Estado, y

Reconociendo que el fomento y la protección mediante Convenio de esas inversiones pueden servir para estimular la iniciativa económica privada e incrementar el bienestar de ambos pueblos,

Han convenido en lo siguiente:

Mehrseitige Übereinkünfte

- Deutsch ist Vertragssprache -

Die Hohen Vertragsparteien des Vertrags zur Gründung der Europäischen Wirtschaftsgemeinschaft -	The High Contracting Parties to the Treaty establishing the European Economic Community,	Les Hautes Parties contractantes au Traité instituant la Communauté économique européenne,
in der Erwägung, daß das Königreich Dänemark, Irland und das Vereinigte Königreich Großbritannien und Nordirland mit ihrem Beitritt zur Gemeinschaft die Verpflichtung eingegangen sind, dem Übereinkommen über die gerichtliche Zuständigkeit und die Vollstreckung gerichtlicher Entscheidungen in Zivil- und Handelssachen sowie dem Protokoll betreffend die Auslegung dieses Übereinkommens durch den Gerichtshof beizutreten und zu diesem Zweck mit den ursprünglichen Mitgliedstaaten der Gemeinschaft Verhandlungen im Hinblick auf die erforderlichen Anpassungen aufzunehmen -	Considering that the Kingdom of Denmark, Ireland and the United Kingdom of Great Britain and Northern Ireland, in becoming members of the Community, undertook to accede to the Convention on jurisdiction and the enforcement of judgments in civil and commercial matters and to the Protocol on the interpretation of that Convention by the Court of Justice, and to this end undertook to enter into negotiations with the original Member States of the Community in order to make the necessary adjustments thereto,	Considérant que le Royaume de Danemark, l'Irlande et le Royaume-Uni de Grande-Bretagne et d'Irlande du Nord, en devenant membres de la Communauté, se sont engagés à adhérer à la Convention concernant la compétence judiciaire et l'exécution des décisions en matière civile et commerciale et au Protocole concernant l'interprétation de cette Convention par la Cour de Justice, et à entamer à cet effet des négociations avec les Etats membres originaires de la Communauté pour y apporter les adaptations nécessaires,
haben beschlossen, dieses Übereinkommen zu schließen, und haben zu diesem Zweck zu ihren Bevollmächtigten ernannt:	Have decided to conclude this Convention and to this end have designated as their Plenipotentiaries:	Ont décidé de conclure la présente Convention et ont désigné à cet effet comme plénipotentiaires:
Seine Majestät der König der Belgier:	His Majesty the King of the Belgians:	Sa Majesté le Roi des Belges:
Renaat van Elslande, Minister der Justiz;	Renaat van Elslande, Minister for Justice;	Renaat Van Elslande, ministre de la justice;
Ihre Majestät die Königin von Dänemark:	Her Majesty the Queen of Denmark:	Sa Majesté la Reine de Danemark:
Nathalie Lind, Minister der Justiz;	Nathalie Lind, Minister for Justice;	Nathalie Lind, ministre de la justice;

der Präsident der Bundesrepublik Deutschland:	The President of the Federal Republic of Germany:	Le Président de la République fédérale d'Allemagne:
Dr. Hans-Jochen Vogel, Bundesminister der Justiz;	Dr. Hans-Jochen Vogel, Federal Minister of Justice;	Dr. Hans-Jochen Vogel, ministre fédéral de la justice;
der Präsident der Französischen Republik:	The President of the French Republic:	Le Président de la République française:
Alain Peyrefitte, Siegelbewahrer, Minister der Justiz;	Alain Peyrefitte, Keeper of the Seals, Minister for Justice;	Alain Peyrefitte, garde des sceaux, ministre de la justice;
...	...	...
diese im Rat vereinigten Bevollmächtigten sind nach Austausch ihrer in guter und gehöriger Form befundenen Vollmachten	Who, meeting within the Council, having exchanged their Full Powers, found in good and due form,	Lesquels, réunis au sein du Conseil, après avoir échangé leurs pleins pouvoirs reconnus en bonne et due forme,
wie folgt übereingekommen:	Have agreed as follows:	Sont convenus des dispositions qui suivent:

Die Regierungen des Königreichs Belgien, des Königreichs Dänemark, der Bundesrepublik Deutschland, Irlands, der Italienischen Republik, Japans, Kanadas, des Großherzogtums Luxemburg, des Königreichs der Niederlande, der Republik Österreich, des Königreichs Schweden, der Schweizerischen Eidgenossenschaft, Spaniens, der Republik Türkei, des Vereinigten Königreichs Großbritannien und Nordirland und der Vereinigten Staaten von Amerika -	The Governments of the Republic of Austria, the Kingdom of Belgium, Canada, the Kingdom of Denmark, the Federal Republic of Germany, Ireland, the Italian Republic, Japan, the Grand Duchy of Luxembourg, the Kingdom of the Netherlands, Spain, the Kingdom of Sweden, the Swiss Confederation, the Republic of Turkey, the United Kingdom of Great Britain and Northern Ireland, and the United States of America,	Les Gouvernements de la République fédérale d'Allemagne, de la République d'Autriche, du Royaume de Belgique, du Canada, du Royaume de Danemark, de l'Espagne, des Etats-Unis d'Amérique, de l'Irlande, de la République italienne, du Japon, du Grand-Duché de Luxembourg, du Royaume des Pays-Bas, du Royaume-Uni de Grande-Bretagne et d'Irlande du Nord, du Royaume de Suède, de la Confédération suisse et de la République turque,

in dem Wunsch, eine gesicherte Ölversorgung zu vernünftigen und gerechten Bedingungen zu fördern;	Desiring to promote secure oil supplies on reasonable and equitable terms,	Désireux de promouvoir la sécurité des approvisionnements en pétrole à des conditions raisonnables et équitables,
entschlossen, gemeinsame wirksame Maßnahmen zu treffen, um Notständen in der Ölversorgung durch den Aufbau einer Selbstversorgung mit Öl in Notständen, durch Nachfragedrosselung und durch Zuteilung des verfügbaren Öls an ihre Länder auf gerechter Grundlage zu begegnen;	Determined to take common effective measures to meet oil supply emergencies by developing an emergency self-sufficiency in oil supplies, restraining demand and allocating available oil among their countries on an equitable basis,	Résolus à prendre des mesures communes efficaces pour faire face aux crises d'approvisionnement pétrolier, en assurant une autonomie des approvisionnements pétroliers en cas d'urgence, en restreignant la demande et en répartissant entre lesdits pays, sur une base équitable, les quantités de pétrole disponibles,
...	...	...
mit Rücksicht auf die Interessen ...;	Mindful of the interests ...,	Soucieux des intérêts ...,
...	...	...
überzeugt, daß ...;	Convinced that ...,	Convaincus que ...,
unter Bekundung der Absicht ...;	Expressing the intention ...,	Exprimant leur intention ...,
in der Erkenntnis, daß ...;	Recognising that ...,	Reconnaissant que ...,
in Anbetracht der besonderen Verantwortung der Regierungen für die Energieversorgung -	Considering the special responsibility of governments for energy supply,	Considérant la responsabilité spéciale qui incombe aux gouvernements en matière d'approvisionnements énergétiques,
kommen zu dem Schluß, daß es notwendig ist, ein Internationales Energieprogramm aufzustellen, das durch eine Internationale Energie-Agentur auszuführen ist, und sind zu diesem Zweck	Conclude that it is necessary to establish an International Energy Program to be implemented through an International Energy Agency, and to that end,	Concluent qu'il est nécessaire d'établir un Programme International de l'Energie dont la mise en oeuvre sera assurée par une Agence Internationale de l'Energie, et, à cette fin,
wie folgt übereingekommen:	Have agreed as follows:	Sont convenus de ce qui suit:

- Deutsch ist Übersetzung -

The States Parties to the present Convention,

Considering the fundamental role of treaties in the history of international relations,

Recognizing the ever-increasing importance of treaties as a source of international law and as a means of developing peaceful co-operation among nations, whatever their constitutional and social systems,

Noting that the principles of free consent and of good faith and the pacta sunt servanda rule are universally recognized,

Affirming that disputes concerning treaties, like other international disputes, should be settled by peaceful means and in conformity with the principles of justice and international law,

Recalling the determination of the peoples of the United Nations to establish conditions under which justice and respect for the obligations arising from treaties can be maintained,

Having in mind the principles of international law embodied in the Charter of the United Nations, such as the principles of the equal rights and self-determination of peoples, of the sovereign equality and independence of all States, of non-interference in the domestic affairs of States, of the prohibition of the threat or use of force and of universal respect for, and observance of, human rights and fundamental freedoms for all,

Les Etats Parties à la présente Convention,

Considérant le rôle fondamental des traités dans l'histoire des relations internationales,

Reconnaissant l'importance de plus en plus grande des traités en tant que source du droit international et en tant que moyen de développer la coopération pacifique entre les nations, quels que soient leurs régimes constitutionnels et sociaux,

Constatant que les principes du libre consentement et de la bonne foi et la règle pacta sunt servanda sont universellement reconnus,

Affirmant que les différends concernant les traités doivent, comme les autres différends internationaux, être réglés par des moyens pacifiques et conformément aux principes de la justice et du droit international,

Rappelant la résolution des peuples des Nations Unies de créer les conditions nécessaires au maintien de la justice et du respect des obligations nées des traités,

Conscients des principes de droit international incorporés dans la Charte des Nations Unies, tels que les principes concernant l'égalité des droits des peuples et leur droit de disposer d'eux-mêmes, l'égalité souveraine et l'indépendance de tous les Etats, la non-ingérence dans les affaires intérieures des Etats, l'interdiction de la menace ou de l'emploi de la force et le respect universel et effectif des droits de l'homme et des libertés fondamentales pour tous,

Believing that the codification and progressive development of the law of treaties achieved in the present Convention will promote the purposes of the United Nations set forth in the Charter, namely, the maintenance of international peace and security, the development of friendly relations and the achievement of co-operation among nations,

Affirming that the rules of customary international law will continue to govern questions not regulated by the provisions of the present Convention,

Have agreed as follows:

Convaincus que la codification et le développement progressif du droit des traités réalisés dans la présente Convention serviront les buts des Nations Unies énoncés dans la Charte, qui sont de maintenir la paix et la sécurité internationales, de développer entre les nations des relations amicales et de réaliser la coopération internationale,

Affirmant que les règles du droit international coutumier continueront à régir les questions non réglées dans les dispositions de la présente Convention,

Sont convenus de ce qui suit:

Los Estados Partes en la presente Convención,

Considerando la función fundamental de los tratados en la historia de las relaciones internacionales,

Reconociendo la importancia cada vez mayor de los tratados como fuente del derecho internacional y como medio de desarrollar la cooperación pacífica entre las naciones, sean cuales fueren sus regímenes constitucionales y sociales,

Advirtiendo que los principios del libre consentimiento y de la buena fe y la norma pacta sunt servanda están universalmente reconocidos,

Afirmando que las controversias relativas a los tratados, al igual que las demás controversias internacionales, deben resolverse por medios pacíficos y de conformidad con los principios de la justicia y del derecho internacional,

Die Vertragsstaaten dieses Übereinkommens -

in Anbetracht der grundlegenden Rolle der Verträge in der Geschichte der internationalen Beziehungen;

in Erkenntnis der ständig wachsenden Bedeutung der Verträge als Quelle des Völkerrechts und als Mittel zur Entwicklung der friedlichen Zusammenarbeit zwischen den Völkern ungeachtet ihrer Verfassungs- und Gesellschaftssysteme;

im Hinblick darauf, daß die Grundsätze der freien Zustimmung und von Treu und Glauben sowie der Rechtsgrundsatz pacta sunt servanda allgemein anerkannt sind;

in Bekräftigung des Grundsatzes, daß Streitigkeiten über Verträge wie andere internationale Streitigkeiten durch friedliche Mittel nach den Grundsätzen der Gerechtigkeit und des Völkerrechts beigelegt werden sollen;

Recordando la resolución de los pueblos de las Naciones Unidas de crear condiciones bajo las cuales puedan mantenerse la justicia y el respeto a las obligaciones emanadas de los tratados,

eingedenk der Entschlossenheit der Völker der Vereinten Nationen, Bedingungen zu schaffen, unter denen Gerechtigkeit und die Achtung vor den Verpflichtungen aus Verträgen gewahrt werden können;

Teniendo presentes los principios de derecho internacional incorporados en la Carta de las Naciones Unidas, tales como los principios de la igualdad de derechos y de la libre determinación de los pueblos, de la igualdad soberana y la independencia de todos los Estados, de la no injerencia en los asuntos internos de los Estados, de la prohibición de la amenaza o el uso de la fuerza y del respeto universal a los derechos humanos y a las libertades fundamentales de todos y la efectividad de tales derechos y libertades,

im Bewußtsein der in der Charta der Vereinten Nationen enthaltenen völkerrechtlichen Grundsätze, darunter der Grundsätze der Gleichberechtigung und Selbstbestimmung der Völker, der souveränen Gleichheit und Unabhängigkeit aller Staaten, der Nichteinmischung in die inneren Angelegenheiten der Staaten, des Verbots der Androhung oder Anwendung von Gewalt sowie der allgemeinen Achtung und Wahrung der Menschenrechte und Grundfreiheiten für alle;

Convencidos de que la codificación y el desarrollo progresivo del derecho de los tratados logrados en la presente Convención contribuirán a la consecución de los propósitos de las Naciones Unidas enunciados en la Carta, que consisten en mantener la paz y la seguridad internacionales, fomentar entre las naciones las relaciones de amistad y realizar la cooperación internacional,

überzeugt, daß die in diesem Übereinkommen verwirklichte Kodifizierung und fortschreitende Entwicklung des Vertragsrechts die in der Charta der Vereinten Nationen verkündeten Ziele fördern wird, nämlich die Wahrung des Weltfriedens und der internationalen Sicherheit, die Entwicklung freundschaftlicher Beziehungen und die Verwirklichung der Zusammenarbeit zwischen den Nationen;

Afirmando que las normas de derecho internacional consuetudinario continuarán rigiendo las cuestiones no reguladas en las disposiciones de la presente Convención,

in Bekräftigung des Grundsatzes, daß die Sätze des Völkergewohnheitsrechts weiterhin für Fragen gelten, die in diesem Übereinkommen nicht geregelt sind -

Han convenido lo siguiente:

haben folgendes vereinbart:

The member States of the Council of Europe, signatory hereto,	Les Etats membres du Conseil de l'Europe, signataires de la présente Convention,	Die Mitgliedstaaten des Europarats, die dieses Übereinkommen unterzeichnen -
Considering that the aim of the Council of Europe is to achieve a greater unity between its members for the purpose, inter alia, of safeguarding and realising the ideals and principles which are their common heritage;	Considérant que le but du Conseil de l'Europe est de réaliser une union plus étroite entre ses membres, afin notamment de sauvegarder et de promouvoir les idéaux et les principes qui sont leur patrimoine commun;	von der Erwägung geleitet, daß es das Ziel des Europarats ist, eine engere Verbindung zwischen seinen Mitgliedern herbeizuführen, um insbesondere die Ideale und Grundsätze, die ihr gemeinsames Erbe bilden, zu wahren und zu fördern;
Recognising that the architectural heritage constitutes an irreplaceable expression of the richness and diversity of Europe's cultural heritage, bears inestimable witness to our past and is a common heritage of all Europeans;	Reconnaissant que le patrimoine architectural constitue une expression irremplaçable de la richesse et de la diversité du patrimoine culturel de l'Europe, un témoin inestimable de notre passé et un bien commun à tous les Européens;	in der Erkenntnis, daß das architektonische Erbe einen unersetzlichen Ausdruck des Reichtums und der Vielfalt des europäischen Kulturerbes darstellt, auf unschätzbare Weise Zeugnis von unserer Vergangenheit ablegt und ein gemeinsames Erbe aller Europäer ist;
Having regard to ...;	Vu ...;	im Hinblick auf ...;
...	...	...
Acknowledging the importance of reaching agreement on the main thrust of a common policy for the conservation and enhancement of the architectural heritage,	Affirmant qu'il importe de s'accorder sur les orientations essentielles d'une politique commune qui garantisse la sauvegarde et la mise en valeur du patrimoine architectural,	in Anerkennung dessen, daß es wichtig ist, sich über die Hauptrichtung einer gemeinsamen Politik zur Erhaltung und Aufwertung des architektonischen Erbes zu einigen -
Have agreed as follows:	Sont convenus de ce qui suit:	sind wie folgt übereingekommen:

The Parties,	Les Parties,	Die Vertragsparteien -
Being concerned with the health and welfare of mankind,	Soucieuses de la santé physique et morale de l'humanité,	von der Sorge um die Gesundheit und das Wohl der Menschheit geleitet;
Noting with concern the public health and social problems resulting from the abuse of certain psychotropic substances,	Préoccupées par le problème de santé publique et le problème social qui résultent de l'abus de certaines substances psychotropes,	mit Besorgnis von den volksgesundheitlichen und sozialen Problemen Kenntnis nehmend, die sich aus dem Mißbrauch bestimmter psychotroper Stoffe ergeben;
Determined to prevent and combat abuse of such substances and the illicit traffic to which it gives rise,	Déterminées à prévenir et à combattre l'abus de ces substances et le trafic illicite auquel il donne lieu,	entschlossen, den Mißbrauch derartiger Stoffe und den dadurch veranlaßten unerlaubten Verkehr zu verhüten und zu bekämpfen;
...	...	...
Recognizing that an international convention is necessary to achieve these purposes,	Convaincues qu'une convention internationale est nécessaire pour réaliser ces fins,	in der Erkenntnis, daß zur Verwirklichung dieser Ziele ein internationales Übereinkommen erforderlich ist -
Agree as follows:	Conviennent de ce qui suit:	kommen wie folgt überein:

Les Etats signataires de la présente Convention, membres de la Commission Internationale de l'Etat Civil,	Die Unterzeichnerstaaten dieses Übereinkommens, Mitglieder der Internationalen Kommission für das Zivilstandswesen -
désireux d'assurer l'indication uniforme des noms et prénoms dans les registres de l'état civil,	in dem Wunsch, die einheitliche Angabe von Familiennamen und Vornamen in den Personenstandsbüchern zu gewährleisten -
sont convenus des dispositions suivantes:	haben folgendes vereinbart:

The Governments of the States parties to this Convention, considering their mutual interest in the living resources of the South-east Atlantic and desiring to co-operate in the conservation and rational exploitation of these resources, have agreed as follows:

Les Gouvernements des Etats Parties à la présente Convention, considérant l'intérêt que présentent pour eux les ressources biologiques de l'Atlantique Sud-Est et désireux de coopérer au maintien et à l'exploitation rationnelle de ces ressources, sont convenus de ce qui suit:

Los Gobiernos de los Estados partes en este Convenio, considerando su mutuo interés en los recursos vivos del Atlántico Sudoriental y deseando cooperar en la conservación y explotación racional de tales recursos, acuerdan lo siguiente:

Die Regierungen der Vertragsstaaten dieses Übereinkommens - in Anbetracht ihres gegenseitigen Interesses an den lebenden Schätzen des Südostatlantiks und in dem Wunsch, bei der Erhaltung und rationellen Ausbeutung dieser Schätze zusammenzuarbeiten - sind wie folgt übereingekommen:

The States parties to the present Convention hereby establish the International Maritime Organization (hereinafter referred to as »the Organization«).

Les Etats parties à la présente Convention décident de créer l'Organisation maritime internationale (ci-après dénommée »l'Organisation«).

Los Estados Partes en la presente Convención deciden establecer la Organización Marítima Internacional (de aquí en adelante designada »la Organización«).

Die Vertragsstaaten dieses Übereinkommens errichten hiermit die Internationale Seeschiffahrts-Organisation (im folgenden als »Organisation« bezeichnet).

The countries on behalf of which this Agreement is signed agree to create the Inter-American Investment Corporation, which shall be governed by the following provisions:

Les pays dont les représentants signent le présent Accord, conviennent de créer la Société interaméricaine d'investissement qui sera régie par les dispositions suivantes:

Los países en cuya representación se firma el presente Convenio acuerdan crear la Corporación Interamericana de Inversiones, que se regirá por las disposiciones siguientes:

Die Staaten, in deren Namen dieses Übereinkommen unterzeichnet wird, vereinbaren, die Interamerikanische Investitionsgesellschaft zu gründen, für die folgende Bestimmungen gelten:

Abschnitt D

Der Inhaltsteil

§§ 14 - 22

§ 14 - Gliederung der Übereinkünfte und Bezeichnung ihrer Teile

(1) Der Inhalt völkerrechtlicher Übereinkünfte wird im allgemeinen in folgender Reihenfolge angeordnet:

Präambel,
Begriffsbestimmungen,
allgemeine Bestimmungen,
besondere Bestimmungen,
ausführende Bestimmungen (Verfahren),
Schiedsklausel,
Verhältnis zu anderen (früheren) Übereinkünften,
Geltungsbereichsklausel,
Schlußbestimmungen.

(2) a) Die der Präambel folgenden Teile einer Übereinkunft sind fast immer in »Articles / Artículos« gegliedert; diese Bezeichnung ist im deutschen Text mit **»Artikel«** und nicht mit dem Wort »Paragraph« oder dem Symbol »§« wiederzugeben. Die Bezugnahme auf Artikel im Text lautet: »Artikel 1« (oder »I«) usw. und nicht: erster Artikel, selbst wenn z.B. die französische Bezeichnung »Article premier« lautet.

b) Umfangreiche Übereinkünfte können in Teile, Titel, Kapitel, Abschnitte und / oder Unterabschnitte (mit Zahlen oder Großbuchstaben bezeichnet) gegliedert sein. Die fremdsprachigen Bezeichnungen sind unter Buchstabe o wiedergegeben.

c) In Übereinkünften, durch die bestehende Übereinkünfte geändert und ergänzt werden, finden in den Fremdsprachen manchmal die lateinischen Adverbien »bis«, »ter«, »quater« usw. Anwendung. Dies geschieht, damit nicht alle Artikel neu numeriert werden müssen. In solchen Fällen heißt es auch im Deutschen **»Artikel 5 bis«**, nicht aber »Artikel 5 b« o.ä., um Irrtümer bei späteren Zitierungen zu vermeiden.

d) Völkerrechtliche Übereinkünfte, die in Artikel gegliedert sind, haben bisweilen technische Anlagen, die ihrerseits in **»Regeln«** (»rules, règles, reglas«) gegliedert sind. Durch diese abweichende Bezeichnung sollen Verwechslungen mit den Artikeln der Übereinkunft ausgeschlossen werden.

e) Ist in einem fremdsprachigen Urtext ein Artikel in **Teile** aufgegliedert, **die numeriert sind** (»paragraphs / paragraphes / párrafos«), so sind diese im Deutschen als **»Absatz«** zu bezeichnen und mit den entsprechenden vorgesetzten Zahlen zu versehen; diese sind **beidseitig einzuklammern** - »(1)« -, gleichviel ob die fremdsprachige Fassung solche Klammern aufweist oder nicht. Da die »paragraphs / paragraphes / párrafos« der fremdsprachigen Texte im Deutschen »Absätze« sind, kommt das Wort »Paragraph« in der Regel in deutschen Vertragstexten nicht vor. Die Bezugnahme auf numerierte Absätze im Text lautet: »Absatz 1«, »Absatz 2« usw. (nicht »erster Absatz«); diese Zahlen werden im laufenden Text **nicht eingeklammert**.

f) Enthält in einem fremdsprachigen Urtext ein Artikel **Absätze, die nicht numeriert sind** (»paragraphs / alinéas / incisos«), so wird ihnen auch in der deutschen Fassung keine Zahl vorangestellt. Die Bezugnahme auf solche Absätze im Text lautet ebenfalls: »Absatz 1«,

»Absatz 2« usw. (nicht »erster Absatz«); diese Zahlen werden nicht eingeklammert. Bei Verträgen, die von deutscher Seite ausgehen, sind die Absätze nach Buchstabe e zu numerieren.

g) **Ist ein Absatz in Teile gegliedert, denen arabische Zahlen oder überhaupt keine Gliederungssymbole vorangestellt sind**, so sind diese Teile **»Unterabsätze«** (»sub-paragraphs / sous-paragraphes, alinéas / apartados, incisos«). Die Bezugnahme im Text lautet: »Unterabsatz 1«, »Unterabsatz 2« usw. (nicht »erster Unterabsatz«). Sind einem Unterabsatz arabische Zahlen vorangestellt, so erhalten sie dort eine Klammer rechts - »1)« -, bei Bezugnahmen im Text jedoch nicht. Bei Vertragstexten, die von deutscher Seite ausgehen, ist die Voranstellung von arabischen Zahlen vor Unterabsätzen zu vermeiden; falls Gliederungssymbole für Unterabsätze benötigt werden, sind Buchstaben zu verwenden.

h) In völkerrechtlichen Übereinkünften werden zur Unterteilung größerer Abschnitte seit längerer Zeit die aus dem angelsächsischen Sprachraum stammenden Gliederungssymbole »1«, »1.1«, »1.1.2« usw. verwendet. Sie sind in dieser Form in die deutsche Übersetzung zu übernehmen und als **»Absätze«** zu bezeichnen.

i) **Arabische Zahlen**, die nicht vor Absätzen oder Unterabsätzen, sondern innerhalb eines numerierten oder unnumerierten Absatzes oder Unterabsatzes **vor Aufzählungen oder Alternativbestimmungen** stehen, sind im deutschen Text bei Bezugnahmen als »**Nummer** 1«, »Nummer 2« usw. zu bezeichnen. Sie werden, soweit vorangestellt, mit einem Punkt versehen - »1.« -, erhalten bei Bezugnahmen im Text aber weder Punkt noch Klammer.

»Nummern« (»paragraphs / paragraphes / párrafos«) dienen auch zur Gliederung der von deutscher Seite ausgehenden Regierungsvereinbarungen in Form von Notenwechseln; zur weiteren Unterteilung dienen dort »Absätze« (»sub-paragraphs / alinéas / apartados«) und »Buchstaben« (»letters / sous-alinéas / incisos«).

j) **Kleine Buchstaben**, die als Gliederungssymbole verwendet werden (»a«, »b« usw.), sind im deutschen Wortlaut bei Bezugnahmen **stets als »Buchstabe(n)«** (nicht »Litera«) zu bezeichnen, gleichviel ob sie in den fremdsprachigen Texten als »paragraph«, »sub-paragraph« oder »letter«, als »paragraphe«, »alinéa«, »sous-alinéa« oder »lettre«, als »inciso«, »apartado« oder »letra« bezeichnet werden. Die Bezeichnung »Buchstabe« ist auch in den seltenen Fällen zu verwenden, in denen der Artikel statt in Absätze - »(1)«, »(2)« usw. - unmittelbar in Buchstaben - »a)«, »b)« usw. - gegliedert ist. Sie erhalten, wenn vorangestellt, eine Klammer, bei Bezugnahmen im Text jedoch nicht.

k) Völkerrechtliche Übereinkünfte enthalten häufig ein in deutschen Gesetzen ungebräuchliches Gliederungssymbol: **kleine römische Ziffern** (»i«, »ii«, »iii«, »iv« usw.). Diese sind in der deutschen Übersetzung als solche wiederzugeben und bei Bezugnahmen im Text als **»Ziffer(n)«** zu bezeichnen. Sie erhalten, wenn vorangestellt, eine Klammer - »i)« -, bei Bezugnahmen im Text jedoch nicht.

l) Bezugnahmen auf einzelne Sätze (sentence, phrase, frase) erfordern im Deutschen arabische Zahlen: »Absatz 1 **Satz 2**« (nicht: zweiter Satz). Die auf Sätze bezogenen Zahlen werden nicht eingeklammert. Das gleiche gilt für Halbsätze: **»Halbsatz 1«** (nicht: erster Halbsatz).

m) Bisweilen finden sich in fremdsprachigen Texten **Spiegelstriche** (Anstriche, »tirets«). Sie sind bei den von deutscher Seite ausgehenden Entwürfen zu vermeiden; bei Übersetzungen ins Deutsche sind sie in der gleichen Form (»-«) einzusetzen.

n) Die **Gliederungssymbole** - I; 1; (1); 1); 1.; a); i) - müssen einander in den verschiedenen Sprachfassungen einer Übereinkunft genau entsprechen, wobei lediglich der Gebrauch der Klammer(n) und Punkte unterschiedlich gehandhabt wird - siehe oben. Sonst kann es, besonders bei reich gegliederten Verträgen, im Verlauf von Verhandlungen aufgrund einer bestehenden Übereinkunft zu Mißverständnissen führen, wenn die deutsche Seite auf »Nummer 4« Bezug nimmt, während die andere Vertragspartei in ihrer eigenen Fassung an der Stelle, die gemeint ist, keine »4« vorfindet, da der entsprechende Teil dort mit »iv« bezeichnet ist, es nach deutscher Vertragspraxis also »Ziffer iv« heißen müßte.

o) Um bei der späteren Handhabung einer Übereinkunft in den verschiedenen Sprachen Irrtümern beim Rückübersetzen und Dolmetschen vorzubeugen, ist auf die Verwendung der unter den Buchstaben a bis n erläuterten deutschen Gliederungssymbole und -bezeichnungen zu achten; **außer den oben erwähnten** kommen folgende Bezeichnungen am häufigsten vor:

Annex(ure)	Annexe	Anejo	»Anlage«
Appendix	Appendice	Apéndice	»Anhang«
Chapter	Chapitre	Capítulo	»Kapitel«
Enclosure	Pièce annexée (incluse, jointe); Annexe	Anejo	»Anlage«; »Beilage«
Part	Partie	Parte	»Teil«
Schedule; List	Liste	Lista	»Liste«; »Verzeichnis«
Section[27]	Section	Sección	»Abschnitt«
Supplement	Supplément	Suplemento	»Nachtrag«
Table	Tableau	Tabla	»Tabelle«
Title	Titre	Título	»Titel«

27 In seltenen Fällen verwenden Verträge mit englischem Urtext in enger Anlehnung an die amerikanische Gesetzespraxis das Wort »section« nicht im international üblichen Sinn zur Bezeichnung größerer Abschnitte, sondern etwa gleichwertig dem deutschen Symbol »§«. Es empfiehlt sich dann meist, in der deutschen Übersetzung dieses Symbol zu verwenden.

Es ist also nicht korrekt, »Chapter« etwa mit »Teil«, »Titre« mit »Abschnitt« oder »Parte« mit »Kapitel« wiederzugeben.

§ 15 - Richtlinien zum Übersetzen und Schreiben von Bezugnahmen

(1) **Bei Bezugnahmen auf andere Übereinkünfte** ist zunächst deren Datum und danach ihre Bezeichnung zu erwähnen: »Europäisches Übereinkommen vom 27. Januar 1977 zur Bekämpfung des Terrorismus«, »Übereinkommen vom 19. November 1984 zur Errichtung der Interamerikanischen Investitionsgesellschaft«. In einzelnen Fällen, insbesondere bei kurzen Überschriften, muß jedoch das Datum aus sprachlichen Gründen nachgestellt werden: »Europäisches Auslieferungsübereinkommen vom 13. Dezember 1957«, »Internationaler Fernmeldevertrag vom 6. November 1982«. Manchmal gehört das Datum unmittelbar zur Bezeichnung der Übereinkunft, vor allem, wenn es mehrere Übereinkünfte über den gleichen Gegenstand gibt. »Internationales Übereinkommen von 1986 über Olivenöl und Tafeloliven vom 1. Juli 1986«, »Internationales Tropenholz-Übereinkommen von 1983 vom 18. November 1983«.

(2) a) Bei Bezugnahmen auf Teile derselben Übereinkunft oder desselben Artikels oder Absatzes unterbleibt im Deutschen entsprechend der deutschen Gesetzessprache in der Regel die Erwähnung der Übereinkunft oder des Artikels oder Absatzes:

... negotiations conducted pursuant to Article 15 of the present Agreement ...	»... nach Artikel 15 geführte Verhandlungen ...« oder »... Verhandlungen aufgrund des Artikels 15 ...«
... the Contracting Parties to this Agreement have ...	»... die Vertragsparteien haben ...«
L'alinéa (b) du présent paragraphe sera appliqué.	»Buchstabe b findet Anwendung.«
... se seguirá el procedimiento de la Sección II de este Capítulo.	»... so ist das in Abschnitt II festgelegte Verfahren maßgebend.«

b) Die bei Bezugnahmen häufig auftretenden Ausdrücke »terms«, »conditions / condiciones«, »provisions / dispositions / disposiciones« in Verbindung mit »Übereinkommen«, »Artikel«, »Absatz« usw. entfallen in der Regel im deutschen Wortlaut.

The provisions of this Agreement shall apply ...	»Dieses Übereinkommen findet Anwendung ...«
... according to the provisions (terms) of the first paragraph ...	»... nach Absatz 1 ...«
.... sous réserve des dispositions de l'Article 14 ...	»... vorbehaltlich des Artikels 14 ...«
... dans les conditions prévues à l'alinéa 2 du présent Article ...	»... nach Maßgabe des Absatzes 2 ...«

... de acuerdo con las disposiciones contenidas en el inciso iii ...	»... nach Ziffer iii ...« oder »... in Übereinstimmung mit Ziffer iii ...«

Die Worte »provisions«, »dispositions«, »disposiciones« usw. müssen jedoch übersetzt werden, wenn ganz bestimmte Vorschriften der Übereinkunft, des Artikels usw. gemeint sind:

The provisions of this Convention regarding responsibility and liability for damage are without prejudice to the application of existing rules ... regarding responsibility and liability under international law.	Les dispositions de la Convention relatives à la responsabilité encourue en cas de dommages sont sans préjudice de l'application des règles existantes ... concernant la responsabilité en vertu du droit international.	Las disposiciones de esta Convención relativas a la responsabilidad por daños se entenderán sin perjuicio de la aplicación de las normas vigentes ... relativas a la responsabilidad en derecho internacional.

»Die Bestimmungen dieses Übereinkommens über die Verantwortlichkeit und Haftung für Schäden berühren nicht die Anwendung geltender Regeln ... über die völkerrechtliche Verantwortlichkeit und Haftung.«

Subject to the relevant provisions of this section, ...	Sous réserve des dispositions pertinentes de la présente section, ...	Con sujeción a las disposiciones pertinentes de esta sección, ...

»Vorbehaltlich der einschlägigen Bestimmungen dieses Abschnitts ...«

c) Ungeachtet der im fremdsprachigen Text verwendeten Reihenfolge wird in der deutschen Fassung »von oben nach unten« zitiert: »Kapitel I Artikel 1 Absatz 1 Buchstabe a« - ohne Zwischenkommas.

d) Ist die Deklination einer Verweisung erforderlich, so wird nur das erste Wort dekliniert: »... im Sinn(e) **des** Artikels 1 Absatz 1 Buchstabe a«.

e) Bei Verweisungen auf mehrere Artikel, Absätze, Anlagen, Anhänge usw. wird der Plural gesetzt: »in **den Artikeln** 1 und 2«; »**die Anhänge** I, II und III«; »in **den Absätzen** 1 und 2« (nicht »in Absatz 1 und 2«). Verbindungen mit »oder« erfordern jedoch den Singular: »... je nach Lage des Falles **gilt Buchstabe** a oder b«.

f) Es heißt: »... nach Durchführung der **in** Artikel 1 (**in** Absatz 1) erwähnten ...«; aber »... nach Durchführung der **unter** Buchstabe a (unter Nummer 1, unter Ziffer i) erwähnten ...«.

g) Es heißt: »Artikel **1**« (oder »I«) (nicht »erster Artikel«); »Absatz **2**« (nicht »zweiter Absatz«) und entsprechend: »Satz 3«, »Zeile 4«, »Anlage V«, auch wenn der fremdsprachige Text z.B. »first paragraph« oder »deuxième alinéa« oder »tercera frase« lautet.

h) Ausdrücke wie »vorstehend«, »nachstehend«, »oben«, »unten« u.ä. werden in der deutschen Rechtssprache - im Gegensatz zu den entsprechenden Ausdrücken in manchen Fremdsprachen - nur selten gebraucht und sollten bei der Übersetzung ins Deutsche vermieden werden. Es wird insbesondere auf folgende Fälle verwiesen:

Wörter wie »above«, »below«, »preceding« / »ci-dessus«, »ci-dessous«, »précédent(s, es)« / »anterior(es)«, »precedente(s)« werden im Deutschen nicht wiedergegeben, wenn der Artikel, Absatz usw., auf den Bezug genommen wird, durch eine Zahl oder einen Buchstaben gekennzeichnet ist:

The communication referred to in paragraph 2 above (below) ...	**»Die in Absatz 2 erwähnte Mitteilung ...«**
procurement of the material referred to in paragraph 2 (b) above	**fourniture du matériel mentionné à l'alinéa b du paragraphe 2 ci-dessus**

»Beschaffung des in Absatz 2 Buchstabe b genannten Materials«

Sind in den Fremdsprachen keine Zahlenangaben enthalten, so können diese in der deutschen Übersetzung anstelle der Wörter »above«, »preceding« usw. eingesetzt werden:

1. ...	**1. ...**	**1. ...**
2. The above provisions do not affect the right of a State ...	**2. Les dispositions ci-dessus ne portent pas atteinte au droit d'un Etat ...**	**2. Las disposiciones precedentes no afectan al derecho de un Estado ...**

»1. ...

2. ... Absatz 1 berührt nicht das Recht eines Staates ...«

Article 88	**Article 88**	**Artículo 88**
In the cases mentioned in the foregoing Article ...	**Dans les cas visés à l'article précédent ...**	**En los casos del artículo anterior ...**

»Artikel 88

In den in Artikel 87 bezeichneten Fällen ...«

Geht jedoch aus dem Text nicht eindeutig hervor, welche Artikel, Absätze o.ä. gemeint sind, so ist auch im Deutschen die Wendung »die vorstehenden Bestimmungen« (»Artikel« o.ä.) vorzuziehen:

The preceding articles do not prejudice the question of ships employed on the official service of the United Nations, its specialized agencies or the International Atomic Energy Agency, flying the flag of the organization.	Les articles précédents ne préjugent en rien la question des navires affectés au service officiel de l'Organisation des Nations Unies, de ses institutions spécialisées ou de l'Agence internationale de l'énergie atomique battant pavillon de l'organisation.	Los artículos precedentes no prejuzgan la cuestión de los buques que están al servicio oficial de las Naciones Unidas, de sus organismos especializados o del Organismo Internacional de Energía Atómica y que enarbolen el pabellón de la Organización.

»Durch die vorstehenden Artikel wird die Frage der Schiffe, die im Dienst der Vereinten Nationen, ihrer Sonderorganisationen oder der Internationalen Atomenergie-Organisation stehen und deren Flagge führen, nicht berührt.«

i) Es kommt vor, daß ein und dieselbe internationale Übereinkunft neben Artikeln, deren Absätze numeriert sind, auch Artikel enthält, deren Absätze nicht numeriert sind. Diesem Unterschied kann juristische Bedeutung zukommen. Im französischen Text werden oft die numerierten Absätze als »paragraphe«, die nicht numerierten als »alinéa« bezeichnet. Trotzdem entspricht in diesem Fall den beiden französischen Wörtern im Deutschen das Wort **»Absatz«**.

j) Bei vorgesetzten Gliederungssymbolen und bei Bezugnahmen auf Vertragsglieder im Text werden im Deutschen, ungeachtet der Praxis in dem oder den fremdsprachigen Texten, Klammern und Punkte nach folgendem Schema gesetzt oder nicht gesetzt:

	Wenn vorgesetzt:	Wenn im Text:
Artikel	1 oder I (arabisch oder römisch, je nach der fremdsprachigen Fassung)	1 oder I
numerierter Absatz	(1)	1
unnumerierter Absatz	-	1
numerierter Unterabsatz	1)	1
unnumerierter Unterabsatz	-	1
Buchstabe	a)	a
Ziffer	i)	i
Nummer	1.	1
Satz	-	1

k) Die Wörter »Artikel«, »Absatz«, »Unterabsatz«, »Buchstabe«, »Ziffer«, »Nummer«, »Satz« und »Halbsatz« werden in völkerrechtlichen Übereinkünften nicht abgekürzt, sondern **voll ausgeschrieben**. Das gleiche gilt für »Kapitel«, »Anlage« und die anderen in § 14 Absatz 2 Buchstabe o genannten Gliederungsbezeichnungen.

§ 16 - Satzkonstruktion

(1) Der Satz ist eine **unantastbare Einheit**, d.h. jedem fremdsprachigen Satz muß auch ein deutscher Satz entsprechen. Ist die Zerteilung eines fremdsprachigen Satzes im Deutschen unvermeidlich, so wird ein **Semikolon** gesetzt. Diese Regel ist auch gegenüber etwaigen stilistischen Bedenken im Einzelfall unbedingt einzuhalten; denn bei mündlichen oder schriftlichen Verhandlungen, denen eine Übereinkunft zugrunde liegt, müssen die Unterhändler jederzeit z.B. auf »Artikel 1 Absatz 2 **Satz 3**« u.ä. Bezug nehmen können, ohne daß dies bei der Gegenpartei, die natürlich die Fassung in ihrer eigenen Sprache benutzt, zu Mißverständnissen führt. Dies ist nur möglich, wenn sich die beiden Fassungen satzweise genau entsprechen.

Weichen in Verträgen, bei denen mehrere fremdsprachige Fassungen vorliegen, die Texte in dieser Hinsicht voneinander ab, so richtet sich die deutsche Übersetzung nach der Sprache, in der überwiegend verhandelt wurde.

Die Verwendung des **Semikolons** empfiehlt sich auch dann, wenn die Übernahme der fremdsprachigen Satzkonstruktion nicht angebracht ist. Damit sind Fälle gemeint, in denen Satzteile unter Verwendung von Kommas, von Wörtern wie »and«, »provided that« (und den entsprechenden Ausdrücken in anderen Fremdsprachen), oft auch durch Bildung von Relativsätzen aneinandergereiht werden und in denen die wörtliche Wiedergabe einer solchen Satzkonstruktion im Deutschen zu schwerfälligen und ungebräuchlichen Formulierungen führen würde:

The trusteeship system shall not apply to territories which have become Members of the United Nations, relationship among which shall be based on respect for the principle of sovereign equality.	**Le régime de Tutelle ne s'appliquera pas aux pays devenus Membres des Nations Unies, les relations entre celles-ci devant être fondées sur le respect du principe de l'égalité souveraine.**	**El régimen de administración fiduciaria no se aplicará a territorios que hayan adquirido la calidad de Miembros de las Naciones Unidas, cuyas relaciones entre sí se basarán en el respeto al principio de la igualdad soberana.**

»Das Treuhandsystem findet keine Anwendung auf Hoheitsgebiete, die Mitglied der Vereinten Nationen geworden sind; die Beziehungen zwischen Mitgliedern beruhen auf der Achtung des Grundsatzes der souveränen Gleichheit.«

The Security Council shall determine the existence of any threat to the peace, breach of the peace, or act of aggression and shall make recommendations, or decide what measures shall be taken in accordance with Articles 41 and 42, to maintain or restore international peace and security.

Le Conseil de Sécurité constate l'existence d'une menace contre la paix, d'une rupture de la paix ou d'un acte d'agression et fait des recommandations ou décide quelles mesures seront prises conformément aux articles 41 et 42 pour maintenir ou rétablir la paix et la sécurité internationales.

El Consejo de Seguridad determinará la existencia de toda amenaza a la paz, quebrantamiento de la paz o acto de agresión y hará recomendaciones o decidirá qué medidas serán tomadas de conformidad con los Artículos 41 y 42 para mantener o restablecer la paz y la seguridad internacionales.

»Der Sicherheitsrat stellt fest, ob eine Bedrohung oder ein Bruch des Friedens oder eine Angriffshandlung vorliegt; er gibt Empfehlungen ab oder beschließt, welche Maßnahmen aufgrund der Artikel 41 und 42 zu treffen sind, um den Weltfrieden und die internationale Sicherheit zu wahren oder wiederherzustellen.«

The present Convention shall be open for signature by the States represented at the Tenth Session of the Hague Conference on Private International Law.

It shall be ratified, and the instruments of ratification shall be deposited with the Ministry of Foreign Affairs of the Netherlands.

La présente Convention est ouverte à la signature des Etats représentés à la Dixième session de la Conférence de La Haye de droit international privé.

Elle sera ratifiée et les instruments de ratification seront déposés auprès du Ministère des Affaires Etrangères des Pays-Bas.

»Dieses Übereinkommen liegt für die auf der Zehnten Tagung der Haager Konferenz für Internationales Privatrecht vertretenen Staaten zur Unterzeichnung auf.

Es bedarf der Ratifikation; die Ratifikationsurkunden werden beim Ministerium für Auswärtige Angelegenheiten der Niederlande hinterlegt.«

The ratifications shall be deposited with the Government of the United States of America, which shall notify all the signatory states of each deposit as well as the Secretary-General of the Organization when he has been appointed.

Les ratifications seront déposées auprès du Gouvernement des Etats-Unis d'Amérique, qui notifiera chaque dépôt à tous les Etats signataires ainsi qu'au Secrétaire Général de l'Organisation, lorsque celui-ci aura été nommé.

Las ratificaciones serán entregadas para su depósito al Gobierno de los Estados Unidos de América, el cual notificará cada depósito a todos los Estados signatarios, así como al Secretario General de la Organización, cuando haya sido designado.

»Die Ratifikationsurkunden werden bei der Regierung der Vereinigten Staaten von Amerika hinterlegt; diese notifiziert jede Hinterlegung allen Unterzeichnerstaaten sowie dem Generalsekretär der Organisation, sobald er ernannt ist.«

The diplomatic courier, who shall be provided with an official document indicating his status and the number of packages constituting the diplomatic bag, shall be protected by the receiving State in the performance of his functions.

Le courrier diplomatique, qui doit être porteur d'un document officiel attestant sa qualité et précisant le nombre de colis constituant la valise diplomatique, est, dans l'exercice de ses fonctions, protégé par l'Etat accréditaire.

El correo diplomático, que debe llevar consigo un documento oficial en el que conste su condición de tal y el número de bultos que constituyan la valija, estará protegido, en el desempeño de sus funciones, por el Estado receptor.

»Der diplomatische Kurier muß ein amtliches Schriftstück mit sich führen, aus dem seine Stellung und die Anzahl der Gepäckstücke ersichtlich sind, die das diplomatische Kuriergepäck bilden; er wird vom Empfangsstaat bei der Wahrnehmung seiner Aufgaben geschützt.«

Two or more States Parties may conclude agreements modifying or suspending the operation of provisions of this Convention, applicable solely to the relations between them, provided

Deux ou plus de deux Etats Parties peuvent conclure des accords qui modifient ou suspendent l'application des dispositions de la Convention et qui s'appliquent uniquement

Dos o más Estados Partes podrán celebrar acuerdos, aplicables únicamente en sus relaciones mutuas, por los que se modifiquen disposiciones de esta Convención o se suspenda su aplicación,

that such agreements do not relate to a provision derogation from which is incompatible with the effective execution of the object and purpose of this Convention, and provided further that such agreements shall not affect the application of the basic principles embodied herein, and that the provisions of such agreements do not affect the enjoyment by other States Parties of their rights or the performance of their obligations under this Convention.

à leurs relations mutuelles, à condition que ces accords ne portent pas sur une des dispositions de la Convention dont le non-respect serait incompatible avec la réalisation de son objet et de son but, et à condition également que ces accords n'affectent pas l'application des principes fondamentaux énoncés dans la Convention et ne portent atteinte ni à la jouissance par les autres Etats Parties des droits qu'ils tiennent de la Convention, ni à l'exécution de leurs obligations découlant de celle-ci.

siempre que tales acuerdos no se refieran a ninguna disposición cuya modificación sea incompatible con la consecución efectiva de su objeto y de su fin, y siempre que tales acuerdos no afecten a la aplicación de los principios básicos enunciados en la Convención y que las disposiciones de tales acuerdos no afecten al disfrute de los derechos ni al cumplimiento de las obligaciones que a los demás Estados Partes correspondan en virtud de la Convención.

»Zwei oder mehr Vertragsstaaten können Übereinkünfte schließen, welche die Anwendung von Bestimmungen dieses Übereinkommens modifizieren oder suspendieren und nur auf die Beziehungen zwischen ihnen Anwendung finden; diese Übereinkünfte dürfen sich jedoch nicht auf eine Bestimmung beziehen, von der abzuweichen mit der Verwirklichung von Ziel und Zweck des Übereinkommens unvereinbar ist; die Übereinkünfte dürfen ferner die Anwendung der in dem Übereinkommen enthaltenen wesentlichen Grundsätze nicht beeinträchtigen; die Bestimmungen der Übereinkünfte dürfen die anderen Vertragsstaaten in dem Genuß ihrer Rechte oder in der Erfüllung ihrer Pflichten aus dem Übereinkommen nicht beeinträchtigen.«

(2) **Schachtelsätze** sind nach Möglichkeit zu **vermeiden**:

»Der Generalsekretär und das Personal haben sich jeder Handlung zu enthalten, die ihrer Stellung als internationale, nur der Behörde verantwortliche Beamte abträglich sein könnte« (nicht »... haben sich jeder Handlung, die ihrer Stellung ... abträglich sein könnte, zu enthalten«).

(3) Bei **Relativsätzen** sollte das unschöne Aufeinanderfolgen gleichlautender Worte wie »..., der der«, »..., die die« oder »..., das das« durch die Formulierung **»..., welcher der«**, **»..., welche die«** oder **»... ,welches das«** ersetzt werden.

§ 17 - Verdeutschung englischer Rechtsfloskeln

(1) Es empfiehlt sich oft, barocke Formulierungen oder kasuistische Wiederholungen der englischen Rechtssprache nicht wörtlich zu übersetzen, sondern in die knappere Ausdrucksweise der deutschen Rechtssprache zu übertragen.

... in no way exempts a private person from any obligation whatsoever under the law of the territory ...

»... befreit eine Privatperson *nicht* von *den* Rechtsvorschriften des Hoheitsgebiets, ... (nicht »... keineswegs von irgendwelchen Rechtsvorschriften ...«)«

... the Contracting Party concerned shall enter into consultations with any other Contracting Party with which the concession was initially negotiated, and with any other Contracting Party determined by the Organization to have a substantial interest therein.

»... so tritt die betreffende Vertragspartei mit allen Vertragsparteien, mit denen das Zugeständnis ursprünglich vereinbart wurde *oder die* nach Feststellung der Organisation ein wesentliches Interesse an diesem Zugeständnis haben, in Konsultationen ein.«

The reference to ... shall apply not only to the establishment of a new industry, but also to the establishment of a new branch of production in an existing industry and to the substantial transformation of an existing industry and to the substantial expansion of an existing industry ...

»Der Hinweis auf ... bezieht sich auf die Errichtung *nicht nur eines* neuen Wirtschaftszweigs, *sondern auch eines* neuen Produktionszweigs innerhalb eines bestehenden Wirtschaftszweigs sowie auf die wesentliche Umgestaltung *oder* Ausweitung eines bestehenden Wirtschaftszweigs.«

The Organization shall have legal capacity and the Organization, its officials, and representatives to it of the Members shall be entitled to privileges, exemptions, and immunities as follows:

»Die Rechts- und Geschäftsfähigkeit der Organisation sowie die Vorrechte, Befreiungen und Immunitäten, die der Organisation, ihren Bediensteten und den Vertretern der Mitglieder bei ihr zustehen, bestimmen sich wie folgt:

(a) in the territory of the Contracting Parties to the Convention for ... of ..., the legal capacity, privileges, exemptions, and immunities provided for in Supplementary Protocol No. I to that Convention;	a) im Hoheitsgebiet der Vertragsparteien des Übereinkommens vom ... über ... nach dem Zusatzprotokoll Nr. I zu dem genannten Übereinkommen;
(b) in Canada, the legal capacity, privileges, exemptions, and immunities provided for in any agreement or arrangement on legal capacity, privileges, exemptions, and immunities entered into between the Government of Canada and the Organization;	b) in Kanada nach einem diesbezüglichen Abkommen oder einer entsprechenden Vereinbarung zwischen der Regierung von Kanada und der Organisation;
(c) in the United States, the legal capacity, privileges, exemptions, and immunities under the International Organizations Immunities Act provided for in Executive Order No. ... of ...; and	c) in den Vereinigten Staaten nach der Executive Order Nr. ... vom ... aufgrund des International Organizations Immunities Act;
(d) elsewhere, the legal capacity, privileges, exemptions, and immunities provided for in any agreement or arrangement on legal capacity, privileges, exemptions, and immunities entered into between the Government concerned and the Organization.	d) andernorts nach einem diesbezüglichen Abkommen oder einer entsprechenden Vereinbarung zwischen der betreffenden Regierung und der Organisation.«

Dies gilt entsprechend für ähnliche Formulierungen **in anderen Fremdsprachen**.

This Convention does not entail in any way the withdrawal of transit facilities which are greater than those provided for in this Convention and which are agreed between States Parties to this Convention or granted by a State Party. This Convention also does not preclude such grant of greater facilities in the future.

La Convention n'implique en aucune façon le retrait de facilités de transit plus étendues que celles qu'elle prévoit, qui auraient été convenues entre des Etats Parties ou accordées par un Etat Partie. De même, la Convention n'interdit aucunement aux Etats Parties d'accorder ainsi à l'avenir des facilités plus étendues.

Esta Convención no entraña de ninguna manera la suspensión de las facilidades de tránsito que sean mayores que las previstas en la Convención y que hayan sido acordadas entre los Estados Partes en ella o concedidas por un Estado Parte. Esta Convención tampoco impedirá la concesión de mayores facilidades en el futuro.

»Dieses Übereinkommen bewirkt **nicht** die Aufhebung von Transiterleichterungen, die größer als die in dem Übereinkommen vorgesehenen sind und zwischen seinen Vertragsstaaten vereinbart sind oder von einem Vertragsstaat gewährt werden. Es schließt auch die Gewährung größerer Erleichterungen in Zukunft nicht aus.«

§ 18 - Möglichst keine Negation im Satzgegenstand

Es empfiehlt sich, die in den Fremdsprachen häufig vorkommenden und dort sprachlich durchaus korrekten »negativen« Hinweise auf »keine Vertragspartei«, »keinen Artikel«, »nichts in diesem Abkommen«, »keine Ware« u.ä., wenn sie Satzgegenstand (Subjekt) sind, im Deutschen möglichst zu vermeiden.

Nothing in this Agreement shall preclude the use by a Contracting Party of exchange controls ...

Aucune des dispositions du présent Accord n'aura pour effet d'interdire le recours, par une Partie contractante, à des contrôles en matière de change ...

Ninguna disposición del presente Acuerdo podrá impedir que una Parte Contratante recurra al establecimiento de controles de cambio ...

»Dieses Übereinkommen schließt **nicht** aus, daß eine Vertragspartei Kontrollen des Zahlungsverkehrs anwendet ...«

No Contracting Party shall prevent any enterprise under its jurisdiction from acting in accordance with the principles of sub-paragraphs (a) and (b) of this paragraph.	Aucune Partie contractante n'empêchera les entreprises ressortissant à sa juridiction d'agir conformément aux principes énoncés aux alinéas a) et b) du présent paragraphe.	Ninguna Parte Contratante impedirá a las empresas bajo su jurisdicción que actúen de conformidad con los principios enunciados en los apartados a) y b) de este párrafo.

»**Eine** Vertragspartei wird ein ihrer Hoheitsgewalt unterstehendes Unternehmen **nicht** daran hindern, nach den unter den Buchstaben a und b erwähnten Grundsätzen zu handeln.«

Nothing in the preceding paragraphs shall authorize any deviation from ...	Aucune disposition des paragraphes précédents n'autorisera de dérogation aux ...	Ninguna disposición de los párrafos precedentes permitirá la inobservancia de ...

»Aus den Absätzen 1 bis 4 kann **eine** Berechtigung zum Abweichen von ... **nicht** abgeleitet werden.«

No provision of this Article shall be construed to require any Contracting State to ...	Aucune disposition du présent article ne sera interprétée comme imposant à un Etat contractant l'obligation de ...	No deberá interpretarse ninguna disposición del presente artículo en el sentido de que imponga a un Estado contratante la obligación de ...

»Dieser Artikel ist **nicht** so auszulegen, als verpflichte er einen Vertragsstaat, ...«

Nothing in this Part restricts the right of a coastal State or the competence of an international organization, as appropriate, to prohibit, limit or regulate the exploitation of marine mammals more strictly than provided for in this part.	Aucune disposition de la présente partie ne restreint le droit d'un Etat côtier d'interdire, de limiter ou de réglementer l'exploitation des mammifères marins plus rigoureusement que ne le prévoit cette partie, ni éventuellement la compétence d'une organisation internationale pour ce faire.	Nada de lo dispuesto en esta Parte menoscabará el derecho de un Estado ribereño a prohibir, limitar o reglamentar la explotación de los mamíferos marinos en forma más estricta que la establecida en esta Parte o, cuando proceda, la competencia de una organización internacional para hacer lo propio.

»Dieser Teil schränkt **nicht** das Recht eines Küstenstaats oder gegebenenfalls die Zuständigkeit einer internationalen Organisation **ein**, die Ausbeutung von Meeressäugetieren stärker als in diesem Teil vorgesehen zu verbieten, zu begrenzen oder zu regeln.«

Nothing in this article affects the establishment of the outer limits of the continental shelf in accordance with Part VI or the validity of agreements relating to delimitation between States with opposite or adjacent coasts.	Aucune disposition du présent article ne porte atteinte à la définition de la limite extérieure du plateau continental conformément à la partie VI ou à la validité des accords relatifs à la délimitation entre Etats dont les côtes sont adjacentes ou se font face.	Ninguna de las disposiciones de este artículo afectará al establecimiento del límite exterior de la plataforma continental de conformidad con la Parte VI ni a la validez de los acuerdos relativos a delimitación celebrados entre Estados con costas adyacentes o situados frente a frente.

»Dieser Artikel berührt **nicht** die Festlegung der äußeren Grenzen des Festlandsockels nach Teil VI oder die Gültigkeit von Übereinkünften betreffend die Abgrenzung zwischen Staaten mit gegenüberliegenden oder aneinander angrenzenden Küsten.«

Nothing in paragraph 11 shall be interpreted to mean that ...	Aucune disposition du paragraphe 11 ne sera interprétée comme ...	Ninguna disposición del párrafo 11 deberá interpretarse en el sentido de ...

»Absatz 11 bedeutet **nicht**, daß ...«; »Absatz 11 ist **nicht** so auszulegen, als ...«

No product of the territory of any contracting party ... shall be subject to antidumping or countervailing duty.	Aucun produit du territoire d'une partie contractante ... ne sera soumis à des droits antidumping ou à des droits compensateurs.	Ningún producto del territorio de una parte contratante ... será objeto de derechos anti-dumping o de derechos compensatorios.

»**Eine** Ware aus dem Hoheitsgebiet einer Vertragspartei ... darf **nicht** mit einem Antidumping- oder Ausgleichszoll belegt werden.«

No country shall have less than two votes.	Tout pays dispose d'au moins deux voix.	Ningún país tendrá menos de dos votos.

»**Jeder** Staat hat **mindestens** zwei Stimmen.«

In manchen Fällen ist die Verwendung von »kein(e)« sprachlich vertretbar:

Paragraph 1 of this Article shall not be interpreted as giving grounds for delay or postponement of the negotiation and conclusion of agreements for placing mandated and other territories under the trusteeship system as provided for in Article 77.	Le paragraphe 1 du présent article ne doit pas être interprété comme motivant un retard ou un ajournement de la négociation et de la conclusion d'accords destinés à placer sous le régime de Tutelle des territoires sous mandat ou d'autres territoires ainsi qu'il est prévu à l'article 77.	El párrafo 1 de este Artículo no será interpretado en el sentido de que da motivo para demorar o diferir la negociación y celebración de acuerdos para aplicar el régimen de administración fiduciaria a territorios bajo mandato y otros territorios, conforme al Artículo 77.

»Aus Absatz 1 kann **keine** Rechtfertigung dafür abgeleitet werden, Verhandlungen über Abkommen zu der in Artikel 77 vorgesehenen Einbeziehung von Mandatsgebieten und sonstigen Hoheitsgebieten in das Treuhandsystem oder den Abschluß solcher Abkommen zu verzögern oder aufzuschieben.«

§ 19 - Zeiten, Termine, Daten

Bei Zeitangaben empfiehlt es sich oft, Wörter wie »period / période / período«, »date / fecha« oder »day / jour / día« unübersetzt zu lassen.

... within a period of five years ...	... dans un délai de cinq ans ...	... en un plazo de cinco años ...

»... **binnen** (oder: innerhalb von) fünf Jahren ...«

... shall hold office during a term of three years ...	... exercera ses fonctions pendant une durée de trois ans ...	... ejercerá sus funciones durante un período de tres años ...

»... bleibt drei Jahre **lang** im Amt ...«; »... seine Amtszeit beträgt drei Jahre ...«

... but not before the date of the entry into force of ...	... mais pas avant la date d'entrée en vigueur de ...	... pero no antes de la fecha de la entrada en vigor (vigencia) de ...

»... jedoch nicht **vor (dem) Inkrafttreten** des ...«

... on the thirtieth day following the day on which amendments have been accepted ...	... le trentième jour qui suivra celui où les amendements auront été acceptés ...	... el trigésimo día que siga a aquél en que las enmiendas hayan sido aceptadas ...

»... am dreißigsten Tag **nach (der) Annahme** der Änderungen ...«

The members of ... shall be elected for a term of two years.	Les membres du ... seront élus pour une période de deux ans.	Los miembros de ... serán elegidos por un período de dos años.

»Die Mitglieder des ... werden **auf zwei Jahre** gewählt.«

... upon the expiry of a period of five years after the date of its entry into force ...	**... à l'expiration d'une période de cinq ans après son entrée en vigueur ...**	**... expirado un período de cinco años después de su entrada en vigor ...**

»... nach Ablauf **von fünf Jahren seit seinem Inkrafttreten** ...«

§ 20 - Vertragspartei, Unterzeichnerregierung, Verwahrer u.ä.

(1) Die Standardbenennungen dieser Art lauten[28]:

the[29] acceding countries	**les pays adhérents**	**los Países adherentes**

»die beitretenden Staaten« (oder: »Länder«[30])

the acceding governments	**les gouvernements adhérents**	**los Gobiernos adherentes**

»die beitretenden Regierungen«

the acceding States	**les Etats adhérents**	**los Estados adherentes**

»die beitretenden Staaten«

---

28 Für die Groß- und Kleinschreibung der hier aufgeführten fremdsprachigen Begriffe gibt es keine festen Regeln. Während man in englischen und spanischen Vertragstexten Substantiv und Adjektiv meist groß schreibt, wird im Französischen zunehmend die Kleinschreibung bevorzugt, doch wird auch hier das Substantiv in der Regel groß geschrieben. »Etat / Estado« erhält stets, »State« fast immer einen großen Anfangsbuchstaben.

29 Im Englischen entfällt oft der Artikel.

30 Die in den Fremdsprachen häufig verwendeten Wörter »country / pays / país« werden meist mit dem im Deutschen in amtlichen Texten gebräuchlichen Wort »Staat« übersetzt; dadurch werden auch Verwechslungen mit dem deutschen Begriff »Land« (= Bundesland) vermieden. Kommen jedoch im fremdsprachigen Text **zwei** Begriffe vor, nämlich »State / Etat / Estado« und »country / pays / país«, so ist auch im Deutschen zwischen »Staat« und »Land« zu unterscheiden.

the contracting governments	les gouvernements contractants	los Gobiernos contratantes

»die Vertragsregierungen«

the contracting parties	les parties contractantes	las Partes contratantes

»die Vertragsparteien«

the contracting States	les Etats contractants	los Estados contratantes

»die Vertragsstaaten«

the depositary (depository)	le dépositaire	el depositario

»der Verwahrer«

the depositary (depository) government	le gouvernement dépositaire	el Gobierno depositario

»die Verwahrregierung«

the depositary (depository) State	l'Etat dépositaire	el Estado depositario

»der Verwahrstaat«

the governments parties (party) to	les gouvernements parties à	los Gobiernos partes del

»die Vertragsregierungen«

the High Contracting Parties	les Hautes Parties contractantes	las Altas Partes Contratantes

»die Hohen Vertragsparteien«

the intending parties	---	---

»die angehenden Vertragsparteien«

the member governments	les gouvernements membres	los Gobiernos miembros

»die Mitgliedregierungen«

the members	les membres	los miembros

»die Mitglieder«

the member States	les Etats membres	los Estados miembros

»die Mitgliedstaaten«

the negotiating States	les Etats ayant participé à la négociation	los Estados negociadores

»die Verhandlungsstaaten«

the non-contracting parties	les parties non contractantes	las Partes no contratantes

»die Nichtvertragsparteien«

the non-contracting States	les Etats non contractants	los Estados no contratantes

»die Nichtvertragsstaaten«

the non-member governments	les gouvernements non membres	los Gobiernos no miembros

»die Nichtmitgliedregierungen«

the non-members	les non membres	los no miembros

»die Nichtmitglieder«

the non-member States	les Etats non membres	los Estados no miembros

»die Nichtmitgliedstaaten«

the non-participating governments	**les gouvernements non participants**	**los Gobiernos no participantes**

»die Nichtteilnehmerregierungen«

the non-participating States	**les Etats non participants**	**los Estados no participantes**

»die Nichtteilnehmerstaaten«

the non-signatory governments	**les gouvernements non signataires**	**los Gobiernos no signatarios**

»die Nichtunterzeichnerregierungen«[31]

the non-signatory parties	**les parties non signataires**	**las Partes no signatarias**

»die Nichtunterzeichnerparteien«[31]; »die Vertragsparteien, die dieses Übereinkommen nicht unterzeichnet haben«

the non-signatory States	**les Etats non signataires**	**los Estados no signatarios**

»die Nichtunterzeichnerstaaten«[31]

the participating governments	**les gouvernements participants**	**los Gobiernos participantes**

»die Teilnehmerregierungen«

the participating States	**les Etats participants**	**los Estados participantes**

»die Teilnehmerstaaten«

---

31 nicht: »die nicht U(u)nterzeichneten ...«. Das Wort »signatories / signataires / signatarios« bezeichnet Staaten, Parteien, Regierungen, nicht jedoch natürliche Personen; siehe »the undersigned« am Ende dieser Zusammenstellung.

the parties	**les parties**	**las partes**

»die Vertragsparteien«

the parties to the present Agreement	**les parties au présent Accord**	**las Partes del presente Acuerdo**

»die Vertragsparteien (dieses Abkommens o.ä.)«

the signatories	**les signataires**	**los signatarios**

»die Unterzeichner«[31]

the signatory and acceding governments	**les gouvernements signataires et adhérents**	**los Gobiernos signatarios y adherentes**

»die Unterzeichnerregierungen[31] und beitretenden Regierungen«

the signatory and acceding States	**les Etats signataires et adhérents**	**los Estados signatarios y adherentes**

»die Unterzeichnerstaaten[31] und beitretenden Staaten«

the signatory governments	**les gouvernements signataires**	**los Gobiernos signatarios**

»die Unterzeichnerregierungen«[31]

the signatory parties	**les parties signataires**	**las Partes signatarias**

»die Unterzeichnerparteien«[31]; »die Vertragsparteien, die dieses Übereinkommen unterzeichnet haben«

the signatory States	**les Etats signataires**	**los Estados signatarios**

»die Unterzeichnerstaaten«[31]

the States members	**les Etats membres**	**los Estados miembros**

»die Mitgliedstaaten«

---

31 nicht: »die nicht U(u)nterzeichneten ...«. Das Wort »signatories / signataires / signatarios« bezeichnet Staaten, Parteien, Regierungen, nicht jedoch natürliche Personen; siehe »the undersigned« am Ende dieser Zusammenstellung.

the States parties (party) to	**les Etats parties à**	**los Estados partes del**

»die Vertragsstaaten«; »die Staaten, die Vertragsparteien ... sind«

the States signatory to	**les Etats signataires**	**los Estados signatarios**

»die Unterzeichnerstaaten«[31]

the third State	**l'Etat tiers**	**el tercer Estado**

»der Drittstaat«

the undersigned	**les soussignés**	**los infrascritos**

»die U(u)nterzeichneten«

(2) Bei allen diesen Begriffen sind die Wörter »...partei«, »...regierung«, »...staat« so zu verwenden, daß sie den betreffenden fremdsprachigen Wörtern genau entsprechen, und umgekehrt ist bei deutschen Vertragsentwürfen darauf zu achten, daß die Übersetzung in die fremde Sprache die deutschen Begriffe entsprechend wiedergibt. Da z.B. nach einigen Verfassungssystemen der räumliche Geltungsbereich einer Übereinkunft verschieden sein kann, je nachdem ob sie auf »Vertragsparteien« oder »Vertragsstaaten« abgestellt ist, muß vermieden werden, beispielsweise »contracting party« mit »Vertragsstaat« oder »Etat contractant« mit »Vertragsregierung« oder »Gobierno contratante« mit »Vertragspartei« oder »Vertragspartei« mit »contracting State« wiederzugeben.

(3) In den internationalen Beziehungen werden in neuerer Zeit häufig die Bestimmungen des »Wiener Übereinkommens vom 23. Mai 1969 über das Recht der Verträge« herangezogen, und zwar auch von Staaten, für die es noch nicht in Kraft getreten ist. Dies gilt auch für die Begriffe »Verhandlungsstaat«, »Vertragsstaat«, »Vertragspartei« und »Drittstaat«; die betreffenden Bestimmungen des Artikels 2 Absatz 1 Buchstaben e bis h des Übereinkommens lauten im verbindlichen englischen, französischen und spanischen Wortlaut sowie in der amtlichen deutschen Übersetzung wie folgt:

»(e) »negotiating State« means a State which took part in the drawing up and adoption of the text of the treaty;	**e) l'expression »Etat ayant participé à la négociation« s'entend d'un Etat ayant participé à l'élaboration et à l'adoption du texte du traité;**

31 nicht: »die nicht U(u)nterzeichneten ...«. Das Wort »signatories / signataires / signatarios« bezeichnet Staaten, Parteien, Regierungen, nicht jedoch natürliche Personen; siehe »the undersigned« am Ende dieser Zusammenstellung.

(f) »contracting State« means a State which has consented to be bound by the treaty, whether or not the treaty has entered into force;

f) l'expression »Etat contractant« s'entend d'un Etat qui a consenti à être lié par le traité, que le traité soit entré en vigueur ou non;

(g) »party« means a State which has consented to be bound by the treaty and for which the treaty is in force;

g) l'expression »partie« s'entend d'un Etat qui a consenti à être lié par le traité et à l'égard duquel le traité est en vigueur;

(h) »third State« means a State not a party to the treaty;

h) l'expression »Etat tiers« s'entend d'un Etat qui n'est pas partie au traité;

e) se entiende por »Estado negociador« un Estado que ha participado en la elaboración y adopción del texto del tratado;

e) bedeutet »Verhandlungsstaat« einen Staat, der am Abfassen und Annehmen des Vertragstextes teilgenommen hat;

f) se entiende por »Estado contratante« un Estado que ha consentido en obligarse por el tratado, haya o no entrado en vigor el tratado;

f) bedeutet »Vertragsstaat« einen Staat, der zugestimmt hat, durch den Vertrag gebunden zu sein, gleichviel ob der Vertrag in Kraft getreten ist oder nicht;

g) se entiende por »parte« un Estado que ha consentido en obligarse por el tratado y con respecto al cual el tratado está en vigor;

g) bedeutet »Vertragspartei« einen Staat, der zugestimmt hat, durch den Vertrag gebunden zu sein, und für den der Vertrag in Kraft ist;

h) se entiende por »tercer Estado« un Estado que no es parte en el tratado;

h) bedeutet »Drittstaat« einen Staat, der nicht Vertragspartei ist;«

(4) Staaten oder Regierungen sind **Mitglieder** von Organisationen und anderen Gremien, aber **Vertragsparteien** von Abkommen, Protokollen, Satzungen, Übereinkommen, Vereinbarten Erklärungen und sonstigen in § 7 aufgeführten Übereinkünften.

(5) Im laufenden Text empfiehlt sich manchmal die **Auflösung** der vorstehenden Zusammensetzungen in einen Relativsatz: »Die Staaten (Regierungen), die dieses Übereinkommen unterzeichnen (unterzeichnet haben) oder ihm beitreten (beigetreten sind), ...« - »Die Regierungen, die (nicht) Mitglied der (des) ... sind, ...« - »Die Staaten, die an ... teilnehmen, ...« - »Regierungen (Staaten), die diesen Vertrag nicht unterzeichnet haben, ...«.

§ 21 - Gebiet; Hoheitsgebiet(e)

Im Englischen, Französischen und Spanischen werden die Begriffe **»region (area) / région / región«** überwiegend im geographischen Sinn gebraucht. In sich geschlossene Regierungsbereiche, gleichviel ob sie volle Selbstregierung besitzen oder nicht, werden als **»territories / territoires / territorios«** bezeichnet. Dieser Ausdruck ist in seiner modernen Bedeutung (d.h. mit Ausnahme der seltenen Fälle, in denen er zur Bezeichnung eines geographischen Gebiets verwendet wird) kein geographischer, sondern ein rein staatsrechtlicher Begriff, der auf das eigentliche Staatsgebiet, auf Schutzstaaten, Treuhandgebiete, Territorien, Protektorate und Kolonien einschließlich ihrer vor der Küste liegenden Hoheitsgewässer angewandt wird.

So enthält auch das vom Auswärtigen Amt herausgegebene »Länderverzeichnis für den amtlichen Gebrauch in der Bundesrepublik Deutschland«

»... a) die amtlichen deutschen, englischen, französischen und spanischen Bezeichnungen ausländischer Staaten;

b) die Namen der Hoheitsgebiete, deren internationale Beziehungen von den unter Buchstabe a bezeichneten Staaten wahrgenommen werden (Assoziierte Staaten, Hoheitsplätze, Kolonien, Mandats- und Treuhandgebiete, Nebenländer, Protektorate, Schutzstaaten sowie Überseedepartements, -gebiete, -provinzen und -territorien);

c) die Namen einiger Staatsteile und einiger Nebengebiete der unter Buchstabe b bezeichneten Hoheitsgebiete; ...«

territory (ies)	**territoire(s)**	**territorio(s)**

»Hoheitsgebiet(e)«; »Gebiet« nur dann, wenn es **nicht** im staatsrechtlichen Sinn verwendet wird

territorial waters	**eaux territoriales**	**aguas territoriales**

»Hoheitsgewässer«[32]

non-self-governing territories	**territoires non autonomes**	**territorios no autónomos**

»Hoheitsgebiete ohne Selbstregierung«

32 aber: territorial sea / mer territoriale / mar territorial = »Küstenmeer«

overseas territories, for the international relations of which they are responsible	territoires d'outre-mer, dont les relations internationales sont placées sous leur responsabilité	territorios de ultramar cuyas relaciones internacionales están colocadas bajo su responsabilidad

»überseeische Hoheitsgebiete, für deren internationale Beziehungen sie verantwortlich sind«

	... dont ils assurent les relations extérieures	... cuyas relaciones exteriores aseguran
	... qu'ils représentent sur le plan international	

»... deren auswärtige (internationale) Beziehungen sie wahrnehmen«

The Contracting States shall accord to stateless persons within their territories treatment at least as favourable as that accorded to their nationals with respect to freedom to practise their religion and freedom as regards the religious education of their children.	Les Etats contractants accorderont aux apatrides sur leur territoire un traitement au moins aussi favorable que celui accordé aux nationaux en ce qui concerne la liberté de pratiquer leur religion et en ce qui concerne la liberté d'instruction religieuse de leurs enfants.

»Die Vertragsstaaten gewähren den Staatenlosen in ihrem **Hoheitsgebiet** in bezug auf die Freiheit der Religionsausübung und die Freiheit des Religionsunterrichts ihrer Kinder eine mindestens ebenso günstige Behandlung wie ihren Staatsangehörigen.«

A consular post may be established in the territory of the receiving State only with that State's consent.	Un poste consulaire ne peut être établi sur le territoire de l'Etat de résidence qu'avec le consentement de cet Etat.	No se podrá establecer una oficina consular en el territorio del Estado receptor sin su consentimiento.

»Eine konsularische Vertretung kann im **Hoheitsgebiet** des Empfangsstaats nur mit dessen Zustimmung errichtet werden.«

Every State shall fix the conditions for the grant of its nationality to ships, for the registration of ships in its territory, and for the right to fly its flag.

Chaque Etat fixe les conditions auxquelles il soumet l'attribution de sa nationalité aux navires, les conditions d'immatriculation des navires sur son territoire et les conditions requises pour qu'ils aient le droit de battre son pavillon.

Cada Estado establecerá los requisitos necesarios para conceder su nacionalidad a los buques, para su inscripción en un registro en su territorio y para que tengan el derecho de enarbolar su pabellón.

»Jeder Staat legt die Bedingungen fest, zu denen er Schiffen seine Staatszugehörigkeit gewährt, sie in seinem **Hoheitsgebiet** in das Schiffsregister einträgt und ihnen das Recht einräumt, seine Flagge zu führen.«

The Organization shall enjoy in the territory of each of its Members such legal capacity as may be necessary for the exercise of its functions and the fulfilment of its purposes.

L'Organisation jouit, sur le territoire de chacun de ses Membres, de la capacité juridique qui lui est nécessaire pour exercer ses fonctions et atteindre ses buts.

La Organización gozará, en el territorio de cada uno de sus Miembros, de la capacidad jurídica que sea necesaria para el ejercicio de sus funciones y la realización de sus propósitos.

The Organization shall enjoy in the territory of each of its Members such privileges and immunities as are necessary for the fulfilment of its purposes.

L'Organisation jouit, sur le territoire de chacun de ses Membres, des privilèges et immunités qui lui sont nécessaires pour atteindre ses buts.

La Organización gozará, en el territorio de cada uno de sus Miembros, de los privilegios e inmunidades necesarios para la realización de sus propósitos.

»Die Organisation genießt im **Hoheitsgebiet** jedes Mitglieds die Rechts- und Geschäftsfähigkeit, die zur Wahrnehmung ihrer Aufgaben und zur Verwirklichung ihrer Ziele erforderlich ist.

Die Organisation genießt im **Hoheitsgebiet** jedes Mitglieds die Vorrechte und Immunitäten, die zur Verwirklichung ihrer Ziele erforderlich sind.«

Territorial application

This Convention shall apply to all non-metropolitan territories for the international relations of which any Party is responsible, except where the previous consent of such a territory is required by the Constitution of the Party or of the territory concerned, or required by custom. In such case the Party shall endeavour to secure the needed consent of the territory within the shortest period possible, and when that consent is obtained the Party shall notify the Secretary-General. This Convention shall apply to the territory or territories named in such notification from the date of its receipt by the Secretary-General.

Application territoriale

La présente Convention s'appliquera à tous les territoires non métropolitains qu'une Partie représente sur le plan international, sauf si le consentement préalable d'un tel territoire est nécessaire en vertu soit de la constitution de la Partie ou du territoire intéressé, soit de la coutume. En ce cas, la Partie s'efforcera d'obtenir dans le plus bref délai le consentement du territoire qui est nécessaire et, lorsque ce consentement aura été obtenu, elle le notifiera au Secrétaire général. La présente Convention s'appliquera au territoire ou territoires désignés par la notification, dès la date de la réception de cette dernière par le Secrétaire général.

»Räumlicher Geltungsbereich

Dieses Übereinkommen findet auf alle **Hoheitsgebiete** außerhalb des Mutterlands Anwendung, für deren internationale Beziehungen eine Vertragspartei verantwortlich ist, soweit nicht nach der Verfassung dieser Vertragspartei oder des betreffenden **Hoheitsgebiets** oder kraft Gewohnheitsrecht die vorherige Zustimmung eines **Hoheitsgebiets** erforderlich ist. In diesem Fall wird sich die Vertragspartei bemühen, die erforderliche Zustimmung des **Hoheitsgebiets** so bald wie möglich zu erwirken, und wird sie sodann dem Generalsekretär notifizieren. Dieses Übereinkommen findet auf jedes in einer solchen Notifikation bezeichnete **Hoheitsgebiet** mit dem Tag ihres Eingangs beim Generalsekretär Anwendung.«

Elizabeth the Second, by the Grace of God of the United Kingdom of Great Britain and Northern Ireland and of Her other Realms and Territories Queen, Head of the Commonwealth, Defender of the Faith

Elizabeth II par la Grâce de Dieu Reine du Royaume-Uni de Grande-Bretagne et d'Irlande du Nord, et de Ses autres Royaumes et Territoires, Chef du Commonwealth, Défenseur de la Foi

Elizabeth Segunda, por la Gracia de Dios Reina del Reino Unido de Gran Bretaña e Irlanda del Norte y de Sus otros Reinos y Territorios, Cabeza de la Commonwealth, Defensora de la Fe

»Elisabeth II., von Gottes Gnaden des Vereinigten Königreichs Großbritannien und Nordirland sowie Ihrer anderen Reiche und **Hoheitsgebiete** Königin, Oberhaupt des Commonwealth, Beschützerin des Glaubens«

Den Unterschied zwischen »Gebieten« (geographisch) und »Hoheitsgebieten« (staatsrechtlich) zu machen, ist auch deshalb unerläßlich, weil in zahlreichen Verträgen von beiden die Rede ist:

No aircraft capable of being flown without a pilot shall be flown without a pilot over the territory of a contracting State without special authorization by that State and in accordance with the terms of such authorization. Each contracting State undertakes to insure that the flight of such aircraft without a pilot in regions open to civil aircraft shall be so controlled as to obviate danger to civil aircraft.

»Luftfahrzeuge, die unbemannt geflogen werden können, dürfen das Hoheitsgebiet eines Vertragsstaats ohne Führer nur mit besonderer Ermächtigung dieses Staates und nur in Übereinstimmung mit den Bedingungen dieser Ermächtigung überfliegen. Jeder Vertragsstaat verpflichtet sich, dafür zu sorgen, daß Flüge solcher unbemannter Luftfahrzeuge in für Zivilluftfahrzeuge offen stehenden Gebieten so überwacht werden, daß eine Gefahr für Zivilluftfahrzeuge vermieden wird.«

Les Gouvernements adressent à l'Office:

1. Par la voie télégraphique, notification des premiers cas de peste bovine ou de fièvre aphteuse constatés dans un pays ou dans une région jusque-là indemnes;

2. ...
Les Gouvernements font part à l'Office des mesures qu'ils prennent pour combattre les épizooties, notamment de celles qu'ils instituent aux frontières pour protéger leur territoire contre les provenances des pays contaminés.

»Die Regierungen übermitteln dem Amt

1. auf telegrafischem Wege Anzeigen über erstmaliges Auftreten von Rinderpest oder Maul- und Klauenseuche in einem bis dahin seuchenfreien Staat oder Gebiet;

2. ...
Die Regierungen teilen dem Amt mit, welche Maßnahmen sie zur Bekämpfung der Tierseuchen treffen, insbesondere Maßnahmen, die sie an der Grenze zum Schutz ihres Hoheitsgebiets gegen das Einschleppen aus verseuchten Staaten anordnen.«

»(1) Im Sinne dieses Abkommens, wenn der Zusammenhang nichts anderes erfordert,

(1) In this Agreement, unless the context otherwise requires:

1) Au sens du présent Accord, à moins que le contexte n'exige une interprétation différente:

a) i) bedeutet der Ausdruck »Kanada« das kanadische Hoheitsgebiet einschließlich aller Gebiete außerhalb der kanadischen Hoheitsgewässer, die nach dem Völkerrecht und nach kanadischem Recht zu den Gebieten gehören, in denen Kanada seine Rechte hinsichtlich des Meeresbodens und des Meeresuntergrunds sowie ihrer Naturschätze ausüben darf;	(a) (i) the term »Canada« means the territory of Canada, including any area beyond the territorial waters of Canada which, in accordance with international law and the laws of Canada, is an area within which the rights of Canada with respect to the sea-bed and sub-soil and their natural resources may be exercised;	a) (i) le terme »Canada« désigne le territoire du Canada, y compris toute région située au-delà des eaux territoriales du Canada qui, conformément au droit international et aux lois du Canada, est une région à l'intérieur de laquelle peuvent être exercés les droits du Canada à l'égard du fond et du sous-sol de la mer et de leurs ressources naturelles;
ii) bedeutet der Ausdruck »Bundesrepublik Deutschland« den Geltungsbereich des Grundgesetzes für die Bundesrepublik Deutschland und alle Gebiete außerhalb der Hoheitsgewässer der Bundesrepublik Deutschland, in denen die Bundesrepublik Deutschland ihre Rechte hinsichtlich des Meeresbodens und des Meeresuntergrunds sowie ihrer Naturschätze nach dem Völkerrecht und nach dem Recht der Bundesrepublik Deutschland ausüben darf; ...«	(ii) the term »Federal Republic of Germany« means the territory in which the Basic Law for the Federal Republic of Germany is in force, and any area beyond the territorial waters of the Federal Republic of Germany, within which, in accordance with international law and the laws of the Federal Republic of Germany, the rights of the Federal Republic of Germany with respect to the sea-bed and sub-soil and their natural resources may be exercised; ...	(ii) l'expression »République fédérale d'Allemagne« désigne le territoire d'application de la Loi fondamentale pour la République fédérale d'Allemagne et toute région située au-delà des eaux territoriales de la République fédérale d'Allemagne, à l'intérieur de laquelle, conformément au droit international et aux lois de la République fédérale d'Allemagne, peuvent être exercés les droits de la République fédérale d'Allemagne à l'égard du fond et du sous-sol de la mer et de leurs ressources naturelles; ...

Macht jedoch ein vorgesetztes verbundenes Wort den Charakter des betreffenden Gebiets als eines in sich geschlossenen Regierungs- oder Verwaltungsbereichs bereits klar, so erübrigt sich »Hoheits-«:

administrative territory	territoire administratif	territorio administrativo
»Verwaltungsgebiet«		
customs territory	territoire douanier	territorio aduanero
»Zollgebiet«		
dependent territory; dependency	dépendance	dependencia
»Nebengebiet«		
federal territory	territoire fédéral	territorio federal
»Bundesgebiet«		
mandate(d territory); territory under mandate	territoire sous mandat	territorio bajo mandato
»Mandatsgebiet«		
metropolitan territory	territoire métropolitain	territorio metropolitano
»Mutterland«		
national territory	territoire national	territorio nacional
»Staatsgebiet«		
protected territory[33]	territoire protégé[33]	territorio bajo protectorado[33]
»Schutzgebiet«		

33 Die Bezeichnung »Protectorate / Protectorat / Protectorado« ist mit »Protektorat« wiederzugeben.

trust(eeship) territory	**territoire sous tutelle**	**territorio fideicometido; territorio en (oder: bajo) fideicomiso**

»Treuhandgebiet«

Einige überseeische Hoheitsgebiete führen in ihrer amtlichen Vollform den Titel »Territory / territoire / Territorio«. Der amtliche deutsche Volltitel lautet dann meist »Territorium«:

Territory of New Caledonia	**territoire de la Nouvelle-Calédonie**	**Territorio de la Nueva Caledonia**

»Territorium Neukaledonien«

In jedem derartigen Einzelfall ist die im Länderverzeichnis des Auswärtigen Amts enthaltene Bezeichnung zu verwenden.

Es heißt: »... **im** Hoheitsgebiet der Französischen Republik ...«, aber »... **auf** dem Gebiet des Schulwesens«, »... des Handels« usw.

§ 22 - Einige besonders zu beachtende Benennungen

(1) Gewisse Begriffe und Redewendungen, die in vielen Übereinkünften auftreten und im Englischen, Französischen und Spanischen, aber auch in anderen Fremdsprachen, immer wieder einheitlich ausgedrückt werden, sind auch in den deutschen Paralleltexten einheitlich wiederzugeben. Dies ist im Interesse der Eindeutigkeit und Einheitlichkeit der deutschen Vertragssprache erforderlich.

Von dieser grundsätzlichen Erwägung abgesehen, sprechen in einigen Fällen auch praktische Überlegungen für eine solche Einheitlichkeit. Wenn z.B. in einem Sachgebiet, auf dem eine Anzahl Übereinkünfte unter der Schirmherrschaft einer internationalen Organisation geschlossen worden ist, diese Organisation eines Tages Regeln für die Handhabung der in diesen Übereinkünften vorgesehenen »notifications / notificaciones« aufstellt - etwa in Form eines Protokolls -, so lassen sich diese Regeln im Deutschen nur dann eindeutig wiedergeben, wenn der Begriff »notification / notificación« in allen einschlägigen deutschen Vertragstexten mit demselben Wort wiedergegeben und wenn zusätzlich dieses Wort nicht auch zur Übersetzung anderer Wörter der fremdsprachigen Urtexte, z.B. des Wortes »communication / comunicación«, verwendet wurde. Ist jedoch in den deutschen Fassungen oder Übersetzungen dieser Übereinkünfte für »notification / notificación« teils das Wort »Anzeige«, teils »Bekanntgabe«, teils »Benachrichtigung«, teils »Bericht«, »Erklärung«, »Meldung«, »Mitteilung«, »Notifikation« oder »Unterrichtung« verwendet worden und hat auch nur eines dieser Wörter zusätzlich zur Wiedergabe des Wortes »communication / comunicación« gedient, so läßt sich ein sachlich richtiger deutscher Paralleltext des oben erwähnten Protokolls nicht mehr herstellen.

Die Notwendigkeit einer möglichst einheitlichen Übersetzung hat sich unter anderem bei folgenden in Vertragstexten immer wieder vorkommenden Begriffen herausgestellt, deren Übersetzung häufig Schwierigkeiten bereitet. Sind mehrere Übersetzungsmöglichkeiten angegeben, so ist der Zusammenhang zu beachten.

to affect	**affecter**	**afectar**

»berühren«

... shall not affect ...	**... n'affectera pas ...**	**... no afectara ...**

»... berührt nicht ...«; »... läßt ... unberührt ...«

archives	**archives**	**archivos**

»Archiv«; der Plural »Archive« wird in Verträgen meist nur dann angewendet, wenn es im Zusammenhang mit Vorrechten und Immunitäten um die Unverletzlichkeit der Archive geht.

auspices	**auspices**	**auspicios**

»Schirmherrschaft«; »Auspizien«

competence	**compétence**	**competencia**

»Zuständigkeit« (eines Gerichts oder einer Behörde)

to consult; consultation	**consulter; consultation**	**consultar; consultación, consulta**

»konsultieren«; »Konsultation«; »Konsultierung«

The parties shall consult (with) each other ...	**Les parties se consulteront réciproquement ...**	**Las partes se consultarán recíprocamente ...**

»Die Parteien **konsultieren** einander ...«

Any Contracting Party shall enter into consultations with the Organization ...	**Toute Partie contractante devra entrer en consultations avec l'Organisation ...**	**Toda Parte Contratante deberá entablar consultas con la Organización ...**

»Jede Vertragspartei leitet (tritt in) **Konsultationen** mit der Organisation ein ...« oder »... nimmt **Konsultationen** mit der Organisation auf ...«

... after consulting the Committee ...	... après consultation du Comité ...	... después de consultar el Comité ...

»... nach **Konsultierung** des Ausschusses ...«

... consultations shall be held ...	... il y aura consultation ...	... se consultará ...

»... werden **Konsultationen** geführt ...«; »... finden **Konsultationen** statt ...«

to convene	convoquer	convocar

»einberufen«; »anberaumen«

dispute	différend	controversia

»Streitigkeit«

party to the dispute	partie au différend	parte en la controversia

»Streitpartei«

settlement of disputes	règlement des différends	solución de controversias

»Beilegung von Streitigkeiten«

entity	entité	entidad

»Rechtsträger«

exemptions	exemptions	exenciones

»Befreiungen«; »Ausnahmen«

facilities	facilités	facilidades

»Erleichterungen«

immediately	**immédiatement**	**inmediatamente**

»sofort«; »umgehend«; »sogleich«; »alsbald«

instrument	**instrument**	**instrumento**

ist entweder eine zusammenfassende Bezeichnung (Oberbegriff) für mehrere verschieden benannte völkerrechtliche Übereinkünfte und in diesem Fall mit **»Übereinkunft«** zu übersetzen - siehe § 7 unter »Instrument« - oder bedeutet eine einseitige, in einem Dokument niedergelegte Rechtsvorschrift, Erklärung oder Verpflichtung einer Vertragspartei. Im zweiten Fall ist das Wort **»Urkunde«** zu verwenden.

instrument of acceptance	**instrument d'acceptation**	**instrumento de aceptación**

»Annahmeurkunde«

instrument of accession (selten: adherence)	**instrument d'adhésion**	**instrumento de adhesión**

»Beitrittsurkunde«

instrument of approval	**instrument d'approbation**	**instrumento de aprobación**

»Genehmigungsurkunde«

instrument of denunciation	**instrument de dénonciation**	**instrumento de denuncia**

»Kündigungsurkunde«

instrument of formal confirmation	**instrument de confirmation formelle**	**instrumento de confirmación formal**

»Urkunde der förmlichen Bestätigung«

instrument of notification	**instrument de notification**	**instrumento de notificación**

»Notifikationsurkunde«

instrument of ratification	**instrument de ratification**	**instrumento de ratificación**

»Ratifikationsurkunde«

instrument of signature	**instrument de signature**	**instrumento de firma**

»Unterzeichnungsurkunde«

constituent instrument	**acte constitutif**	**instrumento constitutivo**

»Gründungsurkunde«

constitutional instrument	**acte organique**	**instrumento constitucional; acta orgánica**

»Verfassungsurkunde«

In Übereinkünften wird manchmal auf die »basic instruments (documents) / instruments (documents) de base / instrumentos (documentos) básicos« einer Organisation Bezug genommen. Dieser Begriff bezeichnet nicht lediglich die Gründungsakte, sondern »die für die (Tätigkeit der) Organisation maßgebenden Urkunden«.

integral part	**partie intégrante**	**parte integrante**

wird mit »Bestandteil« - **ohne** den adjektivischen Zusatz »integrierender« - übersetzt, da sonst ein Pleonasmus entstünde. Ergibt sich aus dem Zusammenhang, daß »integral« besonders betont ist, so kann das Adjektiv »wesentlich« verwendet werden.

... are an integral part of this Basic Law	**... font partie intégrante de la présente Loi fondamentale**	**... forman parte integrante de esta Ley Fundamental**

»... sind **Bestandteil** dieses Grundgesetzes«

international	**international**	**internacional**

»international«; »völkerrechtlich«

<u>**it is understood**</u>; <u>**it being understood**</u>	**il est entendu; étant entendu**	**se entiende; quedando entendido**

»es wird davon ausgegangen«; »mit der Maßgabe«

<u>**jurisdiction**</u>	**juridiction**	**jurisdicción**

»Hoheitsgewalt«; »Hoheitsbereich«; »Hoheitsbefugnisse«; »Gerichtsbarkeit«

<u>**laws and regulations**</u>	**lois et règlements**	**leyes y reglamentos**

»Gesetze und **sonstige** Vorschriften«

<u>**legal capacity**</u>	**capacité juridique**	**capacidad jurídica**

»Rechts- und Geschäftsfähigkeit«; »Rechtsfähigkeit«

<u>**legal effect**</u>	**effet juridique**	**efectos jurídicos**

»Rechtswirkung«

<u>**legal order**</u>	**ordre juridique**	**orden jurídico**

»Rechtsordnung«

<u>**legal (juridical) personality**</u>	**personnalité juridique**	**personalidad jurídica**

»Rechtspersönlichkeit«

<u>**legal régime**</u>	**régime juridique**	**régimen jurídico**

»Rechtsordnung«

<u>**legal relations**</u>	**relations juridiques**	**relaciones jurídicas**

»Rechtsbeziehungen«

<u>**legal status**</u>	**statut juridique**	**condición jurídica**

»Rechtsstellung«; »Rechtsstatus«

legislation; legislative (Adjektiv)	législation; législatif	legislación; legislativo

wird mit **»Rechtsvorschriften«** übersetzt, wenn dieser Ausdruck Gesetze, Verordnungen usw. bezeichnet, und mit **»Gesetzgebung«**, wenn er den Vorgang der Gesetzgebung bezeichnet.

The term »legislation« designates any present or future laws, regulations and statutes of every member State ...	Le terme »législation« désigne les lois, les règlements et les dispositions statutaires, existants et futurs, de chaque Etat membre ...	El término »legislación« designa las leyes, los reglamentos y los estatutos, existentes y futuros, de cada Estado miembro ...

»Der Ausdruck **»Rechtsvorschriften«** bezeichnet die bestehenden und künftigen Gesetze, Verordnungen und Satzungen jedes Mitgliedstaats ...«

... by means of legislative measures (action) ...	... par des (par voie de) mesures législatives ...	... por vía legislativa ...

»... im Weg der **Gesetzgebung** ...«; »... durch den Erlaß von **Rechtsvorschriften**«

legislative and administrative action (... provisions)	mesures (dispositions) législatives (réglementaires) et administratives	medidas (disposiciones) legislativas y administrativas

»**Gesetzgebungs**- und Verwaltungsmaßnahmen«; (»**Rechts**- und Verwaltungsvorschriften«)

legislative acts	actes législatifs	actos legislativos

»Akte der **Gesetzgebung** (Rechtsetzung)«

the legislative bodies	les organes législatifs	los cuerpos (organismos) legislativos

»die **gesetzgebenden** Körperschaften«

meeting	séance; réunion	sesión; reunión

»Sitzung«; »Treffen«

Damit ist meist ein kurzer Zeitabschnitt gemeint, nämlich die tägliche Zusammenkunft.

If the President finds it necessary to be absent during a meeting or any part thereof, he shall designate one of the Vice-Presidents to take his place.

Si le Président estime nécessaire de s'absenter pendant une séance ou une partie de séance, il désigne un des vice-présidents pour le remplacer.

Cuando el Presidente estime necesario ausentarse durante una sesión o parte de ella, designará a uno de los Vicepresidentes para que lo sustituya.

»Kann der Präsident während einer Sitzung oder eines Teiles derselben nicht anwesend sein, so bestimmt er einen der Vizepräsidenten zu seinem Stellvertreter.«

to notify; notification

notifier; notification

notificar; notificación

wird mit »notifizieren« und »Notifikation« übersetzt, wenn darunter eine förmliche Mitteilung zu verstehen ist, welche die Organe eines Staates (oder einer internationalen Organisation) den Organen eines anderen Völkerrechtssubjekts auf diplomatischem Weg zukommen lassen.

Each member shall notify the Agency of the numbers ...

Les membres notifieront à l'Agence le nombre ...

Los miembros notificarán a la Agencia el número ...

»Jedes Mitglied **notifiziert** dem Amt die Anzahl ...«

Accession shall be notified to ...

L'adhésion sera notifiée à ...

La adhesión será notificada a ...

»Der Beitritt wird ... **notifiziert**«

The denunciation shall take effect (become effective) one year after notification thereof has been made to the ... Government.

La dénonciation produira ses effets un an après sa notification au gouvernement ...

La denuncia producirá sus efectos un año después de su notificación al Gobierno ...

»Die Kündigung wird ein Jahr nach ihrer **Notifikation** an die ... Regierung wirksam.«

Such notification shall be addressed to ...

Cette notification sera adressée à ...

Esta notificación será dirigida a ...

»Diese **Notifikation** wird an ... gerichtet.«

Sind dagegen mit der »notification / notificación« nicht förmliche Mitteilungen von Völkerrechtssubjekt zu Völkerrechtssubjekt gemeint, so kann in der deutschen Fassung oder Übersetzung einer Übereinkunft statt des Ausdrucks »Notifikation« ein anderer Ausdruck wie »Mitteilung«, »Anzeige«, »Meldung« o.ä. gewählt werden. Dies gilt beispielsweise für den unmittelbaren Schriftverkehr zwischen den nachgeordneten Behörden der Staaten.

the present Treaty ... **le présent Chapitre ...** **el presente Artículo ...**

wird mit »**dieser** Vertrag«; »**dieses** Kapitel«; »**dieser** Artikel« übersetzt. Das Wort »vorliegend« ist in diesem Zusammenhang zu vermeiden.

Bei Bezugnahmen auf andere Übereinkünfte oder Vertragsteile (»that Treaty«; »l'article précité«; »el mencionado Acuerdo«) wird dementsprechend der Gebrauch von »dieser« vermieden: »jener Vertrag«; »der genannte Artikel«; »das erwähnte Abkommen«.

Enthält jedoch ein Vertrag oder Vertragsteil gleichzeitig eine Bezugnahme auf einen anderen Vertrag oder Vertragsteil und auf sich selbst, so ist in diesem Ausnahmefall die Verwendung des Wortes »vorliegend« um der Klarheit willen erforderlich:

Notwithstanding the procedure provided for in paragraph 1 of the present Article, any provisions concerning the application of the present paragraph shall be laid down by the Council acting by means of a unanimous vote.	**Par dérogation à la procédure prévue au premier paragraphe du présent article, les dispositions portant sur l'application du présent paragraphe seront arrêtées par le Conseil statuant à l'unanimité.**	**No obstante el procedimiento previsto en el párrafo 1° del presente Artículo, las disposiciones relativas a la aplicación del presente párrafo serán dictadas por decisión unánime del Consejo.**

»Abweichend von dem in Absatz 1 vorgesehenen Verfahren werden die Vorschriften zur Anwendung des **vorliegenden** Absatzes vom Rat einstimmig erlassen.«

Eine Eigentümlichkeit vieler Fremdsprachen ist auch die häufige **Wiederholung des Demonstrativpronomens** im Zusammenhang mit der Erwähnung der Übereinkunft oder eines Teiles derselben in ein und demselben Satz, Absatz oder Buchstaben. Eine solche dicht aufeinanderfolgende Wiederholung entspricht nicht der deutschen Rechtssprache, wirkt schwerfällig und trägt nicht zur Klarheit bei. Daher sollte es in solchen Fällen nur beim ersten Mal »**dieses** Übereinkommen«, »**dieser** Artikel« usw. heißen, bei weiteren Erwähnungen dann »**das** Übereinkommen« usw.

This Convention applies mutatis mutandis to the entities referred to in article ..., which become Parties to this Convention in accordance with the conditions relevant to each, and to that extent »States Parties« refers to those entities.	**»Dieses Übereinkommen gilt sinngemäß für die in Artikel ... bezeichneten Rechtsträger, die zu den jeweils für sie geltenden Bedingungen Vertragsparteien des Übereinkommens werden, und insoweit bezieht sich der Begriff »Vertragsstaaten« auf diese Rechtsträger.«**

policies	politique(s)	políticas

»Leitsätze«; »Leitvorstellungen«; »Politik«; selten »Grundsätze«, »Maßnahmen«
Das Wort »Politiken« ist zu vermeiden.

to be without prejudice	ne pas porter atteinte	no menoscabar

»nicht berühren«; »unberührt lassen«

Paragraph 2 is without prejudice to the right of the coastal State, ...	Le paragraphe 2 ne porte pas atteinte au droit de l'Etat côtier ...	El párrafo precedente no menoscabará el derecho del Estado ribereño ...

»Absatz 2 berührt nicht das Recht des Küstenstaats ...«

principles	principes	principios

»Grundsätze«

privileges and immunities	privilèges et immunités	privilegios e inmunidades

»Vorrechte und Immunitäten«

quorum	quorum	quórum

»Beschlußfähigkeit«; »beschlußfähig (sein)«

A majority of the members of the Assembly shall constitute a quorum.	Le quorum est constitué par la majorité des membres de l'Assemblée.	La mayoría de los miembros de la Asamblea constituirá quórum.

»Die Versammlung ist **beschlußfähig**, wenn die Mehrheit ihrer Mitglieder anwesend ist.«

rules of international law	règles du droit international	normas de derecho internacional

»Regeln des Völkerrechts«

session	session	sesión; período de sesiones

»Tagung«; selten »Sitzungsperiode«

Damit ist meist ein längerer, mehrere Sitzungen umfassender Zeitabschnitt gemeint.

The General Assembly may decide at any session to adjourn temporarily and resume its meetings at a later date.	L'Assemblée générale peut, à toute session, décider d'interrompre temporairement ses séances et de les reprendre à une date ultérieure.	La Asamblea General podrá acordar, en cualquier período de sesiones, la suspensión temporal de sus sesiones y la reanudación de éstas en una fecha ulterior.

»Die Generalversammlung kann während jeder Tagung beschließen, ihre Sitzungen zu unterbrechen und zu einem späteren Zeitpunkt wieder aufzunehmen.«

sovereignty	souveraineté	soberanía

»Souveränität«; »Staatsgewalt«; »Staatshoheit«

territorial sovereignty	souveraineté territoriale	soberanía territorial

»Gebietshoheit«

sovereign immunity	immunité souveraine	inmunidad soberana

»Staatenimmunität«

sovereign rights	droits souverains	derechos de soberanía

»souveräne Rechte«; »Hoheitsrechte«

standards	normes	estándares

»Normen«

State; government(al); nation(al)	**gouvernemental; nation(al)**	**nacional; nación; gubernamental**

Im anglo-amerikanischen Rechtsraum wird der Begriff »State« im allgemeinen sparsamer verwendet als im kontinentaleuropäischen Raum. Andererseits bezeichnet das Wort »government(al)« häufig nicht nur die vollziehende Gewalt (»Regierung«), sondern umfaßt oft auch die Organe der Gesetzgebung und Rechtsprechung, ist also in vielen Fällen ein Oberbegriff ähnlich dem deutschen »Staat«. Die im Deutschen übliche scharfe Unterscheidung zwischen »Staat« einerseits und »Volk« oder »Nation« andererseits ist im Englischen nicht mit der gleichen Folgerichtigkeit ausgebildet. Das Adjektiv »national« steht oft für »staatlich«, während das Wort »State«, wenn adjektivisch gebraucht, häufig als Gegensatz zu »local« oder »federal« und nicht als Gegensatz zu »nichtstaatlich« aufgefaßt wird.

In französischen und spanischen Vertragstexten werden die Wörter »gouvernemental / gubernamental« und »national / nacional« ebenfalls oft in dem oben dargelegten Sinn verwendet, insbesondere in mehrsprachigen Übereinkünften, bei denen auch der englische Wortlaut »gleichermaßen verbindlich« ist.

creditor nation	**Etat créditeur**	**Estado acreedor**

»Gläubigerstaat«

debtor nation	**Etat débiteur**	**Estado deudor**

»Schuldnerstaat«

government loan	**emprunt public**	**empréstito público**

»Staatsanleihe«

government monopoly	**monopole d'Etat**	**monopolio estatal (del Estado)**

»Staatsmonopol«

intergovernmental organizations (IGO)	**organisations intergouvernementales (OIG)**	**organizaciones intergubernamentales (OIG)**

»zwischenstaatliche Organisationen«

international	**international**	**internacional**

»international«

inter-state:

wird im amerikanischen Staatsrecht für Beziehungen zwischen Gliedstaaten der USA verwendet

national (Adjekt.):

wird in amerikanischen Texten zuweilen im Gegensatz zu »state« (= Gliedstaat) gebraucht und entspricht dann dem deutschen »Bundes-«

national (Subst.); citizen	**national; ressortissant**	**nacional; ciudadano**

»Staatsangehöriger«

Steht das Wort »Staatsangehöriger« in unmittelbarer Nähe des Wortes »Staat« oder eines die Silbe »staat« enthaltenden Wortes, z.B. »Vertragsstaat« oder »Mitgliedstaat«, so genügt es oft, von »Angehöriger« zu sprechen.

No two members of the Tribunal may be nationals of the same State. A person who for the purposes of membership in the Tribunal could be regarded as a national of more than one State shall be deemed to be a national of the one in which he ordinarily exercises civil and political rights.	**Le Tribunal ne peut comprendre plus d'un ressortissant du même Etat. A cet égard, celui qui pourrait être considéré comme le ressortissant de plus d'un Etat est censé être ressortissant de l'Etat où il exerce habituellement ses droits civils et politiques.**	**El Tribunal no podrá tener dos miembros que sean nacionales del mismo Estado. A estos efectos, toda persona que pueda ser tenida por nacional de más de un Estado será considerada nacional del Estado en que habitualmente ejerza sus derechos civiles y políticos.**

»Nicht mehr als ein Mitglied des Gerichtshofs darf **Angehöriger** desselben Staates sein. Wer im Hinblick auf die Mitgliedschaft beim Gerichtshof als **Angehöriger** mehr als eines Staates angesehen werden kann, gilt als **Angehöriger** des Staates, in dem er gewöhnlich seine bürgerlichen und politischen Rechte ausübt.«

national agencies	**organismes nationaux**	**organismos nacionales**

»staatliche Stellen«

national currency	**monnaie nationale**	**moneda nacional**

»Landeswährung«

national debt	**dette publique (nationale)**	**deuda pública (nacional)**

»Staatsschuld«

national emergency	**état d'urgence national**	**(estado de) emergencia nacional**

»nationaler Notstand«; »Staatsnotstand«

nationality; citizenship	**nationalité**	**nacionalidad; ciudadanía**

»Staatsangehörigkeit« (Personen); »Staatszugehörigkeit« (Sachen, z.B. Schiffe); »nationality / nationalité / nacionalidad« kann jedoch auch »Volkszugehörigkeit«, »Volkstum« bedeuten.

nationalization	**nationalisation**	**nacionalización; estatificación; estatalización**

»Verstaatlichung«

national jurisdiction	**juridiction nationale**	**jurisdicción nacional**

»staatliche Hoheitsgewalt«; »(inner)staatliche Gerichtsbarkeit«

national law	**droit interne (national)**	**derecho interno (nacional)**

»(inner)staatliches Recht«

national legislation	**législation interne (nationale)**	**legislación interna (nacional)**

»(inner)staatliche Rechtsvorschriften«; »(inner)staatliche Gesetzgebung«

national territory	**territoire national**	**territorio nacional**

»Staatsgebiet«; »Hoheitsgebiet«

national treatment	traitement national	tratamiento nacional

»Inländerbehandlung«

non-governmental organizations (NGO)	organisations non gouvernementales (ONG)	organizaciones no gubernamentales (ONG)

»nichtstaatliche Organisationen« (NGO)

supra-national	supranational	supranacional

»überstaatlich«

territorial integrity	intégrité territoriale	integridad territorial

»territoriale Unversehrtheit«

two or more (States o.ä.)	deux ou plusieurs (ou plus de deux) (Etats o.ä.)	dos o más (Estados o.ä.)

»zwei oder mehr (Staaten o.ä.)«

without delay	sans délai	sin demora

»unverzüglich«

Abschnitt E

Einige Standardklauseln

§§ 23 - 25

§ 23 - Die Schiedsklausel

Die Schiedsklausel für eine zweiseitige Übereinkunft der Bundesrepublik Deutschland lautet wie folgt:

Schiedsklausel

Artikel ...

(1) Streitigkeiten über die Auslegung oder Anwendung dieses Vertrags werden, soweit möglich, durch die Regierungen (oder bei Verträgen technischen Charakters: durch die zuständigen Behörden) der beiden Vertragsparteien beigelegt.

(2) Kann eine Streitigkeit auf diese Weise nicht beigelegt werden, so kann jede Vertragspartei verlangen, daß die Streitigkeit einem Schiedsgericht zur Entscheidung vorgelegt wird.

(3) Das Schiedsgericht wird von Fall zu Fall gebildet, indem jede Vertragspartei ein Mitglied bestellt und beide Mitglieder sich auf den Angehörigen eines dritten Staates als Obmann einigen, der von den Regierungen der beiden Vertragsparteien bestellt wird. Die Mitglieder werden innerhalb von zwei Monaten, der Obmann innerhalb von drei Monaten bestellt, nachdem die eine Vertragspartei der anderen mitgeteilt hat, daß sie die Streitigkeit einem Schiedsgericht unterbreiten will.

Arbitration Clause

Article ...

(1) Disputes concerning the interpretation or application of the present (this) Treaty shall as far as possible be settled by the Governments (oder bei Verträgen technischen Charakters: by the appropriate authorities) of the two contracting Parties.

(2) If a dispute cannot thus be settled, either contracting Party may request that the dispute be submitted to an arbitral tribunal for its decision.

(3) Such arbitral tribunal shall be constituted ad hoc as follows: Each contracting Party shall appoint one member, and these two members shall agree upon a national of a third State as their chairman to be appointed by the Governments of the two contracting Parties. Such members shall be appointed within two months, and such chairman within three months, from the date on which either contracting Party has informed the other contracting Party that it intends to submit the dispute to an arbitral tribunal.

(4) Werden die in Absatz 3 genannten Fristen nicht eingehalten, so kann in Ermangelung einer anderen Vereinbarung jede Vertragspartei den Präsidenten des Internationalen Gerichtshofs[34] bitten, die erforderlichen Ernennungen vorzunehmen. Besitzt der Präsident die Staatsangehörigkeit einer der beiden Vertragsparteien oder ist er aus einem anderen Grund verhindert, so nimmt der Vizepräsident die Ernennungen vor. Besitzt auch der Vizepräsident die Staatsangehörigkeit einer der beiden Vertragsparteien oder ist auch er verhindert, so nimmt das im Rang nächstfolgende Mitglied des Gerichtshofs, das nicht die Staatsangehörigkeit einer der beiden Vertragsparteien besitzt, die Ernennungen vor.

(5) Das Schiedsgericht entscheidet mit Stimmenmehrheit aufgrund der zwischen den Vertragsparteien bestehenden Verträge und des allgemeinen Völkerrechts. Seine Entscheidungen sind bindend. Jede Vertragspartei trägt die Kosten ihres Mitglieds sowie ihrer Vertretung in dem Verfahren vor dem Schiedsgericht; die Kosten des Obmanns sowie die sonstigen Kosten werden von den beiden Vertragsparteien zu gleichen Teilen getragen. Das Schiedsgericht kann eine andere Kostenregelung treffen. Im übrigen regelt das Schiedsgericht sein Verfahren selbst.

(4) If the periods specified in paragraph 3 above have not been observed, either contracting Party may, in the absence of any other relevant arrangement, invite the President of the International Court of Justice[34] to make the necessary appointments. If the President is a national of either contracting Party or if he is otherwise prevented from discharging the said function, the Vice-President shall make the necessary appointments. If the Vice-President is a national of either contracting Party or if he, too, is prevented from discharging the said function, the Member of the Court next in seniority who is not a national of either contracting Party shall make the necessary appointments.

(5) The arbitral tribunal shall, on the basis of the treaties existing between the contracting Parties and of general international law, reach its decisions by a majority of votes. Such decisions shall be binding. Each contracting Party shall bear the cost of its own member and of its representatives in the arbitral proceedings; the cost of the chairman and the remaining costs shall be borne in equal parts by both contracting Parties. The arbitral tribunal may make a different regulation concerning costs. In all other respects, the arbitral tribunal shall determine its own procedure.

34 In Übereinkünften zwischen EG-Staaten soll statt des Präsidenten des Internationalen Gerichtshofs der Präsident des Gerichtshofs der Europäischen Gemeinschaften (the President of the Court of Justice of the European Communities / le Président de la Cour de justice des Communautés européennes / el Presidente del Tribunal de Justicia de las Comunidades Europeas) vorgesehen werden; dann entfallen die Sätze 2 und 3.

__oder__

__Clause d'arbitrage__

Article ...

(1) Les différends relatifs à l'interprétation ou à l'application du présent Traité seront réglés, autant que possible, par les Gouvernements (oder bei Verträgen technischen Charakters: par les autorités compétentes) des deux Parties contractantes.

(2) Si un différend ne peut pas être réglé de cette façon, chaque Partie contractante pourra exiger que le différend soit soumis à la décision d'un tribunal d'arbitrage.

(3) Le tribunal d'arbitrage sera constitué ad hoc; chaque Partie contractante nommera un membre et les deux membres se mettront d'accord pour choisir comme président le ressortissant d'un Etat tiers qui sera nommé par les Gouvernements des deux Parties contractantes. Les membres seront nommés dans un délai de deux mois, le président dans un délai de trois mois, après que l'une des Parties contractantes aura fait savoir à l'autre qu'elle désire soumettre le différend à un tribunal d'arbitrage.

(4) Si les délais prévus au paragraphe 3 ne sont pas observés et à défaut d'un autre arrangement, chaque Partie contractante pourra prier le Président de la Cour

__oder__

__Cláusula de arbitraje__

Artículo ...

(1) Las controversias relativas a la interpretación o aplicación del presente Tratado serán, en lo posible, dirimidas por los Gobiernos (oder bei Verträgen technischen Charakters: por las autoridades competentes) de las dos Partes Contratantes.

(2) Si una controversia no pudiera ser dirimida de esta manera, cada una de las dos Partes Contratantes podrá pedir que la controversia sea sometida a un tribunal arbitral.

(3) El tribunal arbitral será constituido ad hoc; cada Parte Contratante nombrará un miembro, y los dos miembros se pondrán de acuerdo para elegir como presidente a un ciudadano de un tercer Estado que será nombrado por los Gobiernos de ambas Partes Contratantes. Los miembros serán nombrados dentro de un plazo de dos meses, el presidente dentro de un plazo de tres meses, después de que una de las Partes Contratantes haya comunicado a la otra que desea someter la controversia a un tribunal arbitral.

(4) Si los plazos previstos en el párrafo 3 no son observados, y a falta de otro arreglo diferente, cada Parte Contratante podrá invitar al Presidente de la Corte Inter-

internationale de Justice[34] de procéder aux nominations nécessaires. Au cas où le Président serait ressortissant de l'une des deux Parties contractantes, ou s'il était empêché pour une autre raison, il appartiendra au Vice-président de procéder aux nominations. Si le Vice-président était, lui aussi, ressortissant de l'une des deux Parties contractantes ou s'il était également empêché, c'est au membre de la Cour suivant immédiatement dans la hiérarchie et qui n'est pas ressortissant de l'une des Parties contractantes qu'il appartiendra de procéder aux nominations.

(5) Le tribunal d'arbitrage prendra ses décisions, sur la base des traités existant entre les Parties contractantes et du droit international général, à la majorité des voix. Ses décisions seront obligatoires. Chaque Partie contractante prendra à sa charge les frais occasionnés par l'activité de son propre arbitre ainsi que les frais de sa représentation dans la procédure devant le tribunal d'arbitrage; les frais du président ainsi que les autres frais seront assumés à parts égales par les deux Parties contractantes. Le tribunal d'arbitrage pourra fixer un autre règlement concernant les dépens. Pour le reste, le tribunal d'arbitrage réglera lui-même sa procédure.

nacional de Justicia[34] a proceder a los nombramientos necesarios. En el caso de que el Presidente sea ciudadano de una de las dos Partes Contratantes o se halle impedido por otra causa, corresponderá al Vicepresidente efectuar los nombramientos. Si el Vicepresidente también fuere ciudadano de una de las dos Partes Contratantes o si se hallare también impedido, corresponderá al miembro de la Corte que siga inmediatamente en el orden jerárquico y no sea ciudadano de una de las Partes Contratantes, efectuar los nombramientos.

(5) El tribunal arbitral tomará sus decisiones, sobre la base de los tratados existentes entre las Partes Contratantes y del derecho internacional general, por mayoría de votos. Sus decisiones serán obligatorias. Cada Parte Contratante sufragará los gastos ocasionados por la actividad de su árbitro, así como los gastos de su representación en el procedimiento arbitral; los gastos del presidente, así como los demás gastos, serán sufragados a partes iguales por las dos Partes Contratantes. El tribunal arbitral podrá adoptar un reglamento diferente en lo que concierne a los gastos. Por lo demás, el tribunal arbitral determinará su propio procedimiento.

34 In Übereinkünften zwischen EG-Staaten soll statt des Präsidenten des Internationalen Gerichtshofs der Präsident des Gerichtshofs der Europäischen Gemeinschaften (the President of the Court of Justice of the European Communities / le Président de la Cour de justice des Communautés européennes / el Presidente del Tribunal de Justicia de las Comunidades Europeas) vorgesehen werden; dann entfallen die Sätze 2 und 3.

§ 24 - Die sogenannte Bundesstaatsklausel

Manche mehrseitige Übereinkünfte enthalten die sogenannte Bundesstaatsklausel:

Federal Clause

In the case of a Federal or non-unitary State, the following provisions shall apply:

(a) With respect to those articles of this Convention that come within the legislative jurisdiction of the federal legislative authority, the obligations of the Federal Government shall to this extent be the same as those of Parties which are not Federal States;

(b) With respect to those articles of this Convention that come within the legislative jurisdiction of constituent States, provinces or cantons which are not, under the constitutional system of the Federation, bound to take legislative action, the Federal Government shall bring such articles with a favourable recommendation to the notice of the appropriate authorities of States, provinces or cantons at the earliest possible moment;

(c) A Federal State Party to this Convention shall, at the request of any other Contracting State transmitted through the Secretary-General of the United Nations, supply a statement of the law and practice of the Federation and its constituent units in regard to any particular provision of the Convention showing the extent to which effect has been given to that provision by legislative or other action.

Clause fédérale

Dans le cas d'un Etat fédératif ou non unitaire, les dispositions ci-après s'appliqueront:

a) En ce qui concerne les articles de cette Convention dont la mise en oeuvre relève de l'action législative du pouvoir législatif fédéral, les obligations du gouvernement fédéral seront, dans cette mesure, les mêmes que celles des parties qui ne sont pas des Etats fédératifs;

b) En ce qui concerne les articles de cette Convention dont l'application relève de l'action législative de chacun des Etats, provinces ou cantons constituants qui ne sont pas, en vertu du système constitutionnel de la fédération, tenus de prendre des mesures législatives, le gouvernement fédéral portera le plus tôt possible, et avec son avis favorable, lesdits articles à la connaissance des autorités compétentes des Etats, provinces ou cantons;

c) Un Etat fédératif partie à cette Convention communiquera, à la demande de tout autre Etat contractant qui lui aura été transmise par le Secrétaire général des Nations Unies, un exposé de la législation et des pratiques en vigueur dans la fédération et ses unités constituantes en ce qui concerne telle ou telle disposition de la Convention, indiquant la mesure dans laquelle effet a été donné, par une action législative ou autre, à ladite disposition.

Cláusula Federal

Con respecto a los Estados federales o no unitarios, se aplicarán las disposiciones siguientes:

a) En lo concerniente a los artículos de esta Convención cuya aplicación dependa de la acción legislativa del poder legislativo federal, las obligaciones del Gobierno federal serán, en esta medida, las mismas que las de las Partes que no son Estados federales;

b) En lo concerniente a los artículos de esta Convención cuya aplicación dependa de la acción legislativa de cada uno de los Estados, provincias o cantones constituyentes que, en virtud del régimen constitucional de la Federación, no estén obligados a adoptar medidas legislativas, el Gobierno federal, a la mayor brevedad posible y con su recomendación favorable, comunicará el texto de dichos artículos a las autoridades competentes de los Estados, provincias o cantones;

c) Todo Estado federal que sea Parte en esta Convención proporcionará, a petición de cualquier otro Estado Contratante que le haya sido transmitida por el Secretario General de las Naciones Unidas, una exposición de la legislación y de las prácticas vigentes en la Federación y en sus unidades constituyentes, en lo concerniente a una determinada disposición de la Convención, indicando en qué medida, por acción legislativa o de otra índole, se ha dado efecto a tal disposición.

Bundesstaatsklausel

Für Bundes- oder Nichteinheitsstaaten gelten folgende Bestimmungen:

a) Soweit für bestimmte Artikel dieses Übereinkommens der Bund die Gesetzgebungszuständigkeit besitzt, hat die Bundesregierung die gleichen Verpflichtungen wie die Vertragsparteien, die nicht Bundesstaaten sind;

b) soweit für bestimmte Artikel dieses Übereinkommens die Gliedstaaten, -provinzen oder -kantone die Gesetzgebungszuständigkeit besitzen, ohne nach der Verfassungsordnung des Bundes zum Erlaß von Rechtsvorschriften verpflichtet zu sein, bringt die Bundesregierung den zuständigen Stellen der Gliedstaaten, -provinzen oder -kantone diese Artikel so bald wie möglich befürwortend zur Kenntnis;

c) richtet ein Vertragsstaat dieses Übereinkommens über den Generalsekretär der Vereinten Nationen an einen Bundesstaat, der Vertragspartei ist, eine Anfrage über das Recht und die Praxis des Bundes und seiner Glieder in bezug auf einzelne Bestimmungen des Übereinkommens, so legt dieser Bundesstaat eine Darstellung vor, aus der ersichtlich ist, inwieweit die betreffenden Bestimmungen durch den Erlaß von Rechtsvorschriften oder durch sonstige Maßnahmen wirksam geworden sind.

§ 25 - Die sogenannte Geltungsbereichsklausel

Zahlreiche Übereinkünfte - besonders mehrseitige - regeln in einer besonderen Klausel die Frage ihrer Geltung in Hoheitsgebieten, deren auswärtige Beziehungen von Vertragsparteien wahrgenommen werden.

<u>Territorial application clause</u>

1. Any State may, at the time of signature, ratification or accession, or at any time thereafter, declare, by notification addressed to the Secretary-General of the United Nations, that the provisions of this Convention will be applicable to all or any of the territories for the international relations of which it is responsible. These provisions shall become applicable in the territories named in the notification thirty days after the date of receipt of such notification by the Secretary-General or, if the Convention has not entered into force at that time, then upon the date of its entry into force.

2. Each Contracting State, when circumstances permit, undertakes to take as soon as possible the necessary steps in order to extend the application of this Convention to the territories for the international relations of which it is responsible, subject, where necessary for constitutional reasons, to the consent of the governments of such territories.

3. Any State which has made a declaration under paragraph 1 of this Article applying this Convention to any territory for the international relations of which it is responsible, may at any time thereafter declare by notification given to the Secretary-General that the Convention shall cease to apply to any territory named in the

<u>Clause d'application territoriale</u>

1. Tout Etat pourra, lors de la signature, de la ratification ou de l'adhésion ou à tout autre moment par la suite, déclarer par notification adressée au Secrétaire général des Nations Unies que les dispositions de la présente Convention seront applicables à tout territoire dont il assure les relations internationales. Ces dispositions deviendront applicables dans le ou les territoires désignés dans la notification trente jours après que le Secrétaire général aura reçu ladite notification ou, si la Convention n'est pas entrée en vigueur à cette date, à partir de la date de son entrée en vigueur.

2. Tout Etat contractant s'engage, lorsque les circonstances le permettent, à prendre le plus tôt possible les mesures nécessaires pour étendre l'application de la présente Convention aux territoires dont il assure les relations internationales, sous réserve, si des raisons constitutionnelles l'exigent, du consentement des gouvernements de ces territoires.

3. Tout Etat qui a fait une déclaration conformément aux dispositions du paragraphe 1 du présent Article concernant l'application de la présente Convention à un territoire dont il assure les relations internationales pourra, par la suite, déclarer à tout moment, par notification adressée au Secrétaire général, que la présente Convention

notification, and the Convention shall, after the expiration of one year from the date of the notification, cease to apply to such territory.

cessera d'être applicable au territoire désigné dans la notification; la Convention cessera alors d'être applicable au territoire en question un an après la date de la notification.

Cláusula de aplicación territorial

1. En el momento de la firma, de la ratificación, o de la adhesión, todo Estado podrá declarar, mediante notificación dirigida al Secretario General de las Naciones Unidas, que la presente Convención se aplicará a la totalidad o a una parte de los territorios cuyas relaciones internacionales tenga a su cargo. La presente Convención se aplicará en los territorios mencionados en la notificación a partir del trigésimo día siguiente a la fecha en que el Secretario General haya recibido la notificación o, si la Convención no hubiere entrado en vigor hasta dicha fecha, a partir del momento en que entre en vigor.

2. Cuando las circunstancias lo permitan, todo Estado Contratante adoptará, a la mayor brevedad posible, las medidas necesarias para hacer extensiva la aplicación de la presente Convención a los territorios cuyas relaciones internacionales tenga a su cargo, a reserva del consentimiento de los Gobiernos de tales territorios, cuando sea necesario por razones constitucionales.

Geltungsbereichsklausel

(1) Ein Staat kann bei der Unterzeichnung, der Ratifikation, dem Beitritt oder jederzeit danach durch eine an den Generalsekretär der Vereinten Nationen gerichtete Notifikation erklären, daß dieses Übereinkommen auf alle oder einzelne Hoheitsgebiete anwendbar ist, deren internationale Beziehungen er wahrnimmt. In den in der Notifikation genannten Hoheitsgebieten wird das Übereinkommen dreißig Tage nach Eingang der Notifikation beim Generalsekretär oder, wenn es zu diesem Zeitpunkt noch nicht in Kraft getreten ist, mit seinem Inkrafttreten anwendbar.

(2) Jeder Vertragsstaat wird, wenn die Umstände es gestatten, möglichst bald die notwendigen Schritte unternehmen, um dieses Übereinkommen auf die Hoheitsgebiete zu erstrecken, deren internationale Beziehungen er wahrnimmt, vorbehaltlich der Zustimmung der Regierungen dieser Hoheitsgebiete, wenn eine solche aus verfassungsmäßigen Gründen erforderlich ist.

3. Todo Estado que, con arreglo al párrafo (1) del presente Artículo, haya hecho una declaración relativa a la aplicación de la presente Convención a un territorio cuyas relaciones internacionales tenga a su cargo, podrá declarar en cualquier momento posterior, mediante notificación dirigida al Secretario General, que la presente Convención dejará de aplicarse al territorio designado en la notificación; la Convención dejará entonces de aplicarse a tal territorio un año después de la fecha de la notificación.

(3) Hat ein Staat eine Erklärung nach Absatz 1 über die Anwendung dieses Übereinkommens auf ein Hoheitsgebiet abgegeben, dessen internationale Beziehungen er wahrnimmt, so kann er jederzeit danach durch eine an den Generalsekretär gerichtete Notifikation erklären, daß das Übereinkommen auf das in der Notifikation genannte Hoheitsgebiet keine Anwendung mehr findet; das Übereinkommen tritt sodann ein Jahr nach dieser Notifikation für das betreffende Hoheitsgebiet außer Kraft.

oder:

1. Any State may, at the time of signature, ratification or accession, declare that this Convention shall extend to all or any of the territories for the international relations of which it is responsible. Such a declaration shall take effect when the Convention enters into force for the State concerned.

2. At any time thereafter any such extension shall be made by notification addressed to the Secretary-General of the United Nations and shall take effect as from the ninetieth day after the day of receipt by the Secretary-General of the United Nations of this notification, or as from the date of entry into force of the Convention for the State concerned, whichever is the later.

1. Tout Etat pourra, au moment de la signature, ratification ou adhésion, déclarer que cette Convention s'étendra à l'ensemble des territoires qu'il représente sur le plan international, ou à l'un ou plusieurs d'entre eux. Une telle déclaration produira ses effets au moment de l'entrée en vigueur de la Convention pour ledit Etat.

2. A tout moment ultérieur, cette extension se fera par notification adressée au Secrétaire général des Nations Unies et produira ses effets à partir du quatre-vingt-dixième jour qui suivra la date à laquelle le Secrétaire général des Nations Unies aura reçu la notification ou à la date d'entrée en vigueur de la Convention pour ledit Etat si cette dernière date est postérieure.

3. With respect to those territories to which this Convention is not extended at the time of signature, ratification or accession, each State concerned shall consider the possibility of taking the necessary steps in order to extend the application of this Convention to such territories, subject, where necessary for constitutional reasons, to the consent of the Governments of such territories.

3. En ce qui concerne les territoires auxquels cette Convention ne s'appliquerait pas à la date de la signature, ratification ou adhésion, chaque Etat intéressé examinera la possibilité de prendre aussi tôt que possible toutes mesures nécessaires afin d'aboutir à l'application de cette Convention auxdits territoires, sous réserve, le cas échéant, de l'assentiment des gouvernements de ces territoires qui serait requis pour des raisons constitutionnelles.

1. En el momento de la firma, de la ratificación o de la adhesión, todo Estado podrá declarar que esta Convención se hará extensiva a la totalidad o a una parte de los territorios cuyas relaciones internacionales tenga a su cargo. Tal declaración surtirá efecto a partir del momento en que la Convención entre en vigor para el Estado interesado.

2. En cualquier momento ulterior, tal extensión se hará por notificación dirigida al Secretario General de las Naciones Unidas y surtirá efecto a partir del nonagésimo día siguiente a la fecha en que el Secretario General de las Naciones Unidas haya recibido la notificación o a la fecha de entrada en vigor de la Convención para tal Estado, si esta última fecha fuere posterior.

3. Con respecto a los territorios a los que no se haya hecho extensiva la presente Convención en el momento de la firma, de la ratificación o de la adhesión, cada Estado interesado examinará la posibilidad de adoptar, a la mayor brevedad posible, las medidas necesarias para hacer extensiva la aplicación de esta Convención a tales territorios, a reserva del consentimiento de los Gobiernos de tales territorios, cuando sea necesario por razones constitucionales.

(1) Ein Staat kann bei der Unterzeichnung, der Ratifikation oder dem Beitritt erklären, daß sich dieses Übereinkommen auf alle oder einzelne Hoheitsgebiete erstrecken soll, für deren internationale Beziehungen er verantwortlich ist. Eine solche Erklärung wird wirksam, sobald das Übereinkommen für den betreffenden Staat in Kraft tritt.

(2) Jede spätere derartige Erstreckung erfolgt durch eine an den Generalsekretär der Vereinten Nationen gerichtete Notifikation; die Erstreckung wird mit dem neunzigsten Tag nach Eingang der Notifikation beim Generalsekretär der Vereinten Nationen oder mit dem Zeitpunkt wirksam, an dem dieses Übereinkommen für den betreffenden Staat in Kraft tritt, falls dieser Zeitpunkt der spätere ist.

(3) Hinsichtlich derjenigen Hoheitsgebiete, auf die dieses Übereinkommen bei der Unterzeichnung, der Ratifikation oder dem Beitritt nicht erstreckt worden ist, wird jeder in Betracht kommende Staat die erforderlichen Schritte in Erwägung ziehen, um das Übereinkommen so bald wie möglich auf diese Hoheitsgebiete zu erstrecken, vorbehaltlich der Zustimmung ihrer Regierungen, soweit eine solche aus verfassungsmäßigen Gründen erforderlich ist.

Abschnitt F

Die Schlußbestimmungen

§§ 26 - 30

§ 26 - Inkrafttreten von Übereinkünften und damit zusammenhängende Rechtsförmlichkeiten

(1) Nach Artikel 1 des Wiener Übereinkommens von 1969 über das Recht der Verträge kann die **Zustimmung eines Staates**, durch einen Vertrag gebunden zu sein, **durch Unterzeichnung**[35], **Austausch von Urkunden, die einen Vertrag bilden, Ratifikation, Annahme, Genehmigung oder Beitritt oder auf eine andere vereinbarte Art**[36] ausgedrückt werden. Diese Bestimmung wird durch Artikel 11 Absatz 2 des Wiener Übereinkommens von 1986 über das Recht der Verträge zwischen Staaten und internationalen Organisationen oder zwischen internationalen Organisationen ergänzt. Er sieht vor, daß die **Zustimmung einer internationalen Organisation**, durch einen Vertrag gebunden zu sein, **durch Unterzeichnung, Austausch von Urkunden, die einen Vertrag bilden, Akt der förmlichen Bestätigung, Annahme, Genehmigung oder Beitritt oder auf eine andere vereinbarte Art** ausgedrückt werden kann.

(2) Die folgenden **Beispiele** veranschaulichen sowohl die **Vielfältigkeit** in der Zusammenstellung der mit dem Inkrafttreten einer Übereinkunft zusammenhängenden Formulierungen als auch deren **Einheitlichkeit** im einzelnen[37]:

»Dieses[38] Abkommen tritt am ... in Kraft.«	The present Agreement shall enter into force on ...

35 **nicht** »Zeichnung«, »zeichnen«

36 Eine Anzahl der in den §§ 26 - 28 aufgeführten Begriffe wird im Übereinkommen von 1969 näher erläutert. Der englische und französische Wortlaut sowie die amtliche deutsche Übersetzung sind im Bundesgesetzblatt 1985 II S. 926 veröffentlicht.

37 Da die Schlußbestimmungen der Übereinkünfte unterschiedlich angeordnet sind, ergeben sich bei den in den §§ 26 - 29 wiedergegebenen Beispielen mehrfach Überschneidungen.

38 In den Fremdsprachen wird die Verwendung des Artikels oder Pronomens unterschiedlich gehandhabt. In diesen Beispielen werden verschiedene Formen wiedergegeben, die in der Praxis oft austauschbar sind.

<u>oder:</u>	<u>oder:</u>
Le présent Accord entrera en vigueur le ...	El presente Acuerdo entrará en vigor el ...

»Dieses Abkommen <u>tritt</u> am Tag seiner <u>Unterzeichnung</u> (oder: mit seiner Unterzeichnung) <u>in Kraft</u>.«	This Agreement shall enter into force on the date of signature thereof.
<u>oder:</u>	<u>oder:</u>
Cet Accord entrera en vigueur à la date de sa signature.	Este Acuerdo entrará en vigor en la fecha (el día) de su firma.

»Dieses Abkommen <u>tritt</u> einen Monat nach dem Tag seiner <u>Unterzeichnung</u> (oder: nach seiner Unterzeichnung) <u>in Kraft</u>.«	The present Agreement shall enter into force one month from the date of signature thereof.
<u>oder:</u>	<u>oder:</u>
Le présent Accord entrera en vigueur un mois après la date de sa signature.	El presente Acuerdo entrará en vigor un mes después de la fecha de su firma.

»Dieses Protokoll tritt in Kraft, sobald jede der beiden Regierungen der anderen mitgeteilt hat, daß die dazu erforderlichen innerstaatlichen Voraussetzungen erfüllt sind.«	This Protocol shall enter into force as soon as each of the two Governments has informed the other that the national requirements have been fulfilled.

oder:

Le présent Protocole entrera en vigueur dès que chacun des deux gouvernements aura fait savoir à l'autre que, sur le plan interne, les conditions nécessaires à sa mise en oeuvre ont été remplies.

oder:

El presente Protocolo entrará en vigor tan pronto como cada uno de los dos gobiernos haya comunicado al otro que se han cumplido las condiciones pertinentes a efectos internos.

»Dieses Abkommen tritt an dem Tag in Kraft, an dem beide Regierungen einander mitgeteilt haben, daß die erforderlichen innerstaatlichen Voraussetzungen für das Inkrafttreten erfüllt sind.«

This Agreement shall enter into force on the date on which the two Governments have informed each other that the national requirements for such entry into force have been fulfilled.

oder:

Le présent Accord entrera en vigueur à la date à laquelle les deux gouvernements se seront mutuellement informés que les conditions internes nécessaires à l'entrée en vigueur de l'Accord sont remplies.

oder:

El presente Convenio entrará en vigor en la fecha en que ambos gobiernos se comuniquen mutuamente que se cumplen las condiciones internas necesarias a efectos de la entrada en vigor del presente Convenio.

»Dieses Abkommen tritt an dem Tag in Kraft, an dem die Vertragsparteien einander davon unterrichten, daß die jeweiligen innerstaatlichen Voraussetzungen für das Inkrafttreten des Abkommens erfüllt sind.«

This Agreement shall enter into force on the date on which the Contracting Parties inform each other that their respective national requirements for the entry into force of this Agreement have been fulfilled.

oder:

Le présent Accord entrera en vigueur le jour où les Parties contractantes se seront mutuellement informées de ce que les conditions nécessaires sur le plan national à l'entrée en vigueur de l'Accord sont remplies.

oder:

El presente Acuerdo entrará en vigor el día que las Partes Contratantes se comuniquen mutuamente que se han cumplido los respectivos requisitos internos para la entrada en vigor del mismo.

»Dieser Vertrag tritt einen Monat nach dem Tag in Kraft, an dem die Regierung ... der Regierung ... mitteilt, daß die verfassungsrechtlichen (innerstaatlichen) Voraussetzungen für das Inkrafttreten (des Vertrags) erfüllt sind.«

The present Treaty shall enter into force one month from the date on which the Government of ... shall have informed the Government of ... that the constitutional (national, domestic, internal) requirements for such entry into force have been fulfilled.

oder:

Le présent Traité entrera en vigueur un mois après la date à laquelle le Gouvernement ... aura fait savoir au Gouvernement ... que les exigences constitutionnelles (nationales, internes) nécessaires à l'entrée en vigueur du Traité sont remplies.

oder:

El presente Tratado entrará en vigor un mes después de la fecha en la que el Gobierno de ... comunique al Gobierno de ... que las exigencias constitucionales (internas) para la entrada en vigor del Tratado han sido cumplidas.

»Dieses Übereinkommen tritt an dem Tag in Kraft, an dem alle (oder: ...) Unterzeichnerregierungen dem Verwahrer mitgeteilt haben, daß die erforderlichen innerstaatlichen Voraussetzungen für das Inkrafttreten erfüllt sind.«

This Convention shall enter into force on the date on which all (oder: ...) signatory governments have informed the depositary that the national requirements for such entry into force have been fulfilled.

La présente Convention entrera en vigueur à la date à laquelle tous les (oder: ...) gouvernements signataires auront fait savoir au dépositaire que les conditions internes nécessaires à l'entrée en vigueur de la Convention sont remplies.	La presente Convención entrará en vigor en la fecha en que todos los (oder: ...) gobiernos signatarios hayan comunicado al depositario que se han cumplido las condiciones internas necesarias para su entrada en vigor.

»Dieses Übereinkommen bedarf der Ratifikation. Die Ratifikationsurkunden werden bei ... hinterlegt.«	The present Convention is subject to ratification. The instruments of ratification shall be deposited with ...	La présente Convention sera soumise à ratification. Les instruments de ratification seront déposés auprès ...

»(1) Dieses Übereinkommen wird so bald wie möglich ratifiziert; die Ratifikationsurkunden werden bei ... hinterlegt.	(1) The present Agreement shall be ratified as soon as possible and the instruments of ratification shall be deposited with ...	(1) Le présent Accord sera ratifié aussi tôt que possible; les instruments de ratification seront déposés auprès ...
(2) Über die Hinterlegung jeder Ratifikationsurkunde wird ein Protokoll aufgenommen; von diesem wird eine beglaubigte Abschrift durch die Regierung ... allen Staaten übersandt, in deren Namen das Übereinkommen unterzeichnet oder der Beitritt notifiziert worden ist.«	(2) A record shall be drawn up of the deposit of each instrument of ratification and certified copies of this record shall be transmitted by the Government of ... to all the States in whose name the Agreement has been signed, or whose accession has been notified.	(2) Il sera dressé du dépôt de chaque instrument de ratification un procès-verbal dont une copie, certifiée conforme, sera remise par le Gouvernement ... à tous les Etats au nom desquels l'Accord aura été signé ou l'adhésion notifiée.

---

(1) The present Treaty shall be ratified (is subject to ratification); the instruments of ratification shall be exchanged as soon as possible in ...

(1) Le présent Traité sera ratifié; les instruments de ratification seront échangés aussi tôt que possible à ...

(2) The present Treaty shall enter into force one month from the date of the exchange of the instruments of ratification.

(2) Le présent Traité entrera en vigueur un mois après l'échange des instruments de ratification.

(1) El presente Tratado será ratificado; los instrumentos de ratificación serán canjeados lo antes posible en ...

(2) El presente Tratado entrará en vigor un mes después del canje de los instrumentos de ratificación.

»(1) Dieser Vertrag bedarf der **Ratifikation**; die **Ratifikationsurkunden** werden so bald wie möglich in ... **ausgetauscht**.

(2) Der Vertrag tritt einen Monat nach **Austausch** der **Ratifikationsurkunden** in Kraft.«

»Dieses Übereinkommen steht jedem Staat zum **Beitritt** offen[39], der ... Die **Beitrittsurkunden** werden bei ... **hinterlegt**.«

The present Convention shall remain open for accession by any State ... The instruments of accession shall be deposited with ...

La présente Convention restera ouverte à l'adhésion de tout Etat ... Les instruments d'adhésion seront déposés auprès ...

La presente Convención quedará abierta a la adhesión de cualquier Estado ... Los instrumentos de adhesión se depositarán en poder de ...

---

39 Das Übereinkommen, der Vertrag o.ä. »steht zum **Beitritt** offen«, aber »liegt zur **Unterzeichnung** auf« oder »wird zur **Unterzeichnung** aufgelegt«. Werden sowohl der Beitritt als auch die Unterzeichnung in ein und demselben Satz erwähnt, so heißt es jedoch: »Dieser Vertrag liegt bis zum ... in ... zur **Unterzeichnung** und danach zum **Beitritt** auf.«

This Convention shall be subject to ratification by the signatory States. The instruments of ratification shall be deposited in the archives of ... This Convention shall, after it has come into force, be open for adherence[40] by non-signatory States. Adherence[40] shall be effected by the deposit of an instrument of adherence[40] in the archives of ...

Any State may at the time of deposit of its instrument of ratification or adherence[40] declare that its acceptance of this Convention does not apply to ...

La présente Convention sera ratifiée par les Etats signataires. Les instruments de ratification seront déposés dans les archives de ... La présente Convention sera, après son entrée en vigueur, ouverte à l'adhésion des Etats non signataires. L'adhésion sera effectuée par le dépôt d'un instrument d'adhésion dans les archives de ...

Tout Etat pourra, au moment du dépôt de son instrument de ratification ou d'adhésion, déclarer que son acceptation de la présente Convention ne s'applique pas à ...

El presente Convenio estará (está) sujeto a ratificación por los Estados signatarios. Los instrumentos de ratificación serán depositados en los archivos de ... Después de su entrada en vigor, este Convenio quedará abierto a la adhesión de los Estados no signatarios. La adhesión se efectuará mediante el depósito del instrumento de adhesión en los archivos de ...

Cualquier Estado podrá declarar, en el momento del depósito de su instrumento de ratificación o adhesión, que su aceptación de este Convenio no se extiende a ...

»Dieses Übereinkommen bedarf der Ratifikation durch die Unterzeichnerstaaten. Die Ratifikationsurkunden werden im Archiv ... hinterlegt. Nach seinem Inkrafttreten steht das Übereinkommen Staaten, die es nicht unterzeichnet haben, zum Beitritt offen. Dieser erfolgt durch Hinterlegung einer Beitrittsurkunde im Archiv ...

Jeder Staat kann bei der Hinterlegung seiner Ratifikations- oder Beitrittsurkunde erklären, daß die Annahme dieses Übereinkommens durch ihn nicht für ... gilt.«

---

40 »adherence / to adhere«: selten; das übliche englische Wort für »Beitritt / beitreten« ist »accession / to accede«.

This Protocol shall be subject to ratification or acceptance by signatory Governments in accordance with their respective constitutional provisions. This Protocol shall be open for accession by any Party to the Principal Agreement which has not signed this Protocol.

Le présent Protocole sera soumis à ratification ou acceptation par les gouvernements signataires, conformément à leurs dispositions constitutionnelles respectives. Le présent Protocole sera ouvert à l'adhésion de toute Partie à l'Accord principal qui n'aura pas signé ce Protocole.

El presente Protocolo será sometido a ratificación o aceptación por los gobiernos signatarios de acuerdo con sus respectivas disposiciones constitucionales. El presente Protocolo quedará abierto a la adhesión de cualquier Parte del Acuerdo principal que no haya firmado el presente Protocolo.

»Dieses Protokoll bedarf der Ratifikation oder Annahme durch die Unterzeichnerregierungen nach Maßgabe ihrer verfassungsrechtlichen Bestimmungen. Das Protokoll steht allen Vertragsparteien des Hauptübereinkommens, die das Protokoll nicht unterzeichnet haben, zum Beitritt offen.«

Ratification and formal confirmation

This Convention is subject to ratification by States and the other entities referred to in article 305, paragraph 1 (b), (c), (d) and (e), and to formal confirmation, in accordance with Annex IX, by the entities referred to in article 305, paragraph 1 (f). The instruments of ratification and of formal confirmation shall be deposited with the Secretary-General of the United Nations.

Accession

This Convention shall remain open for accession by States and the other entities referred to in article 305. Accession by the entities referred to in article 305, paragraph 1 (f), shall be in accordance with Annex IX. The instruments of accession shall be deposited with the Secretary-General of the United Nations.

Ratification et confirmation formelle

La Convention est soumise à ratification par les Etats et les autres entités visées à l'article 305, paragraphe 1, lettres b), c), d) et e), et à confirmation formelle, conformément à l'annexe IX, par les entités visées au paragraphe 1, lettre f), de cet article. Les instruments de ratification et de confirmation formelle sont déposés auprès du Secrétaire général de l'Organisation des Nations Unies.

Adhésion

La Convention reste ouverte à l'adhésion des Etats et des autres entités visées à l'article 305. L'adhésion des entités visées à l'article 305, paragraphe 1, lettre f), est régie par l'annexe IX. Les instruments d'adhésion sont déposés auprès du Secrétaire général de l'Organisation des Nations Unies.

Entry into force

1. This Convention shall enter into force 12 months after the date of deposit of the sixtieth instrument of ratification or accession.

2. For each State ratifying or acceding to this Convention after the deposit of the sixtieth instrument of ratification or accession, the Convention shall enter into force on the thirtieth day following the deposit of its instrument of ratification or accession, subject to paragraph 1.

Entrée en vigueur

1. La Convention entre en vigueur douze mois après la date de dépôt du soixantième instrument de ratification ou d'adhésion.

2. Pour chaque Etat qui ratifie la Convention ou y adhère après le dépôt du soixantième instrument de ratification ou d'adhésion, la Convention entre en vigueur le trentième jour qui suit la date de dépôt de l'instrument de ratification ou d'adhésion, sous réserve du paragraphe 1.

Ratificación y confirmación formal

Esta Convención estará sujeta a ratificación por los Estados y las demás entidades mencionadas en los apartados b), c), d) y e) del párrafo 1 del artículo 305, así como a confirmación formal, con arreglo al Anexo IX, por las entidades mencionadas en el apartado f) del párrafo 1 de ese artículo. Los instrumentos de ratificación y de confirmación formal se depositarán en poder del Secretario General de las Naciones Unidas.

»Ratifikation und förmliche Bestätigung

Dieses Übereinkommen bedarf der Ratifikation durch die Staaten und die anderen in Artikel 305 Absatz 1 Buchstaben b, c, d und e bezeichneten Rechtsträger und der förmlichen Bestätigung in Übereinstimmung mit Anlage IX durch die in Artikel 305 Absatz 1 Buchstabe f bezeichneten Rechtsträger. Die Ratifikationsurkunden und die Urkunden der förmlichen Bestätigung werden beim Generalsekretär der Vereinten Nationen hinterlegt.

Adhesión

Esta Convención quedará abierta a la adhesión de los Estados y las demás entidades mencionadas en el artículo 305. La adhesión de las entidades mencionadas en el apartado f) del párrafo 1 del artículo 305 se efectuará de conformidad con el Anexo IX. Los instrumentos de adhesión se depositarán en poder del Secretario General de las Naciones Unidas.

Beitritt

Dieses Übereinkommen steht den Staaten und den anderen in Artikel 305 bezeichneten Rechtsträgern zum Beitritt offen. Der Beitritt durch die in Artikel 305 Absatz 1 Buchstabe f bezeichneten Rechtsträger erfolgt in Übereinstimmung mit Anlage IX. Die Beitrittsurkunden werden beim Generalsekretär der Vereinten Nationen hinterlegt.

Entrada en vigor	Inkrafttreten
1. Esta Convención entrará en vigor 12 meses después de la fecha en que haya sido depositado el sexagésimo instrumento de ratificación o de adhesión.	(1) Dieses Übereinkommen tritt 12 Monate nach Hinterlegung der sechzigsten Ratifikations- oder Beitrittsurkunde in Kraft.
2. Respecto de cada Estado que ratifique esta Convención o se adhiera a ella después de haber sido depositado el sexagésimo instrumento de ratificación o de adhesión, la Convención entrará en vigor el trigésimo día siguiente a la fecha en que tal Estado haya depositado su instrumento de ratificación o de adhesión, con sujeción a lo dispuesto en el párrafo 1.	(2) Für jeden Staat, der dieses Übereinkommen nach Hinterlegung der sechzigsten Ratifikations- oder Beitrittsurkunde ratifiziert oder ihm beitritt, tritt das Übereinkommen vorbehaltlich des Absatzes 1 am dreißigsten Tag nach Hinterlegung seiner eigenen Ratifikations- oder Beitrittsurkunde in Kraft.«

This Agreement shall be subject to ratification by the signatory States or to their approval in accordance with their constitutional requirements. The instruments of ratification or approval shall be deposited with ... As soon as two of the signatory States have deposited their instruments of ratification or approval of this Agreement, it shall enter into force between them on the thirtieth day after the date of deposit of the second instrument of ratification or approval. It shall enter into force for each State which deposits its instrument of ratification or approval after that date, on the thirtieth day after the date of deposit of such instrument.	Le présent Accord sera soumis à la ratification des Etats signataires ou à leur approbation conformément à leurs exigences constitutionnelles. Les instruments de ratification ou d'approbation seront déposés auprès ... Lorsque le présent Accord réunit les ratifications ou approbations de deux Etats signataires, il entrera en vigueur entre ces Etats le trentième jour qui suivra la date du dépôt du deuxième instrument de ratification ou d'approbation. A l'égard de chaque Etat qui le ratifiera ou l'approuvera par la suite, il entrera en vigueur le trentième jour qui suivra la date du dépôt de son instrument de ratification ou d'approbation.
This Agreement shall remain open for signature for six months after it has entered into force. Thereafter, it shall be open for accession by any non-signatory State member of the ... Commission.	Le présent Accord restera ouvert à la signature pendant les six mois qui suivront son entrée en vigueur. Il restera ensuite ouvert à l'adhésion de tout Etat non signataire membre de la Commission ...

El presente Acuerdo estará sujeto a la ratificación de los Estados signatarios o a su aprobación, de conformidad con sus requisitos constitucionales. Los instrumentos de ratificación o de aprobación se depositarán en ... Cuando dos de los Estados signatarios hayan depositado sus instrumentos de ratificación o de aprobación del presente Acuerdo, éste entrará en vigor entre ellos el trigésimo día siguiente a la fecha de depósito del segundo instrumento de ratificación o de aprobación. Entrará en vigor respecto a cada Estado que deposite su instrumento de ratificación o de aprobación después de dicha fecha, el trigésimo día siguiente a la fecha del depósito de tal instrumento de ratificación o de aprobación.

»Dieses Übereinkommen bedarf der Ratifikation durch die Unterzeichnerstaaten oder ihrer Genehmigung nach Maßgabe ihrer verfassungsrechtlichen Erfordernisse. Die Ratifikations- oder Genehmigungsurkunden werden bei ... hinterlegt. Sobald zwei Unterzeichnerstaaten ihre Ratifikations- oder Genehmigungsurkunden zu dem Übereinkommen hinterlegt haben, tritt es am dreißigsten Tag nach Hinterlegung der zweiten Ratifikations- oder Genehmigungsurkunde zwischen ihnen in Kraft. Für jeden Staat, der das Übereinkommen später ratifiziert oder genehmigt, tritt es am dreißigsten Tag nach Hinterlegung seiner Ratifikations- oder Genehmigungsurkunde in Kraft.

El presente Acuerdo quedará abierto a la firma durante los seis meses siguientes a su entrada en vigor. Posteriormente, quedará abierto a la adhesión de cualquier Estado no signatario miembro de la Comisión ...

Dieses Übereinkommen liegt nach seinem Inkrafttreten noch sechs Monate (lang) zur Unterzeichnung auf. Danach steht es jedem Nichtunterzeichnerstaat, der Mitglied der ...-Kommission ist, zum Beitritt offen.«

This Agreement shall be subject to acceptance by the signatory Governments in accordance with their respective constitutional procedures. Instruments of acceptance shall be deposited with the Government of ... not later than ...

Le présent Accord sera soumis à l'acceptation des gouvernements signataires conformément à leurs procédures constitutionnelles respectives. Les instruments d'acceptation seront déposés auprès du Gouvernement ... au plus tard le ...

This Agreement shall be open for accession by any Government of a country listed in Articles 24 and 25.

Le présent Accord sera ouvert à l'adhésion de tout gouvernement nommé aux articles 24 et 25.

El presente Convenio estará sujeto a la aceptación de los gobiernos signatarios, de conformidad con sus respectivos procedimientos constitucionales. Los instrumentos de aceptación se depositarán en poder del Gobierno de ... a más tardar el ...

»Dieses Übereinkommen bedarf der Annahme durch die Unterzeichnerregierungen nach Maßgabe ihrer verfassungsrechtlichen Verfahren. Die Annahmeurkunden werden bis zum ... bei der Regierung ... hinterlegt.

El presente Convenio quedará abierto a la adhesión del gobierno de cualquier país de los enumerados en los artículos 24 y 25.

Dieses Übereinkommen steht der Regierung jedes in den Artikeln 24 und 25 aufgeführten Staates zum Beitritt offen.«

States may become Parties to the present Protocol by

(a) signature without reservation as to approval,

(b) signature subject to approval followed by acceptance or

(c) acceptance.

Acceptance shall be effected by the deposit of a formal instrument with the Secretary-General of the United Nations.

The present Protocol shall come into force in respect of each Party on the date upon which it has been signed on behalf of that Party without reservation as to approval, or upon which an instrument of acceptance has been deposited.

Les Etats pourront devenir Parties au présent Protocole

(a) en le signant sans réserve quant à l'approbation,

(b) en le signant sous réserve d'approbation, suivie d'acceptation,

(c) en l'acceptant.

L'acceptation s'effectuera par le dépôt d'un instrument formel auprès du Secrétaire général des Nations Unies.

Le présent Protocole entrera en vigueur à l'égard de chaque Partie à la date où celle-ci l'aura signé sans formuler de réserves quant à son approbation, ou à la date à laquelle un instrument d'acceptation aura été déposé.

Los Estados podrán llegar a ser Partes del presente Protocolo

(a) firmándolo sin reserva en cuanto a la aprobación,

»Staaten können Vertragsparteien dieses Protokolls werden,

a) indem sie es ohne Vorbehalt der Genehmigung unterzeichnen,

(b) firmándolo con reserva de aprobación, seguida de aceptación,

(c) aceptándolo.

La aceptación se efectuará mediante el depósito de un instrumento formal ante el Secretario General de las Naciones Unidas.

El presente Protocolo entrará en vigor para cada Parte en la fecha en que lo firme sin reserva en cuanto a la aprobación o deposite un instrumento de aceptación.

b) indem sie es vorbehaltlich der Genehmigung unterzeichnen und später annehmen oder

c) indem sie es annehmen.

Die Annahme erfolgt durch Hinterlegung einer förmlichen Urkunde beim Generalsekretär der Vereinten Nationen.

Dieses Protokoll tritt für jede Vertragspartei mit dem Tag in Kraft, an dem es ohne Vorbehalt der Genehmigung in ihrem Namen unterzeichnet oder an dem eine Annahmeurkunde hinterlegt wird.«

This Constitution shall be open to acceptance by the nations specified in Annex I. The instruments of acceptance shall be transmitted by each Government to the Interim Commission ... Upon the receipt by the Interim Commission of 20 notifications of acceptance, the Interim Commission shall arrange for this Constitution to be signed in a single copy by the diplomatic representatives of the nations having notified their acceptance, and, upon being so signed, this Constitution shall come into force immediately.

Le présent Acte constitutif est ouvert à l'acceptation des Etats énumérés à l'Annexe I. L'instrument d'acceptation sera transmis par chaque gouvernement à la Commission intérimaire de ... Après réception de 20 avis d'acceptation, la Commission intérimaire prendra les dispositions nécessaires pour faire signer le présent Acte constitutif en un seul exemplaire par les représentants diplomatiques des Etats qui auront signifié leur acceptation et, dès qu'il aura été ainsi signé, le présent Acte constitutif entrera immédiatement en vigueur.

Esta Constitución estará abierta a la aceptación de las naciones enumeradas en el Anexo I. Los instrumentos de aceptación serán remitidos por cada Gobierno a la Comisión Interina de ... Al haber recibido veinte notificaciones de aceptación, la Comisión Interina tomará las medidas necesarias para que esta Constitución sea firmada en un solo ejemplar por los representantes diplomáticos de las Naciones que hayan notificado su aceptación, y una vez firmada así, esta Constitución entrará inmediatamente en vigencia.

»Diese Satzung liegt für die in Anlage I aufgeführten Staaten zur Annahme auf. Die Annahmeurkunde einer Regierung wird der Interimskommission ... übermittelt. Nach Eingang von 20 Annahmeerklärungen bei der Interimskommission veranlaßt diese, daß die diplomatischen Vertreter der Staaten, die ihre Annahme notifiziert haben, die Satzung in einer Urschrift unterzeichnen; nach der Unterzeichnung tritt die Satzung unmittelbar in Kraft.«

The initial members of the Organization shall be those States Members of the United Nations which shall have signed this Statute within ninety days after it is opened for signature and shall have deposited an instrument of ratification.

Other members of the Organization shall be those States which deposit an instrument of acceptance of this Statute after their membership has been approved by the Organization.

Les membres fondateurs de l'Organisation sont ceux des Etats Membres des Nations Unies qui signent le présent Statut dans les quatre-vingt-dix jours qui suivent le moment où il est ouvert à la signature, et qui déposent un instrument de ratification.

Les autres membres de l'Organisation sont les Etats qui déposent un instrument d'acceptation du présent Statut, une fois leur admission approuvée par l'Organisation.

Los miembros iniciales de la Organización serán los Estados Miembros de las Naciones Unidas que hayan firmado el presente Estatuto dentro de los noventa días siguientes a la fecha en que se abra a la firma y hayan depositado un instrumento de ratificación.

»Gründungsmitglieder der Organisation sind diejenigen Mitgliedstaaten der Vereinten Nationen, die diese Satzung binnen neunzig Tagen, nachdem sie zur Unterzeichnung aufgelegt worden ist, unterzeichnen und in der Folge eine Ratifikationsurkunde hinterlegen.

Serán también miembros de la Organización los Estados que depositen un instrumento de aceptación del presente Estatuto después de que la Organización haya aprobado su admisión como miembro.

Sonstige Mitglieder der Organisation sind diejenigen Staaten, die eine Annahmeurkunde zu dieser Satzung hinterlegen, nachdem die Organisation ihre Mitgliedschaft genehmigt hat.«

Signature, Ratification, Acceptance, Approval and Accession

Signature, ratification, acceptation, approbation et adhésion

»Unterzeichnung, Ratifikation, Annahme, Genehmigung und Beitritt

1. The present Protocol shall be open for signature at the Headquarters of the Organization from 1 June 1978 to 31 May 1979 and shall thereafter remain open for accession. States may become Parties to the present Protocol by:

1. Le présent Protocole est ouvert à la signature, au siège de l'Organisation, du 1er juin 1978 au 31 mai 1979 et reste ensuite ouvert à l'adhésion. Les Etats peuvent devenir Parties au présent Protocole par:

(1) Dieses Protokoll liegt vom 1. Juni 1978 bis zum 31. Mai 1979 am Sitz der Organisation zur Unterzeichnung und danach zum Beitritt auf. Staaten können Vertragsparteien des Protokolls werden,

(a) signature without reservation as to ratification, acceptance or approval; or

a) signature sans réserve quant à la ratification, l'acceptation ou l'approbation; ou

a) indem sie es ohne Vorbehalt der Ratifikation, Annahme oder Genehmigung unterzeichnen,

(b) signature, subject to ratification, acceptance or approval, followed by ratification or approval; or

b) signature sous réserve de ratification, d'acceptation ou d'approbation, suivie de ratification, d'acceptation ou d'approbation; ou

b) indem sie es vorbehaltlich der Ratifikation, Annahme oder Genehmigung unterzeichnen und später ratifizieren, annehmen oder genehmigen oder

(c) accession.

c) adhésion.

c) indem sie ihm beitreten.

2. Ratification, acceptance, approval or accession shall be effected by the deposit of an instrument to that effect with the Secretary-General of the Organization.

2. La ratification, l'acceptation, l'approbation ou l'adhésion s'effectuent par le dépôt d'un instrument à cet effet auprès du Secrétaire général de l'Organisation.

(2) Die Ratifikation, die Annahme, die Genehmigung oder der Beitritt erfolgt durch Hinterlegung einer entsprechenden Urkunde beim Generalsekretär der Organisation.

Entry into Force

1. The present Protocol shall enter into force twelve months after the date on which not less than fifteen States, the combined merchant fleets of which constitute not less than fifty per cent of the gross tonnage of the world's merchant shipping, have become Parties to it in accordance with Article IV of the present Protocol.

2. Any instrument of ratification, acceptance, approval or accession deposited after the date on which the present Protocol enters into force shall take effect three months after the date of deposit.

3. After the date on which an amendment to the present Protocol is deemed to have been accepted in accordance with Article 16 of the Convention, any instrument of ratification, acceptance, approval or accession deposited shall apply to the present Protocol as amended.

Entrée en vigueur

1. Le présent Protocole entre en vigueur douze mois après la date à laquelle au moins quinze Etats dont les flottes marchandes représentent au total au moins cinquante pour cent du tonnage brut de la flotte mondiale des navires de commerce sont devenus Parties à ce Protocole conformément aux dispositions de son article IV.

2. Tout instrument de ratification, d'acceptation, d'approbation ou d'adhésion déposé après la date d'entrée en vigueur du présent Protocole prend effet trois mois après la date du dépôt.

3. Tout instrument de ratification, d'acceptation, d'approbation ou d'adhésion déposé après la date à laquelle un amendement au présent Protocole est réputé avoir été accepté conformément aux dispositions de l'article 16 de la Convention s'applique au Protocole dans sa forme modifiée.

Inkrafttreten

(1) Dieses Protokoll tritt zwölf Monate nach dem Tag in Kraft, an dem wenigstens fünfzehn Staaten, deren Handelsflotten insgesamt mindestens fünfzig v.H. des Bruttoraumgehalts der Handelsflotte der Welt ausmachen, nach Artikel IV des Protokolls Vertragsparteien geworden sind.

(2) Jede nach dem Inkrafttreten dieses Protokolls hinterlegte Ratifikations-, Annahme-, Genehmigungs- oder Beitrittsurkunde wird drei Monate nach dem Tag ihrer Hinterlegung wirksam.

(3) Nach dem Tag, an dem eine Änderung dieses Protokolls gemäß Artikel 16 des Übereinkommens als angenommen gilt, findet jede hinterlegte Ratifikations-, Annahme-, Genehmigungs-, oder Beitrittsurkunde auf das Protokoll in seiner geänderten Fassung Anwendung.«

Die entsprechenden Bestimmungen des Wiener Vertragsrechtsübereinkommens von 1969 lauten wie folgt:

»**Article 81**

Signature

The present Convention shall be open for signature by all States Members of the United Nations or of any of the specialized agencies or of the International Atomic Energy Agency or parties to the Statute of the International Court of Justice, and by any other State invited by the General Assembly of the United Nations to become a party to the Convention, as follows: until 30 November 1969, at the Federal Ministry for Foreign Affairs of the Republic of Austria, and subsequently, until 30 April 1970, at United Nations Headquarters, New York.

Article 81

Signature

La présente Convention sera ouverte à la signature de tous les Etats Membres de l'Organisation des Nations Unies ou membres d'une institution spécialisée ou de l'Agence internationale de l'énergie atomique, ainsi que de tout Etat partie au Statut de la Cour internationale de Justice et de tout autre Etat invité par l'Assemblée générale des Nations Unies à devenir partie à la Convention, de la manière suivante: jusqu'au 30 novembre 1969 au Ministère fédéral des Affaires étrangères de la République d'Autriche et ensuite jusqu'au 30 avril 1970 au Siège de l'Organisation des Nations Unies à New York.

Article 82

Ratification

The present Convention is subject to ratification. The instruments of ratification shall be deposited with the Secretary-General of the United Nations.

Article 82

Ratification

La présente Convention sera soumise à ratification. Les instruments de ratification seront déposés auprès du Secrétaire général des Nations Unies.

Article 83

Accession

The present Convention shall remain open for accession by any State belonging to any of the categories mentioned in article 81. The instruments of accession shall be deposited with the Secretary-General of the United Nations.

Article 83

Adhésion

La présente Convention restera ouverte à l'adhésion de tout Etat appartenant à l'une des catégories mentionnées à l'article 81. Les instruments d'adhésion seront déposés auprès du Secrétaire général des Nations Unies.

Article 84

Entry into force

1. The present Convention shall enter into force on the thirtieth day following the date of deposit of the thirty-fifth instrument of ratification or accession.

2. For each State ratifying or acceding to the Convention after the deposit of the thirty-fifth instrument of ratification or accession, the Convention shall enter into force on the thirtieth day after deposit by such State of its instrument of ratification or accession.

Article 84

Entrée en vigueur

1. La présente Convention entrera en vigueur le trentième jour qui suivra la date du dépôt du trente-cinquième instrument de ratification ou d'adhésion.

2. Pour chacun des Etats qui ratifieront la Convention ou y adhéreront après le dépôt du trente-cinquième instrument de ratification ou d'adhésion, la Convention entrera en vigueur le trentième jour après le dépôt par cet Etat de son instrument de ratification ou d'adhésion.

Artículo 81

Firma

La presente Convención estará abierta a la firma de todos los Estados Miembros de las Naciones Unidas o miembros de algún organismo especializado o del Organismo Internacional de Energía Atómica, así como de todo Estado parte en el Estatuto de la Corte Internacional de Justicia y de cualquier otro Estado invitado por la Asamblea General de las Naciones Unidas a ser parte en la Convención, de la manera siguiente: hasta el 30 de noviembre de 1969, en el Ministerio Federal de Relaciones Exteriores de la República de Austria, y, después, hasta el 30 de abril de 1970, en la Sede de las Naciones Unidas en Nueva York.

Artikel 81

Unterzeichnung

Dieses Übereinkommen liegt für alle Mitgliedstaaten der Vereinten Nationen, einer ihrer Sonderorganisationen oder der Internationalen Atomenergie-Organisation, für Vertragsparteien des Statuts des Internationalen Gerichtshofs und für jeden anderen Staat, den die Generalversammlung der Vereinten Nationen einlädt, Vertragspartei des Übereinkommens zu werden, wie folgt zur Unterzeichnung auf: bis zum 30. November 1969 im Bundesministerium für Auswärtige Angelegenheiten der Republik Österreich und danach bis zum 30. April 1970 am Sitz der Vereinten Nationen in New York.

Artículo 82

Ratificación

La presente Convención está sujeta a ratificación. Los instrumentos de ratificación se depositarán en poder del Secretario General de las Naciones Unidas.

Artikel 82

Ratifikation

Dieses Übereinkommen bedarf der Ratifikation. Die Ratifikationsurkunden werden beim Generalsekretär der Vereinten Nationen hinterlegt.

Artículo 83

Adhesión

La presente Convención quedará abierta a la adhesión de todo Estado perteneciente a una de las categorías mencionadas en el artículo 81. Los instrumentos de adhesión se depositarán en poder del Secretario General de las Naciones Unidas.

Artikel 83

Beitritt

Dieses Übereinkommen steht jedem Staat zum Beitritt offen, der einer der in Artikel 81 bezeichneten Kategorien angehört. Die Beitrittsurkunden werden beim Generalsekretär der Vereinten Nationen hinterlegt.

Artículo 84

Entrada en vigor

1. La presente Convención entrará en vigor el trigésimo día a partir de la fecha en que haya sido depositado el trigésimo quinto instrumento de ratificación o de adhesión.
2. Para cada Estado que ratifique la Convención o se adhiera a ella después de haber sido depositado el trigésimo quinto instrumento de ratificación o de adhesión, la Convención entrará en vigor el trigésimo día a partir de la fecha en que tal Estado haya depositado su instrumento de ratificación o de adhesion.

Artikel 84

Inkrafttreten

(1) Dieses Übereinkommen tritt am dreißigsten Tag nach Hinterlegung der fünfunddreißigsten Ratifikations- oder Beitrittsurkunde in Kraft.

(2) Für jeden Staat, der nach Hinterlegung der fünfunddreißigsten Ratifikations- oder Beitrittsurkunde das Übereinkommen ratifiziert oder ihm beitritt, tritt es am dreißigsten Tag nach Hinterlegung seiner eigenen Ratifikations- oder Beitrittsurkunde in Kraft.«

(3) **Vorbehalte**

Mehrseitige Übereinkünfte können das Anbringen von **Vorbehalten** vorsehen oder verbieten.

Gegen Vorbehalte können **Einsprüche** erhoben werden.

1. Any State may, at the time of signature or when depositing its instrument of ratification, acceptance, approval or accession, declare that it avails itself of one or more of the reservations provided for in the annex to this Agreement. No other reservation may be made.

1. Tout Etat peut, au moment de la signature ou au moment du dépôt de son instrument de ratification, d'acceptation, d'approbation ou d'adhésion, déclarer faire usage d'une ou plusieurs réserves figurant à l'annexe au présent Accord. Aucune autre réserve n'est admise.

»(1) Jeder Staat kann bei der Unterzeichnung oder bei der Hinterlegung seiner Ratifikations-, Annahme-, Genehmigungs- oder Beitrittsurkunde erklären, daß er von einem oder mehreren der in der Anlage dieses Übereinkommens vorgesehenen Vorbehalte Gebrauch macht. Weitere Vorbehalte sind nicht zulässig.

2. Any Contracting State which has made a reservation under the preceding paragraph may wholly or partly withdraw it by means of a notification addressed to the Secretary General of the Council of Europe. The withdrawal shall take effect on the date of receipt of such notification by the Secretary General.

2. Tout Etat contractant qui a formulé une réserve en vertu du paragraphe précédent peut la retirer en tout ou en partie en adressant une notification au Secrétaire Général du Conseil de l'Europe. Le retrait prendra effet à la date de réception de la notification par le Secrétaire Général.

(2) Jeder Vertragsstaat, der einen Vorbehalt nach Absatz 1 angebracht hat, kann ihn durch eine an den Generalsekretär des Europarats gerichtete Notifikation ganz oder teilweise zurücknehmen. Die Rücknahme wird mit dem Eingang der Notifikation beim Generalsekretär wirksam.«

Reservations may not be made with respect to any of the provisions of this Agreement.

Aucune des dispositions du présent Accord ne peut faire l'objet de réserves.

»Vorbehalte zu diesem Übereinkommen sind nicht zulässig.«

No reservations or exceptions may be made to this Convention unless expressly permitted by other articles of this Convention.

La Convention n'admet ni réserves ni exceptions autres que celles qu'elle autorise expressément dans d'autres articles.

No se podrán formular reservas ni excepciones a esta Convención, salvo las expresamente autorizadas por otros artículos de la misma.

»Vorbehalte und Ausnahmen zu diesem Übereinkommen sind nur zulässig, wenn sie ausdrücklich in anderen Artikeln des Übereinkommens vorgesehen sind.«

Die entsprechenden Bestimmungen des Wiener Vertragsrechtsübereinkommens von 1969 lauten wie folgt:

»Article 19

Formulation of reservations

A State may, when signing, ratifying, accepting, approving or acceding to a treaty, formulate a reservation unless:

(a) the reservation is prohibited by the treaty;

(b) the treaty provides that only specified reservations, which do not include the reservation in question, may be made; or

(c) in cases not falling under sub-paragraphs (a) and (b), the reservation is incompatible with the object and purpose of the treaty.

Article 20

Acceptance of and objection to reservations

1. A reservation expressly authorized by a treaty does not require any subsequent acceptance by the other contracting States unless the treaty so provides.

Article 19

Formulation des réserves

Un Etat, au moment de signer, de ratifier, d'accepter, d'approuver un traité ou d'y adhérer, peut formuler une réserve, à moins:

a) que la réserve ne soit interdite par le traité;

b) que le traité ne dispose que seules des réserves déterminées, parmi lesquelles ne figure pas la réserve en question, peuvent être faites; ou

c) que, dans les cas autres que ceux visés aux alinéas a) et b), la réserve ne soit incompatible avec l'objet et le but du traité.

Article 20

Acceptation des réserves et objections aux réserves

1. Une réserve expressément autorisée par un traité n'a pas à être ultérieurement acceptée par les autres Etats contractants, à moins que le traité ne le prévoie.

2. When it appears from the limited number of the negotiating States and the object and purpose of a treaty that the application of the treaty in its entirety between all the parties is an essential condition of the consent of each one to be bound by the treaty, a reservation requires acceptance by all the parties.

3. When a treaty is a constituent instrument of an international organization and unless it otherwise provides, a reservation requires the acceptance of the competent organ of that organization.

4. In cases not falling under the preceding paragraphs and unless the treaty otherwise provides:

a) acceptance by another contracting State of a reservation constitutes the reserving State a party to the treaty in relation to that other State if or when the treaty is in force for those States;

(b) an objection by another contracting State to a reservation does not preclude the entry into force of the treaty as between the objecting and reserving States unless a contrary intention is definitely expressed by the objecting State;

(c) an act expressing a State's consent to be bound by the treaty and containing a reservation is effective as soon as at least one other contracting State has accepted the reservation.

2. Lorsqu'il ressort du nombre restreint des Etats ayant participé à la négociation, ainsi que de l'objet et du but d'un traité, que l'application du traité dans son intégralité entre toutes les parties est une condition essentielle du consentement de chacune d'elles à être liée par le traité, une réserve doit être acceptée par toutes les parties.

3. Lorsqu'un traité est un acte constitutif d'une organisation internationale et à moins qu'il n'en dispose autrement, une réserve exige l'acceptation de l'organe compétent de cette organisation.

4. Dans les cas autres que ceux visés aux paragraphes précédents et à moins que le traité n'en dispose autrement:

a) l'acceptation d'une réserve par un autre Etat contractant fait de l'Etat auteur de la réserve une partie au traité par rapport à cet autre Etat si le traité est en vigueur ou lorsqu'il entre en vigueur pour ces Etats;

b) l'objection faite à une réserve par un autre Etat contractant n'empêche pas le traité d'entrer en vigueur entre l'Etat qui a formulé l'objection et l'Etat auteur de la réserve, à moins que l'intention contraire n'ait été nettement exprimée par l'Etat qui a formulé l'objection;

c) un acte exprimant le consentement d'un Etat à être lié par le traité et contenant une réserve prend effet dès qu'au moins un autre Etat contractant a accepté la réserve.

5. For the purposes of paragraphs 2 and 4 and unless the treaty otherwise provides, a reservation is considered to have been accepted by a State if it shall have raised no objection to the reservation by the end of a period of twelve months after it was notified of the reservation or by the date on which it expressed its consent to be bound by the treaty, whichever is later.

5. Aux fins des paragraphes 2 et 4 et à moins que le traité n'en dispose autrement, une réserve est réputée avoir été acceptée par un Etat si ce dernier n'a pas formulé d'objection à la réserve soit à l'expiration des douze mois qui suivent la date à laquelle il en a reçu notification, soit à la date à laquelle il a exprimé son consentement à être lié par le traité, si celle-ci est postérieure.

<u>Artículo 19</u>

Formulación de reservas

Un Estado podrá formular una reserva en el momento de firmar, ratificar, aceptar o aprobar un tratado o de adherirse al mismo, a menos:

a) que la reserva esté prohibida por el tratado;

b) que el tratado disponga que únicamente pueden hacerse determinadas reservas, entre las cuales no figure la reserva de que se trate; o

c) que, en los casos no previstos en los apartados a) y b), la reserva sea incompatible con el objeto y el fin del tratado.

<u>Artikel 19</u>

Anbringen von Vorbehalten

Ein Staat kann bei der Unterzeichnung, Ratifikation, Annahme oder Genehmigung eines Vertrags oder beim Beitritt einen Vorbehalt anbringen, sofern nicht

a) der Vertrag den Vorbehalt verbietet;

b) der Vertrag vorsieht, daß nur bestimmte Vorbehalte gemacht werden dürfen, zu denen der betreffende Vorbehalt nicht gehört, oder

c) in den unter Buchstabe a oder b nicht bezeichneten Fällen der Vorbehalt mit Ziel und Zweck des Vertrags unvereinbar ist.

<u>Artículo 20</u>

Aceptación de las reservas y objeción a las reservas

1. Una reserva expresamente autorizada por el tratado no exigirá la aceptación ulterior de los demás Estados contratantes, a menos que el tratado así lo disponga.

<u>Artikel 20</u>

Annahme von Vorbehalten und Einsprüche gegen Vorbehalte

(1) Ein durch einen Vertrag ausdrücklich zugelassener Vorbehalt bedarf der nachträglichen Annahme durch die anderen Vertragsstaaten nur, wenn der Vertrag dies vorsieht.

2. Cuando del número reducido de Estados negociadores y del objeto y del fin del tratado se desprenda que la aplicación del tratado en su integridad entre todas las partes es condición esencial del consentimiento de cada una de ellas en obligarse por el tratado, una reserva exigirá la aceptación de todas las partes.

(2) Geht aus der begrenzten Zahl der Verhandlungsstaaten sowie aus Ziel und Zweck eines Vertrags hervor, daß die Anwendung des Vertrags in seiner Gesamtheit zwischen allen Vertragsparteien eine wesentliche Voraussetzung für die Zustimmung jeder Vertragspartei ist, durch den Vertrag gebunden zu sein, so bedarf ein Vorbehalt der Annahme durch alle Vertragsparteien.

3. Cuando el tratado sea un instrumento constitutivo de una organización internacional y a menos que en él se disponga otra cosa, una reserva exigirá la aceptación del órgano competente de esa organización.

(3) Bildet ein Vertrag die Gründungsurkunde einer internationalen Organisation und sieht er nichts anderes vor, so bedarf ein Vorbehalt der Annahme durch das zuständige Organ der Organisation.

4. En los casos no previstos en los párrafos precedentes y a menos que el tratado disponga otra cosa:

(4) In den nicht in den Absätzen 1 bis 3 bezeichneten Fällen und sofern der Vertrag nichts anderes vorsieht,

a) la aceptación de una reserva por otro Estado contratante constituirá al Estado autor de la reserva en parte en el tratado en relación con ese Estado si el tratado ya está en vigor o cuando entre en vigor para esos Estados;

a) macht die Annahme eines Vorbehalts durch einen anderen Vertragsstaat den den Vorbehalt anbringenden Staat zur Vertragspartei im Verhältnis zu jenem anderen Staat, sofern der Vertrag für diese Staaten in Kraft getreten ist oder sobald er für sie in Kraft tritt;

b) la objeción hecha por otro Estado contratante a una reserva no impedirá la entrada en vigor del tratado entre el Estado que haya hecho la objeción y el Estado autor de la reserva, a menos que el Estado autor de la objeción manifieste inequívocamente la intención contraria;

b) schließt der Einspruch eines anderen Vertragsstaats gegen einen Vorbehalt das Inkrafttreten des Vertrags zwischen dem den Einspruch erhebenden und dem den Vorbehalt anbringenden Staat nicht aus, sofern nicht der den Einspruch erhebende Staat seine gegenteilige Absicht eindeutig zum Ausdruck bringt;

c) un acto por el que un Estado manifieste su consentimiento en obligarse por un tratado y que contenga una reserva surtirá efecto en cuanto acepte la reserva al menos otro Estado contratante.

c) wird eine Handlung, mit der die Zustimmung eines Staates, durch den Vertrag gebunden zu sein, ausgedrückt wird und die einen Vorbehalt in sich schließt, wirksam, sobald mindestens ein anderer Vertragsstaat den Vorbehalt angenommen hat.

5. Para los efectos de los párrafos 2 y 4, y a menos que el tratado disponga otra cosa, se considerará que una reserva ha sido aceptada por un Estado cuando éste no ha formulado ninguna objeción a la reserva dentro de los doce meses siguientes a la fecha en que haya recibido la notificación de la reserva o en la fecha en que haya manifestado su consentimiento en obligarse por el tratado, si esta última es posterior.

(5) Im Sinne der Absätze 2 und 4 und sofern der Vertrag nichts anderes vorsieht, gilt ein Vorbehalt als von einem Staat angenommen, wenn dieser bis zum Ablauf von zwölf Monaten, nachdem ihm der Vorbehalt notifiziert worden ist, oder bis zu dem Zeitpunkt, wenn dies der spätere ist, in dem er seine Zustimmung ausgedrückt hat, durch den Vertrag gebunden zu sein, keinen Einspruch gegen den Vorbehalt erhebt.«

(4) Es entsprechen sich folgende Bezeichnungen und Wendungen:

to accede; accession	adhérer; adhésion	adherir(se); adhesión

»beitreten; Beitritt«

to accept; acceptance	accepter; acceptation	aceptar; aceptación

»annehmen; Annahme«

in accordance with their respective constitutional (national, domestic, internal) procedures	conformément à leurs procédures constitutionnelles (nationales, internes) respectives	de conformidad con sus respectivos procedimientos constitucionales (internos)

»nach Maßgabe ihrer verfassungsrechtlichen (innerstaatlichen) Verfahren«

... processes	... procédés constitutionnels respectifs	... procedimientos ...

»... Gepflogenheiten«

... provisions	... dispositions ...	... respectivas disposiciones constitucionales (internas)

»... Bestimmungen«

... requirements	... exigences (conditions) ...	... respectivas exigencias (condiciones) constitucionales (internas); ... respectivos requisitos ...

»... Voraussetzungen (Erfordernisse)«

... rules	... règles ...	... reglamentos ...

»... Vorschriften«

to adhere; adherence (selten)	adhérer; adhésion	adherir(se); adhesión

»beitreten; Beitritt«

to adopt; adoption	adopter; adoption	adoptar, adopción

»annehmen, beschließen; Annahme, Annehmen, Beschlußfassung«

to approve; approval	approuver; approbation	aprobar; aprobación

»genehmigen; Genehmigung«

the archives	les archives	los archivos

»das Archiv«[41]

confirmation	confirmation	confirmación

»Bestätigung«

consent	consentement	consentimiento

»Zustimmung«

41 Der Plural »die Archive« wird nur bei Vorschriften über die Unverletzlichkeit der Archive verwendet.

deposit (of instruments)	**dépôt (d'instruments)**	**depósito (de instrumentos)**
»Hinterlegung« (von Urkunden)		
to deposit (instrument of accession u.ä.)	**déposer (instrument d'adhésion u.ä.)**	**depositar (instrumento de adhesión u.ä.)**
(Beitrittsurkunde u.ä.) »hinterlegen«		
to become effective[42] (accession u.ä.)	**prendre effet (adhésion u.ä.)**	**surtir efecto, producir efectos (adhesión u.ä.)**
»wirksam werden« (Beitritt u.ä.)		
to become effective[42] (treaty u.ä.)	**entrer en vigueur (traité u.ä.)**	**entrar en vigor, entrar en vigencia (tratado u.ä.)**
»in Kraft treten« (Vertrag u.ä.)		
to enter (come) into force	**entrer en vigueur**	**entrar en vigor, entrar en vigencia**
»in Kraft treten«		
entry into force	**entrée en vigueur**	**entrada en vigor, entrada en vigencia**
»(das) Inkrafttreten«		

42 In englischen Texten erscheint manchmal die Wendung »the effective date« (of a treaty), (of an accession). Dies ist der »Tag des Inkrafttretens« (eines Vertrags u.ä.), der »Tag des Wirksamwerdens« (eines Beitritts u.ä.).

exchange (of instruments)	échange (d'instruments)	canje (de instrumentos)

»Austausch« (von Urkunden)

to exchange (instruments of ratification u.ä.)	échanger (instruments de ratification u.ä.)	canjear (instrumentos de ratificación u.ä.)

(Ratifikationsurkunden u.ä.) »austauschen«

formal confirmation	confirmation formelle	confirmación formal

»förmliche Bestätigung«

shall remain open for accession	reste(ra) ouvert à l'adhésion	queda(rá) abierto a la adhesión

»steht ... zum Beitritt offen«[43]

objection (to a reservation)	objection (à une réserve)	objeción (a una reserva)

»Einspruch« (gegen einen Vorbehalt)

shall be open for signature	est (sera) ouvert à la signature	está (estará) abierto a la firma

»liegt ... zur Unterzeichnung auf«[43]

provisional reservation	réserve d'attente	reserva provisional

»einstweiliger Vorbehalt«

to ratify; ratification	ratifier; ratification	ratificar; ratificación

»ratifizieren; Ratifikation«

43 siehe Fußnote 39 auf S. 135

to remain (continue) in force | **rester en vigueur** | **quedar en vigor; seguir rigiendo**

»in Kraft bleiben«

reservation | **réserve** | **reserva**

»Vorbehalt«

to sign; signature | **signer; signature** | **firmar; firma**

»unterzeichnen, unterschreiben; Unterzeichnung, Unterschrift«

to take effect[44] **(accession u.ä.) (treaty u.ä.)** | **produire ses effets (adhésion u.ä.) (traité u.ä.)** | **surtir efecto, producir efectos (adhesión u.ä.) (tratado u.ä.)**

»wirksam werden« (Beitritt u.ä.); »in Kraft treten« (Vertrag u.ä.)

§ 27 - Geltungsdauer; Handhabungen während der Gültigkeit

(1) Die meisten Übereinkünfte, insbesondere die mehrseitigen, enthalten Bestimmungen über ihre **Geltungsdauer** sowie über Akte, die während ihrer Gültigkeit vorgenommen werden können oder müssen. Hierzu gehören Vorgänge folgender Art: die **Hinterlegung** bei einer Verwahrregierung oder einem sonstigen **Verwahrer**, die **Registrierung** bei den Vereinten Nationen und möglicherweise bei einer anderen Organisation, die **Übermittlung von Abschriften**, die **Verlängerung**, die **Änderung**, **Revision**, **Erneuerung** oder **Ablösung** sowie die verschiedenen **Benachrichtigungen**, meist in Form von Notifikationen, welche der Verwahrstaat oder der sonstige Verwahrer vorzunehmen hat. Auch werden in fast jeder Übereinkunft die **Sprachen** bezeichnet, in denen sie verbindlich ist.[45]

44 siehe Fußnote 42 auf S. 156

45 siehe Fußnoten 36 und 37 auf S. 130

(2) Geltungsdauer

»Dieses Abkommen bleibt bis zum ...[46] in Kraft.«

The present Agreement shall remain in force until and including ...

oder:

oder:

Le présent Accord restera en vigueur jusqu'au ... inclusivement.

El presente Acuerdo permanecerá en vigor hasta el ... inclusive.

»Dieses Übereinkommen bleibt auf unbegrenzte Zeit in Kraft.«

This Agreement shall continue in effect for an unlimited period.

This Convention shall remain in force indefinitely.

Cet Accord restera en vigueur pour une durée illimitée.

Este Acuerdo permanecerá en vigor por tiempo indefinido.

Cette Convention demeurera en vigueur sans limitation de durée.

Este Convenio permanecerá en vigor sin limitación de duración.

This Treaty shall be concluded for an unlimited period.

Le présent Traité est conclu pour une durée illimitée.

El presente Tratado se concierta por tiempo indefinido.

»Dieser Vertrag wird auf unbegrenzte Zeit geschlossen.«

This Convention shall be of unlimited duration.

La présente Convention a une durée illimitée.

46 nicht »einschließlich«; das jeweilige Datum gilt entsprechend den deutschen Fristenregelungen als letzter Geltungstag.

La presente Convención tendrá una duración ilimitada.

»Die Geltungsdauer dieses Übereinkommens ist unbegrenzt.«

The duration[47] of the present Convention shall be five years from the date specified in the first paragraph of Article 28 of this Convention.

La présente Convention sera valable pendant cinq ans à partir de la date indiquée à l'article 28, alinéa 1er, de la présente Convention.

La validez de la presente Convención será de cinco años, contados a partir de la fecha indicada en el artículo 28, párrafo 1°, de la presente Convención.

»Die Geltungsdauer dieses Übereinkommens beträgt fünf Jahre, von dem in Artikel 28 Absatz 1 bezeichneten Zeitpunkt an gerechnet.«

The present Convention shall remain in force for five years from the date of its entry into force in accordance with the first paragraph of article 27, even for States which have ratified it or acceded to it subsequently.

La présente Convention aura une durée de cinq ans à partir de la date de son entrée en vigueur conformément à l'article 27, alinéa premier, même pour les Etats qui l'auront ratifiée ou y auront adhéré postérieurement.

»Dieses Übereinkommen gilt für die Dauer von fünf Jahren, vom Tag seines Inkrafttretens nach Artikel 27 Absatz 1 an gerechnet, und zwar auch für die Staaten, die es später ratifizieren oder ihm später beitreten.

If there has been no denunciation, it shall be renewed tacitly every five years.

La Convention sera renouvelée tacitement de cinq en cinq ans, sauf dénonciation.

Die Geltungsdauer des Übereinkommens verlängert sich, außer im Fall der Kündigung, stillschweigend um jeweils fünf Jahre.«

47 manchmal: »period of validity«

Gültigkeit und **Weitergeltung** von Verträgen werden auch im Wiener Vertragsrechtsübereinkommen von 1969 behandelt:

»Article 42

Validity and continuance in force of treaties

1. The validity of a treaty or of the consent of a State to be bound by a treaty may be impeached only through the application of the present Convention ...

Article 42

Validité et maintien en vigueur des traités

1. La validité d'un traité ou du consentement d'un Etat à être lié par un traité ne peut être contestée qu'en application de la présente Convention ...

Artículo 42

Validez y continuación en vigor de los tratados

1. La validez de un tratado o del consentimiento de un Estado en obligarse por un tratado no podrá ser impugnada sino mediante la aplicación de la presente Convención ...

Artikel 42

Gültigkeit und Weitergeltung von Verträgen

(1) Die Gültigkeit eines Vertrags oder der Zustimmung eines Staates, durch einen Vertrag gebunden zu sein, kann nur in Anwendung dieses Übereinkommens angefochten werden ...«

(3) Hinterlegung, Abschriften, Sprachen, Registrierung

The original of this Convention drawn up in the Chinese, English, French, Russian and Spanish languages, each being equally authentic, shall be deposited in the archives of the ... Government. Duly certified copies of this Convention shall be transmitted by the depositary Government to the Governments of the signatory States and to the Governments of States admitted to membership.

L'original de la présente Convention, rédigée en anglais, chinois, espagnol, français et russe, chaque texte faisant également foi, sera déposé dans les archives du Gouvernement ... Des copies dûment certifiées conformes en seront transmises par le Gouvernement dépositaire aux gouvernements des Etats signataires et aux gouvernements des Etats admis comme membres.

El original del presente Convenio, redactado en los idiomas chino, español, francés, inglés y ruso, siendo igualmente auténtico cada uno de los textos, será depositado en los archivos del Gobierno de ... El Gobierno depositario transmitirá copias debidamente certificadas del presente Convenio a los Gobiernos de los Estados signatarios y a los Gobiernos de los Estados que hayan sido admitidos como miembros.

»Die Urschrift dieses Übereinkommens, das in chinesischer, englischer, französischer, russischer und spanischer Sprache abgefaßt ist, wobei jeder Wortlaut gleichermaßen verbindlich ist, wird im Archiv der ... Regierung hinterlegt. Die Verwahrregierung übermittelt gehörig beglaubigte Abschriften an die Regierungen der Unterzeichnerstaaten sowie der Staaten, die als Mitglieder aufgenommen werden.«

As soon as this Convention comes into force, it shall be registered with the United Nations by the Depositary Government.

Dès son entrée en vigueur, la présente Convention sera enregistrée auprès de l'Organisation des Nations Unies par le Gouvernement dépositaire.

Tan pronto como entre en vigor el presente Convenio será registrado en la Organización de las Naciones Unidas por el Gobierno Depositario.

»Die Verwahrregierung läßt dieses Übereinkommen sogleich nach seinem Inkrafttreten bei den Vereinten Nationen registrieren.«

The present Agreement, any amendments to it or any exchange of notes under paragraph (2) of Article 2 of the present Agreement shall be communicated to ... for registration.

Le présent Accord, tous ses amendements et tout échange de notes effectué conformément à l'article 2, paragraphe (2), seront communiqués pour enregistrement à ...

Este Acuerdo, cualquier enmienda que se haga en el mismo y cualquier intercambio de notas de acuerdo con el párrafo (2) del Artículo 2 de este Acuerdo serán comunicados a ... para su registro.

»Dieses Übereinkommen, alle seine Änderungen und jeder Notenwechsel nach Artikel 2 Absatz 2 werden ... zur Registrierung mitgeteilt.«

---

1. The present Convention and the Regulations shall be deposited with the Organization, and the Secretary-General shall transmit certified true copies thereof to all Governments of States that have signed this Convention or acceded to it.

2. When the present Convention enters into force, the text shall be transmitted by the Secretary-General to the Secretariat of the United Nations for registration and publication in accordance with Article 102 of the Charter of the United Nations.

1. La présente Convention et le Règlement sont déposés auprès de l'Organisation, et le Secrétaire général en transmet des copies certifiées conformes aux gouvernements de tous les Etats qui ont signé la présente Convention ou y ont adhéré.

2. Lors de l'entrée en vigueur de la présente Convention, le Secrétaire général en transmet le texte au Secrétariat de l'Organisation des Nations Unies en vue de son enregistrement et de sa publication, conformément à l'Article 102 de la Charte des Nations Unies.

»(1) Dieses Übereinkommen und die Regeln werden bei der Organisation hinterlegt; der Generalsekretär übermittelt den Regierungen aller Staaten, die das Übereinkommen unterzeichnet haben oder ihm beigetreten sind, beglaubigte Abschriften.

(2) Sobald dieses Übereinkommen in Kraft tritt, übermittelt der Generalsekretär dem Sekretariat der Vereinten Nationen den Wortlaut zur Registrierung und Veröffentlichung nach Artikel 102 der Charta der Vereinten Nationen.«

(4) **Verlängerung, Änderung, Revision, Erneuerung, Ablösung**

Except in the event of denunciation, the present Convention shall be tacitly extended for successive periods of five years.

La Convention sera prolongée tacitement de cinq ans en cinq ans, sauf dénonciation.

La Convención se prorrogará por tácita reconducción por períodos sucesivos de cinco años, salvo en el caso de denuncia.

»Das Übereinkommen wird - außer im Fall der Kündigung - um jeweils fünf Jahre stillschweigend verlängert.«

Das Wiener Übereinkommen über das Recht der Verträge unterscheidet zwischen der **»Änderung«** (»amendment / amendement / enmienda«) von Verträgen, an der sich alle Vertragsparteien beteiligen (können), und der - selteneren - **»Modifikation«** (»modification / modificación«) mehrseitiger Verträge, bei der zwei oder mehr Vertragsparteien eine Übereinkunft schließen, um den Vertrag ausschließlich im Verhältnis zueinander zu modifizieren.

In der Praxis werden allerdings beide Ausdrücke häufig im Sinn von »Änderung« verwendet. Auch in ein und derselben, in mehreren Fremdsprachen abgefaßten Übereinkunft heißt es bisweilen im Englischen »amendment«, im Französischen »modification«. In solchen Fällen muß es in der deutschen Übersetzung stets **»Änderung«** heißen. Dies gilt auch für die entsprechenden Verben.

Texts of proposed amendments to the Convention shall be communicated by the Secretary-General to Members at least six months in advance of their consideration by the Assembly. Amendments shall be adopted by a two-thirds majority vote of the Assembly. Twelve months after its acceptance by two-thirds of the Members of the Organization, other than Associate Members, each amendment shall come into force for all Members except those which, before it comes into force, make a declaration that they do not accept the amendment. The Assembly may by a two-thirds majority vote determine at the time of its adoption that an amendment is of such a nature that any Member which has made such a declaration and which does not accept the amendment within a period of twelve months after the amendment comes into force shall, upon the expiration of this period, cease to be a party to the Convention.

Les textes des projets d'amendements à la Convention sont communiqués aux Membres par le Secrétaire général six mois au moins avant qu'ils ne soient soumis à l'examen de l'Assemblée. Les amendements sont adoptés par l'Assemblée à la majorité des deux tiers des voix. Douze mois après son approbation par les deux tiers des Membres de l'Organisation, non compris les Membres associés, chaque amendement entre en vigueur pour tous les Membres à l'exception de ceux qui, avant son entrée en vigueur, ont fait une déclaration aux termes de laquelle ils n'approuvent pas ledit amendement. L'Assemblée peut spécifier à la majorité des deux tiers, au moment de l'adoption d'un amendement, que celui-ci est d'une nature telle que tout Membre qui aura fait une semblable déclaration et qui n'aura pas accepté l'amendement dans un délai de douze mois à dater de son entrée en vigueur cessera, à l'expiration de ce délai, d'être Partie à la Convention.

Los textos de los proyectos de enmiendas a la presente Convención serán comunicados a los Miembros por el Secretario General, con seis meses, por lo menos, de anticipación a su consideración por la Asamblea. Las enmiendas serán adoptadas por la Asamblea por mayoría de dos tercios de votos. Doce meses después de su aceptación por dos tercios de los Miembros de la Organización, excluidos los Miembros Asociados, la enmienda entrará en vigor, para todos los Miembros, con excepción de aquéllos que con anterioridad a su entrada en vigor declararan que no aceptan dicha enmienda. La Asamblea podrá determinar por mayoría de dos tercios de votos, en el momento de la adopción de una enmienda, que

»Änderungsvorschläge zu dem Übereinkommen werden den Mitgliedern vom Generalsekretär mindestens sechs Monate vor ihrer Beratung durch die Versammlung übermittelt. Änderungen werden mit Zweidrittelmehrheit der Versammlung beschlossen. Jede Änderung tritt zwölf Monate nach ihrer Annahme durch zwei Drittel der ordentlichen Mitglieder der Organisation für alle Mitglieder in Kraft, mit Ausnahme derjenigen, die vor dem Inkrafttreten der Änderung erklären, daß sie diese nicht annehmen. Die Versammlung kann bei der Beschlußfassung über eine Änderung diese mit Zweidrittelmehrheit für so schwerwiegend erklären, daß ein Mitglied, das eine solche Erklärung abgegeben hat und die Änderung nicht binnen zwölf

ésta es de tal naturaleza que todo Miembro que haya formulado tal declaración y que no haya aceptado la enmienda en un plazo de doce meses a partir de la fecha de su entrada en vigor, cesará, a la expiración de dicho plazo, de ser parte de la Convención.

Monaten nach ihrem Inkrafttreten annimmt, mit Ablauf dieser Frist aufhört, Vertragspartei des Übereinkommens zu sein.«

Das Wort **»Revision«** wird manchmal im Sinn von »Änderung« und manchmal im Sinn von »Erneuerung« verwendet.

Any Contracting Party may request a revision of this Convention at any time by a notification addressed to the Secretary-General. The Secretary-General shall transmit the notification to each Contracting Party with a request that such Contracting Party reply within four months whether it desires the convening of a Conference to consider the proposed revision.

Toute Partie contractante pourra demander en tout temps par notification adressée au Secrétaire général la révision de la présente Convention. Le Secrétaire général transmettra cette notification à chacune des Parties contractantes en l'invitant à lui faire savoir, dans les quatre mois, si elle est favorable à la réunion d'une conférence qui étudierait la révision proposée.

Toda Parte Contratante podrá pedir en cualquier momento la revisión de la presente Convención, mediante notificación dirigida al Secretario General. El Secretario General transmitirá dicha notificación a cada una de las Partes Contratantes y le pedirá que manifieste dentro de un plazo de cuatro meses si desea la convocatoria de una conferencia para considerar la revisión propuesta.

»Eine Vertragspartei kann jederzeit durch eine an den Generalsekretär gerichtete Notifikation die Revision dieses Übereinkommens beantragen. Der Generalsekretär übermittelt jeder Vertragspartei die Notifikation mit dem Ersuchen, ihm binnen vier Monaten mitzuteilen, ob die Einberufung einer Konferenz zur Beratung der vorgeschlagenen Revision für wünschenswert gehalten wird.«

---

1. The Council shall, at such time as it considers appropriate, communicate to the member countries its recommendations regarding renewal or replacement of this Agreement.

1. Le Conseil adressera aux pays membres, au moment qu'il jugera opportun, ses recommandations concernant le renouvellement ou le remplacement du présent Accord.

2. The Council may, by a majority of the votes held by the member countries, recommend an amendment of this Agreement to the member countries.

2. Le Conseil peut, à la majorité des voix détenues par les pays membres, recommander aux pays membres un amendement au présent Accord.

1. El Consejo, en la fecha que estime oportuna, comunicará a los países miembros sus recomendaciones respecto a la renovación o a la sustitución del presente Convenio.

2. El Consejo, por mayoría de votos que tengan los países miembros, podrá recomendar a los países miembros una enmienda al presente Convenio.

»(1) Der Rat übermittelt zu einem von ihm für geeignet gehaltenen Zeitpunkt den Mitgliedstaaten seine Empfehlungen über die Erneuerung oder Ablösung dieses Übereinkommens.

(2) Der Rat kann den Mitgliedstaaten mit der Mehrheit der diesen Staaten zustehenden Stimmen eine Änderung dieses Übereinkommens empfehlen.«

»Tritt ein von den Vertragsparteien angenommenes allgemeines mehrseitiges Luftverkehrsübereinkommen in Kraft, so gehen dessen Bestimmungen vor. Erörterungen über die Feststellung, inwieweit ein mehrseitiges Übereinkommen dieses Abkommen beendet, ablöst, ändert oder ergänzt, finden nach Artikel 15 statt.«

In the event of a general multilateral air transport convention accepted by the Contracting Parties entering into force, the provisions of such convention shall prevail. Any discussions with a view to determining the extent to which the present Agreement is terminated, superseded, amended or supplemented by the provisions of the multilateral convention, shall take place in accordance with Article 15 of the present Agreement.

oder:

En cas d'entrée en vigueur d'une convention multilatérale générale sur les transports aériens acceptée par les Parties contractantes, les dispositions de cette convention primeront celles du présent Accord. Les pourparlers tendant à établir dans quelle mesure la convention multilatérale éteint, remplace, amende ou complète le présent Accord, auront lieu conformément à l'Article 15 du présent Accord.

oder:

En el caso de que entrase en vigor un convenio general multilateral sobre el transporte aéreo, aceptado por ambas Partes Contratantes, prevalecerán las cláusulas del convenio multilateral. Todas las discusiones con el fin de determinar hasta qué punto el presente Acuerdo será terminado, sustituido, enmendado o completado por las cláusulas del convenio multilateral, se efectuarán de acuerdo con el Artículo 15 del presente Acuerdo.

(5) Bei der Übersetzung von Bestimmungen über eine **Änderung** von Übereinkünften sollten die in den nachstehenden Beispielen wiedergegebenen Formulierungen verwendet werden. Sie lehnen sich weitgehend an die deutsche Gesetzessprache an.

Article 23 of the Convention is amended as follows:	**L'article 23 de la Convention est amendé comme suit:**

»Artikel 23 des Übereinkommens wird wie folgt geändert:«

Article I of the Convention is amended as follows:	**L'article I de la Convention est amendé comme suit:**
1. Paragraph 1 is replaced by the following text: ...	**1. Le paragraphe 1 est remplacé par le texte ci-après: ...**
2. After paragraph 9 a new paragraph is inserted reading as follows: ...	**2. Après le paragraphe 9, un nouveau paragraphe est inséré comme suit: ...**

»Artikel I des Übereinkommens wird wie folgt geändert:

1. Nummer 1 wird durch folgenden Wortlaut ersetzt: ...

2. Nach Nummer 9 wird eine neue Nummer eingefügt, die wie folgt lautet: ...«

Rule 1 (c)	**Règle 1, paragraphe c**
Amend to read:	**Modifier ce paragraphe comme suit:**

»Regel 1 Buchstabe c

Der Buchstabe wird wie folgt geändert:«

Amend sub-paragraph 2.1.1 to read:	**Modifier l'alinéa 2.1.1 comme suit:**

»Absatz 2.1.1 wird wie folgt geändert:«

Article 7, paragraph 2 shall read as follows:	**Le paragraphe 2 de l'article 7 est rédigé comme suit:**

»Artikel 7 Absatz 2 erhält folgenden Wortlaut (lautet wie folgt, erhält folgende Fassung):«

Replace the sentence immediately before sub-paragraphs (i) to (vi) by the following:

Remplacer la phrase qui précède immédiatement les alinéas i) à vi) par ce qui suit:

»Der Satz unmittelbar vor den Ziffern i bis vi wird durch folgenden Wortlaut ersetzt:«

Rule 2, paragraph 1, first sentence, of the Implementing Regulations to the Convention shall be amended to read as follows:

La règle 2, paragraphe 1, première phrase du règlement d'exécution de la Convention est remplacée par le texte suivant:

»Regel 2 Absatz 1 Satz 1 der Ausführungsordnung zum Übereinkommen erhält folgende Fassung:«

The heading to Articles 4 to 9 of the Convention is amended by deleting the words »and indemnification«.

Le titre précédant les articles 4 à 9 de la Convention est modifié par la suppression des mots »et prise en charge financière«.

»Die Überschrift der Artikel 4 bis 9 des Übereinkommens wird durch Streichung der Worte »und Erstattung« geändert.«

Reletter existing paragraph (g), which becomes paragraph (h), and amend it to read:

Désigner par la lettre h) le paragraphe g) actuel et modifier celui-ci comme suit:

»Der bisherige Buchstabe g wird Buchstabe h und erhält folgende Fassung:«

Amend the lead-in sentence to read:

Modifier la première phrase comme suit:

»Der einleitende Halbsatz wird wie folgt geändert:«

Article II of the Convention is replaced by the following text:

L'article II de la Convention est remplacé par le texte ci-après:

»Artikel II des Übereinkommens wird durch folgenden Wortlaut ersetzt:«

The existing text of paragraph (23) is replaced by the following:

Remplacer le texte du paragraphe 23) par le suivant:

»Der bisherige Wortlaut der Nummer 23 wird durch folgenden Wortlaut ersetzt:«

The opening phrase of paragraph 1 is replaced by the following text:

La phrase liminaire du paragraphe 1 est remplacée par le texte ci-après:

»Der Einleitungsteil des Absatzes 1 wird durch folgenden Wortlaut ersetzt:«

Replace the word »minesweeping« by the word »mineclearance«.

Remplacer les mots »dragage de mines« par le mot »déminage«.

»Das Wort »Minensuchen« wird durch das Wort »Minenräumen« ersetzt.«

In paragraph 1 the five references to »the Convention« are replaced by references to »the 1984 Convention«.

Au paragraphe 1, l'expression »Convention«, qui revient cinq fois, est remplacée par »Convention de 1984«.

»In Absatz 1 werden die fünf Bezugnahmen auf das »Übereinkommen« durch Bezugnahmen auf das »Übereinkommen von 1984« ersetzt.«

Amend »12 metres« to read »20 metres«.

Remplacer »12 mètres« par »20 mètres«.

»»12 Meter« wird in »20 Meter« geändert.«

Add the following new paragraph:

Ajouter un nouveau paragraphe libellé comme suit:

»Es wird folgender neue Buchstabe angefügt:«

Add the following at the end of the present text:

Ajouter au texte actuel la phrase ci-après:

»Dem bisherigen Wortlaut wird folgender Wortlaut angefügt:«

Add the following sentence to the present text:

Ajouter au texte actuel la phrase ci-après:

»Dem bisherigen Wortlaut wird folgender Satz angefügt:«

A new Article 6A shall be added to the Agreement as follows:

L'Accord est complété par un nouvel article 6A libellé comme suit:

»Das Übereinkommen wird durch folgenden neuen Artikel 6A ergänzt:«

A new paragraph 4 is added to Article 15 of the 1971 Convention:

Un nouveau paragraphe 4 est ajouté à l'article 15 de la Convention de 1971, comme suit:

»In Artikel 15 des Übereinkommens von 1971 wird ein neuer Absatz 4 angefügt:«

Add the following sentence to the present text of the definition:

Ajouter au texte actuel de la définition la phrase ci-après:

»Dem bisherigen Wortlaut der Begriffsbestimmung wird folgender Satz angefügt:«

After Article 36 of the 1971 Convention three new articles are inserted as follows:

Après l'article 36 de la Convention de 1971, trois nouveaux articles sont insérés comme suit:

»Nach Artikel 36 des Übereinkommens von 1971 werden drei neue Artikel wie folgt eingefügt:«

Article 5 of the 1971 Convention is deleted.

L'article 5 de la Convention de 1971 est supprimé.

»Artikel 5 des Übereinkommens von 1971 wird gestrichen.«

In paragraph 1 the paragraph number and the words »or indemnification under Article 5« are deleted.

Au paragraphe 1, le numéro du paragraphe et les mots »et à la prise en charge financière visée à l'article 5« sont supprimés.

»In Absatz 1 werden die Absatznummer und die Worte »oder auf Erstattung nach Artikel 5« gestrichen.«

Delete the existing text of Annex 2 to the »Memorandum of Understanding« and replace by the following:

Supprimer le texte existant de l'annexe 2 au Memorandum d'Entente et le remplacer par le texte qui suit:

»Der bisherige Wortlaut der Anlage 2 der Vereinbarung wird gestrichen und durch folgenden Wortlaut ersetzt:«

Änderung eines englischen Originaltextes

- delete »country in which« and insert »State whose flag«

- »country in which« wird durch »State whose flag« ersetzt

- insert »or renewals« after »repairs«	- nach »repairs« wird »or renewals« eingefügt
- delete »registered or is«	- »registered or is« wird gestrichen
- delete »in« after »and«	- »in« nach »and« wird gestrichen
- delete semi-colon and insert a full stop after »on board«	- das Semikolon nach »on board« wird durch einen Punkt ersetzt
- convert the whole of the clause beginning with »provided« into a separate paragraph and insert »Provided« in place of »provided«	- der ganze mit dem Wort »provided« beginnende Satzteil wird zu einem neuen Absatz, und »provided« wird durch »Provided« ersetzt
- delete the full stop after »hatchway« and insert »except in the case of linseed and other seeds having similar properties.«	- der Punkt nach »hatchway« wird gestrichen, und es wird »except in the case of linseed and other seeds having similar properties.« eingefügt
- insert »other« after »all«	- nach »all« wird »other« eingefügt

Änderung eines französischen Originaltextes

- remplacer »pays« par »Etat«	- »pays« wird durch »Etat« ersetzt
- supprimer »immatriculé«	- »immatriculé« wird gestrichen
- insérer »à la date ou« après »équivalent«	- nach »équivalent« wird »à la date ou« eingefügt
- supprimer », éventuellement,« et la virgule après »mer«	- », éventuellement,« und das Komma nach »mer« werden gestrichen
- insérer »d'incendie« après »avertisseurs«	- nach »avertisseurs« wird »d'incendie« eingefügt
- remplacer »peut« après »niveau« par »doit«	- »peut« nach »niveau« wird durch »doit« ersetzt
- la phrase commençant par »Toutefois, lorsque ...« fait partie de l'alinéa b) i) et doit être placée contre la marge	- der mit »Toutefois, lorsque ...« beginnende Satz gehört zu Buchstabe b Ziffer i und wird nach links ausgerückt

(6) **Benachrichtigungen**

The Government of ... shall immediately notify the Governments of all States signatories to the Convention or this Protocol, and all States Parties to the Convention or this Protocol, and all States Members of the ... Organization or of the United Nations:

Le Gouvernement ... notifiera immédiatement aux Gouvernements de tous les Etats signataires de la Convention ou du présent Protocole, de tous les Etats parties à la Convention ou au présent Protocole, et de tous les Etats membres de l'Organisation ... ou de l'Organisation des Nations Unies:

a) of any signature of this Protocol and the date thereof;

a) toute signature du présent Protocole et la date de cette signature;

b) of the deposit of any instrument of ratification or accession in respect of this Protocol and the date thereof;

b) le dépôt de tout instrument de ratification du présent Protocole ou d'adhésion à ce dernier, et la date de dépôt;

c) of the date on which this Protocol comes into force in accordance with Article XXII, paragraph 1;

c) la date à laquelle le présent Protocole entre en vigueur conformément à l'alinéa 1er de l'Article XXII;

d) of the receipt of any notification of denunciation and the date thereof;

d) la réception de toute notification de dénonciation et la date de réception;

e) of the receipt of any declaration or notification made under Article XXV and the date thereof.

e) la réception de toute déclaration ou notification faite en vertu de l'Article XXV, et la date de réception.

El Gobierno de ... notificará inmediatamente a los Gobiernos de todos los Estados signatarios del Convenio o del presente Protocolo, de todos los Estados partes en el Convenio o en el presente Protocolo, y de todos los Estados miembros de la Organización de ... o de la Organización de las Naciones Unidas:

»Die Regierung ... notifiziert den Regierungen aller Unterzeichner- oder Vertragsstaaten des Übereinkommens oder dieses Protokolls sowie den Regierungen aller Mitgliedstaaten der ...-Organisation oder der Vereinten Nationen sofort

a) toda firma del presente Protocolo y la fecha de la misma,

a) jede Unterzeichnung dieses Protokolls und deren Zeitpunkt,

b) el depósito de todo instrumento de ratificación o adhesión de dicho Protocolo y la fecha en que se hizo,

b) die Hinterlegung jeder Ratifikations- oder Beitrittsurkunde zu diesem Protokoll und den Zeitpunkt der Hinterlegung,

c) la fecha en que el presente Protocolo entre en vigor de acuerdo con el párrafo 1 del artículo XXII,

c) den Zeitpunkt, zu dem dieses Protokoll nach Artikel XXII Absatz 1 in Kraft tritt,

d) toda notificación de denuncia y la fecha de su recepción,

d) den Eingang jeder Notifikation einer Kündigung und den Zeitpunkt des Eingangs,

e) toda declaración o notificación hecha de acuerdo con el artículo XXV, y la fecha de recepción de la misma.

e) den Eingang jeder Erklärung oder Notifikation nach Artikel XXV und den Zeitpunkt des Eingangs.«

Depositary

1. The Secretary-General of the United Nations shall be the depositary of this Convention and amendments thereto.

2. In addition to his functions as depositary, the Secretary-General shall:

(a) report to all States Parties, the Authority and competent international organizations on issues of a general nature that have arisen with respect to this Convention;

(b) notify the Authority of ratifications and formal confirmations of and accessions to this Convention and amendments thereto, as well as of denunciations of this Convention;

(c) notify States Parties of agreements in accordance with article 311, paragraph 4;

Dépositaire

1. Le Secrétaire général de l'Organisation des Nations Unies est le dépositaire de la Convention et des amendements qui s'y rapportent.

2. Outre ses fonctions de dépositaire, le Secrétaire général:

a) fait rapport à tous les Etats Parties, à l'Autorité et aux organisations internationales compétentes sur les questions de caractère général qui ont surgi à propos de la Convention;

b) notifie à l'Autorité les ratifications, confirmations formelles et adhésions dont la Convention et les amendements qui s'y rapportent font l'objet, ainsi que les dénonciations de la Convention;

c) notifie aux Etats Parties les accords conclus conformément à l'article 311, paragraphe 4;

(d) circulate amendments adopted in accordance with this Convention to States Parties for ratification or accession;

(e) convene necessary meetings of States Parties in accordance with this Convention.

3. (a) The Secretary-General shall also transmit to the observers referred to in article 156:

(i) reports referred to in paragraph 2 (a);

(ii) notifications referred to in paragraph 2 (b) and (c); and

(iii) texts of amendments referred to in paragraph 2 (d), for their information.

(b) The Secretary-General shall also invite those observers to participate as observers at meetings of States Parties referred to in paragraph 2 (e).

d) transmet aux Etats Parties, pour ratification ou adhésion, les amendements adoptés conformément à la Convention;

e) convoque les réunions nécessaires des Etats Parties conformément à la Convention.

3. a) Le Secrétaire général transmet également aux observateurs visés à l'article 156:

i) les rapports visés au paragraphe 2, lettre a);

ii) les notifications visées au paragraphe 2, lettres b) et c);

iii) à titre d'information, le texte des amendements visés au paragraphe 2, lettre d).

b) Le Secrétaire général invite également ces observateurs à participer en qualité d'observateurs aux réunions des Etats parties visées au paragraphe 2, lettre e).

<u>Depositario</u>

1. El Secretario General de las Naciones Unidas será el depositario de esta Convención y de las enmiendas a ella.

2. Además de desempeñar las funciones de depositario, el Secretario General:

a) Informará a los Estados Partes, a la Autoridad y a las organizaciones internacionales competentes de las cuestiones de carácter general que hayan surgido con respecto a esta Convención;

b) Notificará a la Autoridad las ratificaciones, confirmaciones formales y adhesiones de que sean objeto esta Convención y las enmiendas a ella, así como las denuncias de la Convención;

»<u>Verwahrer</u>

(1) Der Generalsekretär der Vereinten Nationen ist <u>Verwahrer</u> dieses Übereinkommens und seiner Änderungen.

(2) Neben seinen Aufgaben als <u>Verwahrer</u> wird der Generalsekretär wie folgt tätig:

a) Er <u>berichtet</u> allen Vertragsstaaten, der Behörde und den zuständigen internationalen Organisationen über Fragen allgemeiner Art, die in bezug auf dieses Übereinkommen entstanden sind;

b) er <u>notifiziert</u> der Behörde die Ratifikationen, förmlichen Bestätigungen und Beitritte betreffend dieses Übereinkommen und seine Änderungen sowie die Kündigungen des Übereinkommens;

c) Notificará a los Estados Partes los acuerdos celebrados conforme al párrafo 4 del artículo 311;

c) er notifiziert den Vertragsstaaten die in Übereinstimmung mit Artikel 311 Absatz 4 geschlossenen Übereinkünfte;

d) Transmitirá a los Estados Partes, para su ratificación o adhesión, las enmiendas adoptadas de conformidad con esta Convención;

d) er leitet die in Übereinstimmung mit diesem Übereinkommen angenommenen Änderungen an die Vertragsstaaten zur Ratifikation oder zum Beitritt weiter;

e) Convocará las reuniones necesarias de los Estados Partes de conformidad con esta Convención.

e) er beruft die notwendigen Tagungen der Vertragsstaaten in Übereinstimmung mit diesem Übereinkommen ein.

3. a) El Secretario General transmitirá también a los observadores a que se hace referencia en el artículo 156:

(3) a) Der Generalsekretär übermittelt ferner den in Artikel 156 genannten Beobachtern

i) Los informes mencionados en el apartado a) del párrafo 2;

i) die in Absatz 2 Buchstabe a genannten Berichte;

ii) Las notificaciones mencionadas en los apartados b) y c) del párrafo 2); y

ii) die in Absatz 2 Buchstaben b und c genannten Notifikationen und

iii) Para su información, el texto de las enmiendas mencionadas en el apartado d) del párrafo 2;

iii) den Wortlaut der in Absatz 2 Buchstabe d genannten Änderungen zur Kenntnisnahme.

b) El Secretario General invitará también a dichos observadores a participar con carácter de tales en las reuniones de Estados Partes a que se hace referencia en el apartado e) del párrafo 2.

b) Der Generalsekretär lädt ferner diese Beobachter ein, an den in Absatz 2 Buchstabe e genannten Tagungen der Vertragsstaaten als Beobachter teilzunehmen.«

Die entsprechenden Bestimmungen des Wiener Vertragsrechtsübereinkommens von 1969 lauten wie folgt:

»Notifications and communications

Except as the treaty or the present Convention otherwise provide, any notification or communication to be made by any State under the present Convention shall:

Notifications et communications

Sauf dans les cas où le traité ou la présente Convention en dispose autrement, une notification ou communication qui doit être faite par un Etat en vertu de la présente Convention:

(a) if there is no depositary, be transmitted direct to the States for which it is intended, or if there is a depositary, to the latter;

(b) be considered as having been made by the State in question only upon its receipt by the State to which it was transmitted or, as the case may be, upon its receipt by the depositary;

(c) if transmitted to a depositary, be considered as received by the State for which it was intended only when the latter State has been informed by the depositary in accordance with article 77, paragraph 1 (e).

a) est transmise, s'il n'y a pas de dépositaire, directement aux Etats auxquels elle est destinée ou, s'il y a un dépositaire, à ce dernier;

b) n'est considérée comme ayant été faite par l'Etat en question qu'à partir de sa réception par l'Etat auquel elle a été transmise ou, le cas échéant, par le dépositaire;

c) si elle est transmise à un dépositaire, n'est considérée comme ayant été reçue par l'Etat auquel elle est destinée qu'à partir du moment où cet Etat aura reçu du dépositaire l'information prévue à l'alinéa e) du paragraphe 1 de l'article 77.

Notificaciones y comunicaciones

Salvo cuando el tratado o la presente Convención dispongan otra cosa al respecto, una notificación o comunicación que deba hacer cualquier Estado en virtud de la presente Convención:

a) deberá ser transmitida, si no hay depositario, directamente a los Estados a que esté destinada, o, si hay depositario, a éste;

b) sólo se entenderá que ha quedado hecha por el Estado de que se trate cuando haya sido recibida por el Estado al que fue transmitida, o, en su caso, por el depositario;

c) si ha sido transmitida a un depositario, sólo se entenderá que ha sido recibida por el Estado al que estaba destinada cuando éste haya recibido del depositario la información prevista en el apartado e) del párrafo 1 del artículo 77.

Notifikationen und Mitteilungen

Sofern der Vertrag oder dieses Übereinkommen nichts anderes vorsieht, gilt für Notifikationen und Mitteilungen, die ein Staat auf Grund dieses Übereinkommens abzugeben hat, folgendes:

a) Ist kein Verwahrer vorhanden, so sind sie unmittelbar den Staaten zu übersenden, für die sie bestimmt sind; ist ein Verwahrer vorhanden, so sind sie diesem zu übersenden;

b) sie gelten erst dann als von dem betreffenden Staat abgegeben, wenn sie - je nach Lage des Falles - der Staat, dem sie übermittelt werden, oder der Verwahrer empfangen hat;

c) werden sie einem Verwahrer übermittelt, so gelten sie erst in dem Zeitpunkt als von dem Staat, für den sie bestimmt sind, empfangen, zu dem dieser nach Artikel 77 Absatz 1 Buchstabe e von dem Verwahrer unterrichtet wurde.«

(7) Es entsprechen sich folgende Bezeichnungen und Wendungen:

to amend; amendment	**amender; amendement**	**enmendar; enmienda**

»ändern; Änderung«

continuance in force (of a treaty u.ä.)	**maintien en vigueur (d'un traité u.ä.)**	**continuación en vigor (de un tratado u.ä.)**

»Weitergeltung« (eines Vertrags u.ä.)

to continue in effect	**rester en vigueur**	**quedar en vigor**

»in Kraft bleiben«

to deposit (original)	**déposer (original)**	**depositar (original)**

(Urschrift) »hinterlegen«

depositary, depository	**dépositaire**	**depositario**

»Verwahrer«

depositary government	**gouvernement dépositaire**	**gobierno depositario**

»Verwahrregierung«

duly certified copies	**copies dûment certifiées conformes**	**copias debidamente certificadas**

»gehörig beglaubigte Abschriften«

duration, period of validity	**durée, validité**	**duración, validez**

»Geltungsdauer, Dauer«

to extend[48] (an agreement u.ä.); extension[48] (of an agreement u.ä.)	**prolonger, reconduire, proroger (un accord u.ä.); prolongation, reconduction, prorogation (d'un accord u.ä.)**	**prolongar, prorrogar (un acuerdo u.ä.); prolongación, prorrogación (de un acuerdo u.ä.), prórroga**

(ein Abkommen u.ä.) »verlängern«; »Verlängerung« (eines Abkommens u.ä.)

(to be) tacitly extended	**(être) prolongé (reconduit, prorogé) tacitement**	**prolongarse (prorrogarse) por tácita reconducción (tácitamente)**

(ein Abkommen u.ä.) »wird stillschweigend verlängert, verlängert sich stillschweigend«

to modify; modification	**modifier; modification**	**modificar; modificación**

»modifizieren, ändern; Modifikation, Änderung«

to notify; notification	**notifier; notification**	**notificar; notificación**

»notifizieren; Notifikation«

to register; registration	**enregistrer; enregistrement**	**registrar; registro**

»registrieren (lassen); Registrierung«

to remain in force	**rester en vigueur**	**quedar en vigor**

»in Kraft bleiben«

to renew; renewal	**renouveler; renouvellement**	**renovar; renovación**

»erneuern; Erneuerung«

48 »to extend, extension« / »étendre, extension« / »hacer extensivo, extensión« / »erstrecken, Erstreckung« wird auch für die Ausweitung des sachlichen oder räumlichen Geltungsbereichs einer Übereinkunft verwendet; siehe § 25.

to replace; replacement	**remplacer; remplacement**	**sustituir; sustitución**

»ablösen, ersetzen; Ablösung«

revision[49]	**révision**	**revisión**

»Revision«; manchmal »Änderung, Erneuerung«

to supersede	**remplacer**	**sustituir**

»ablösen, ersetzen«

to supplement	**compléter**	**complementar, completar**

»ergänzen«

to transmit (copies)	**transmettre (copies)**	**transmitir (copias)**

(Abschriften) »übermitteln«

for an unlimited period	**pour une durée illimitée**	**por (un) tiempo ilimitado**

»auf unbegrenzte Zeit«

validity (of a treaty u.ä.)	**validité (d'un traité u.ä.)**	**validez, vigencia (de un tratado u.ä.)**

»Gültigkeit« (eines Vertrags u.ä.)

49 Englische Vertragstexte sehen manchmal »a review« einer Übereinkunft vor. Dies ist, wenn der englische Wortlaut allein verbindlich ist oder wenn die Übereinkunft ursprünglich auf Englisch abgefaßt wurde, mit »Überprüfung« wiederzugeben, auch wenn eine etwa vorliegende Übersetzung ins Französische hier das Wort »révision« enthält.

§ 28 - Außerkrafttreten

(1) Übereinkünfte treten zeitweilig oder endgültig außer Kraft, wenn bestimmte Voraussetzungen gegeben sind. Im ersteren Fall spricht man von einer **»Suspendierung«**, im letzteren von einer **»Beendigung«** der Übereinkunft. Die meisten Übereinkünfte enthalten diesbezügliche Bestimmungen, wobei unterschiedliche Bezeichnungen verwendet werden.[50] Während eine zweiseitige Übereinkunft durch **Kündigung** einer Vertragspartei außer Kraft tritt, gilt bei mehrseitigen Übereinkünften die Kündigung durch eine Vertragspartei nur für die kündigende Partei; für die anderen Vertragsparteien bleibt das Übereinkommen in Kraft; dies wird in vielen Fällen ausdrücklich festgestellt. Diese Art der Kündigung wird oft als **Rücktritt** (von einer Übereinkunft) oder als **Austritt** (aus einer Organisation) bezeichnet. Zuweilen ist ein **Außerkraftsetzen** durch die Vertragsparteien oder ein automatisches **Erlöschen** vorgesehen.[51]

(2) **Kündigung bei zweiseitigen Übereinkünften**

»Dieser Vertrag kann (von jeder Vertragspartei) (nach Ablauf von fünf Jahren seit seinem Inkrafttreten) jederzeit schriftlich gekündigt werden; er tritt ... Monate nach seiner Kündigung außer Kraft.«

This Treaty may be denounced in writing (by either Contracting Party) at any time (after the expiry of five years from the date of its entry into force) and it shall be terminated on the expiry of ... months from the date of such denunciation.

oder:

Le présent Traité pourra être dénoncé par écrit (par chacune des Parties contractantes) à tout moment (à l'expiration d'une période de cinq ans après son entrée en vigueur); il cessera d'être en vigueur ... mois après sa dénonciation.

oder:

El presente Tratado podrá ser denunciado (por cada una de las Partes Contratantes) en todo momento (transcurrido un período de cinco años desde su entrada en vigor); dejará de regir ... meses después de efectuada la denuncia.

---

50 Auch in ein und derselben, in mehreren Fremdsprachen abgefaßten Übereinkunft werden beispielsweise für den Begriff der Kündigung - nicht zuletzt aus sprachlichen Gründen - manchmal in den verschiedenen Sprachfassungen unterschiedliche Bezeichnungen verwendet: englisch »termination«, französisch »dénonciation«.

51 siehe Fußnoten 36 und 37 auf S. 130

»Dieses Abkommen kann zum Ende jedes Zeitabschnitts von fünf Jahren nach seinem Inkrafttreten von einer der Vertragsparteien unter Einhaltung einer Frist von sechs Monaten schriftlich gekündigt werden.«

This Agreement may be denounced in writing by either Contracting Party on the expiry of any period of five years after its entry into force, subject to six months' previous notice.

oder:

Le présent Accord pourra être dénoncé par écrit par chacune des Parties contractantes à l'expiration de chaque période de cinq ans après son entrée en vigueur, sous réserve d'un préavis de six mois.

oder:

Cada una de las Partes contratantes podrá denunciar el presente Acuerdo por escrito al expirar cada período de cinco años a partir de la entrada en vigor del mismo, y con un preaviso de seis meses.

»Dieses Abkommen gilt für einen Zeitabschnitt von fünf Jahren. Es verlängert sich danach stillschweigend um jeweils ein Jahr, es sei denn, daß eine der Vertragsparteien es drei Monate vor Ablauf des jeweiligen Zeitabschnitts schriftlich kündigt.«

This Agreement shall be valid for a period of five years. Thereafter, it shall be tacitly extended for successive periods of one year, unless it is denounced in writing by either Contracting Party three months prior to the expiry of any such period.

oder:

Le présent Accord est conclu pour une période de cinq ans. Il sera ensuite prolongé tacitement d'année en année, à moins d'être dénoncé par écrit par l'une des Parties contractantes trois mois avant la fin de la période respective.

oder:

El presente Convenio se concluye por un período de cinco años. Se prorrogará tácitamente de año en año, a no ser que sea denunciado por escrito por una de las Partes Contratantes tres meses antes de expirar el período correspondiente.

---

oder:

»Dieses Abkommen bleibt in Kraft, solange es nicht von einem Vertragsstaat gekündigt wird. Jeder Vertragsstaat kann nach dem Jahr, in dem die Ratifikationsurkunden ausgetauscht werden, das Abkommen auf diplomatischem Weg unter Einhaltung einer Frist von sechs Monaten zum Ende eines Kalenderjahrs kündigen. In diesem Fall findet das Abkommen nicht mehr Anwendung ...«	This Agreement shall remain in force until terminated by a Contracting State. Either Contracting State may terminate the Agreement, through diplomatic channels, by giving notice of termination at least six months before the end of any calendar year after the year in which the instruments of ratification are exchanged. In such event, the Agreement shall cease to have effect: ...	Le présent Accord restera en vigueur tant qu'il n'aura pas été dénoncé par un Etat contractant. Chacun des Etats contractants peut, par la voie diplomatique, dénoncer l'Accord en donnant un avis de dénonciation au moins six mois avant la fin de toute année civile suivant l'année de l'échange des instruments de ratification. Dans ce cas, l'Accord cessera d'être applicable: ...

»Dieser Vertrag bleibt bis zum Ablauf eines Jahres nach dem Tag in Kraft, an dem er von einer der Vertragsparteien schriftlich gekündigt wird.«	This Treaty shall continue in force until the expiration of one year from the date on which written notice of termination is given by one Contracting Party to the other.

»Dieses Abkommen gilt für die Dauer eines Jahres nach seinem Inkrafttreten. Danach bleibt es in Kraft, sofern es nicht von einer Vertragspartei mit einer Frist von drei Monaten gegenüber der anderen Vertragspartei schriftlich gekündigt wird.«	The Agreement shall remain in force for a period of one year after its entry into force. Thereafter, it shall continue in force unless it is terminated by either Contracting Party giving three months written notice thereof to the other Contracting Party.

»Dieses Abkommen bleibt in Kraft, solange es nicht von einem der Vertragsstaaten gekündigt wird. Jeder Vertragsstaat kann das Abkommen auf diplomatischem Weg jederzeit nach Ablauf von drei Jahren nach Inkrafttreten des Abkommens unter Einhaltung einer Frist von sechs Monaten kündigen. In diesem Fall findet das Abkommen nicht mehr Anwendung auf Nachlässe von Personen, die nach dem 31. Dezember sterben, der auf den Ablauf der sechsmonatigen Kündigungsfrist folgt, und auf Schenkungen, die nach diesem Zeitpunkt vorgenommen werden.«

This Convention shall remain in force until terminated by one of the Contracting States. Either Contracting State may terminate this Convention, through diplomatic channels, at any time after three years from the date on which this Convention enters into force provided that at least six months' prior notice has been given. In such event, the Convention will not apply to estates of persons dying after or gifts made after the December 31 next following the expiration of the six-month period.

»Jeder Vertragsstaat kann dem anderen jederzeit seine Absicht ankündigen, dieses Abkommen zu beenden. Es endet sodann ein Jahr nach Eingang der Kündigung bei dem anderen Vertragsstaat, es sei denn, daß aufgrund einer Vereinbarung zwischen den Vertragsstaaten die Kündigung vor Ablauf dieser Frist rückgängig gemacht wird.«

Either of the Contracting States may at any time give notice to the other of its desire to terminate the present Agreement. This Agreement shall terminate one year after the date of receipt of the notice of termination unless by agreement between the Contracting States the notice of termination has been withdrawn before the expiration of that period.

»Dieses Abkommen gilt unbefristet (wird auf unbegrenzte Zeit geschlossen). Es kann nach Ablauf von fünf Jahren nach seinem Inkrafttreten jederzeit unter Einhaltung einer Frist von einem Jahr gekündigt werden.«

La présente Convention est conclue pour une durée illimitée. Après l'expiration d'un délai de cinq ans suivant son entrée en vigueur, elle pourra être dénoncée à tout moment avec un préavis d'un an.

»Dieses Abkommen tritt am Tag seiner Unterzeichnung für eine Dauer von fünf Jahren in Kraft. Es wird auf unbegrenzte Zeit verlängert, sofern es nicht zwölf Monate vor Ablauf dieser Frist von einer Vertragspartei schriftlich gekündigt wird. Danach kann es von jeder Vertragspartei jederzeit unter Einhaltung einer Frist von zwölf Monaten schriftlich gekündigt werden.«	Le présent Accord entrera en vigueur à la date de sa signature pour une période de cinq ans. Il sera reconduit pour une période indéterminée, à moins d'être dénoncé par écrit par une des Parties contractantes douze mois avant l'expiration de ce délai. Il pourra alors être dénoncé par écrit à tout moment par chacune des Parties contractantes, sous réserve d'un préavis de douze mois.

»Jede Vertragspartei kann dieses Abkommen jederzeit durch Notifikation an die andere Vertragspartei kündigen. Die Notifikation ist gleichzeitig der Internationalen Zivilluftfahrt-Organisation zu übermitteln.	Chaque Partie contractante pourra, à tout moment, par notification à l'autre Partie contractante dénoncer le présent Accord. Une telle notification sera communiquée simultanément à l'Organisation de l'Aviation Civile Internationale.
Die Kündigung wird zwölf Monate nach Eingang der Notifikation bei der anderen Vertragspartei wirksam, sofern die Notifikation nicht vor Ablauf dieser Zeit einvernehmlich zurückgenommen wird.	La dénonciation prendra effet douze mois après la date de réception de la notification par l'autre Partie contractante, à moins que cette notification ne soit retirée, d'un commun accord, avant la fin de cette période.
Bestätigt die Vertragspartei, die eine derartige Notifikation erhält, den Empfang nicht, so gilt als Eingangstag der fünfzehnte Tag nach Eingang der Notifikation am Sitz der Internationalen Zivilluftfahrt-Organisation.«	Au cas où la Partie contractante qui recevrait une telle notification n'en accuserait pas réception, ladite notification serait tenue pour reçue quinze jours après sa réception au siège de l'Organisation de l'Aviation Civile Internationale.

»Dieses Abkommen kann von jeder Vertragspartei unter Einhaltung einer Frist von drei Monaten durch Notifikation gekündigt werden.«	El Convenio podrá ser denunciado por cada una de las partes contratantes mediante notificación con un preaviso de tres meses.

»Dieses Abkommen bleibt auf unbestimmte Zeit in Kraft; jedoch kann jeder der Vertragsstaaten bis zum 30. Juni eines jeden Kalenderjahrs nach Ablauf von fünf Jahren, vom Tag des Inkrafttretens an gerechnet, das Abkommen gegenüber dem anderen Vertragsstaat auf diplomatischem Weg schriftlich kündigen; in diesem Fall ist das Abkommen nicht mehr anzuwenden ...«

El presente Convenio continuará en vigor indefinidamente, pero cualquiera de los Estados Contratantes, antes del treinta de junio de cualquier año natural que comience después de transcurrido un período de cinco años a partir de su entrada en vigor o con posterioridad a esa fecha podrá enviar al otro Estado Contratante, por vía diplomática, una notificación escrita de terminación y, en ese caso, el presente Convenio dejará de ser efectivo ...

»(1) Dieser Vertrag gilt auf unbegrenzte Zeit. Er kann jederzeit schriftlich gekündigt werden. Die Kündigung wird sechs Monate nach Eingang der Notifikation im Ministerium für Auswärtige Angelegenheiten des anderen Vertragsstaats wirksam.

(2) Der Vertrag wird weiterhin auf Anträge auf Anerkennung oder auf Zulassung der Vollstreckung angewendet, die vor dem Wirksamwerden der Kündigung gestellt worden sind.«

(1) El presente Tratado tendrá duración ilimitada. Podrá ser denunciado por escrito en cualquier momento. Sus efectos cesarán seis meses después del día de la recepción de la denuncia por el Ministerio de Asuntos Exteriores del otro Estado Contratante.

(2) El Tratado continuará siendo aplicable a las solicitudes de reconocimiento o de ejecución presentadas antes de la fecha en que surta efecto la denuncia.

(3) Kündigung bei mehrseitigen Übereinkünften

»(1) Jede Vertragspartei kann dieses Übereinkommen durch eine an den Generalsekretär gerichtete Notifikation kündigen.

(2) Die Kündigung wird am dreißigsten Tag nach Eingang der Notifikation bei dem Generalsekretär wirksam; sie gilt nur für die Vertragspartei, die das Übereinkommen kündigt. Für die anderen Vertragsparteien bleibt das Übereinkommen in Kraft.«

1. Any Contracting Party may denounce this Convention by notification to the Secretary-General.

2. Denunciation shall take effect on the thirtieth day after the date of receipt of the notification by the Secretary-General and shall take effect only in respect of the denouncing Party. The Convention shall remain in force for the other Contracting Parties.

1. Toute Partie contractante pourra dénoncer la présente Convention par notification adressée au Secrétaire général.

2. La dénonciation prendra effet le trentième jour qui suivra la date de réception de la notification par le Secrétaire général, mais uniquement à l'égard de la Partie contractante qui aura dénoncé la Convention. La Convention restera en vigueur pour les autres Parties contractantes.

1. Cualquiera de las Partes Contratantes podrá denunciar la presente Convención mediante notificación al Secretario General.

2. La denuncia surtirá efecto el trigésimo día siguiente a la fecha en que el Secretario General reciba la notificación y solamente afectará a la Parte Contratante que la haya hecho. Respecto a las demás Partes Contratantes la Convención quedará en vigor.

»Eine Vertragspartei kann dieses Übereinkommen frühestens zum Ende des fünften Jahres, nachdem es für sie in Kraft getreten ist, unter Einhaltung einer Frist von sechs Monaten durch eine an den Generalsekretär des ... gerichtete Notifikation kündigen; dieser unterrichtet die anderen Vertragsparteien.«

A Contracting Party may denounce this Convention only at the end of five years from the date on which it became a Party to it, having previously given six months' notice by notification addressed to the Secretary-General of ... who shall inform the other Parties.

Une Partie contractante ne pourra dénoncer la présente Convention qu'à l'expiration d'un délai de cinq ans à partir de la date d'entrée en vigueur de la Convention à son égard et sous réserve d'un préavis de six mois, donné par une notification adressée au Secrétaire général du ... qui en informera les autres Parties.

Una Parte Contratante podrá denunciar la presente Convención solamente después de transcurrido un plazo de cinco años a partir de la fecha en que haya entrado para ella en vigor, y con un preaviso de seis meses notificado al Secretario General de ..., que informará a las demás Partes Contratantes.

»Die Dauer dieses Übereinkommens beträgt fünf Jahre, vom 1. Januar ... an gerechnet. Das Übereinkommen ist unkündbar.«

The duration of this Agreement shall be five years from 1 January ... The Agreement shall not be subject to denunciation.

La durée du présent Accord est de cinq ans à dater du 1er janvier ... Cet Accord ne pourra être dénoncé.

La duración del presente Acuerdo será de cinco años, contados a partir del 1 (primero) de enero de ... El presente Acuerdo no podrá ser denunciado.

»Kündigung

(1) Jeder Vertragsstaat kann dieses Übereinkommen für sich oder für jedes Hoheitsgebiet kündigen, dessen internationale Beziehungen er wahrnimmt.

(2) Die Kündigung wird durch eine beim Generaldirektor der Organisation der Vereinten Nationen für Erziehung, Wissenschaft und Kultur zu hinterlegende Urkunde notifiziert.

(3) Die Kündigung wird zwölf Monate nach Eingang der Kündigungsurkunde wirksam.«

Denunciation

1. Each Contracting State may denounce the present Convention on its own behalf or on behalf of any territory for whose international relations it is responsible.

2. The denunciation shall be notified by an instrument in writing, deposited with the Director-General of the United Nations Educational, Scientific and Cultural Organization.

3. The denunciation shall take effect twelve months after the receipt of the instrument of denunciation.

Dénonciation

1. Chacun des Etats contractants aura la faculté de dénoncer la présente Convention en son nom propre ou au nom de tout territoire dont il assure les relations internationales.

2. La dénonciation sera notifiée par un instrument écrit déposé auprès du Directeur général de l'Organisation des Nations Unies pour l'éducation, la science et la culture.

3. La dénonciation prendra effet douze mois après réception de l'instrument de dénonciation.

Denuncia

1. Cada uno de los Estados contratantes podrá denunciar la presente Convención en nombre propio o en el de los territorios de cuyas relaciones internacionales sea responsable.

2. La denuncia se notificará mediante un instrumento escrito que será depositado ante el Director General de la Organización de las Naciones Unidas para la Educación, la Ciencia y la Cultura.

3. La denuncia producirá efectos doce meses después del recibo (de la recepción) del instrumento correspondiente.

Denunciation

1. The present Convention may be denounced by a Contracting Party at any time after the expiry of five years from the date on which the Convention entered into force for that Party.

2. Denunciation shall be effected by the deposit of an instrument with the Organization. The Secretary-General shall inform all other Contracting Parties of the receipt of the instrument of denunciation and of the date of its deposit.

3. A denunciation shall take effect one year, or such longer period as may be specified in the instrument, after its deposit.

Dénonciation

1. La présente Convention peut être dénoncée par une Partie contractante à tout moment après l'expiration d'une période de cinq ans à compter de la date à laquelle la Convention est entrée en vigueur à l'égard de cette Partie.

2. La dénonciation s'effectue par le dépôt d'un instrument auprès de l'Organisation. Le Secrétaire général informe toutes les autres Parties contractantes de la réception de l'instrument de dénonciation et de la date de son dépôt.

3. Une dénonciation prend effet un an après la date du dépôt de l'instrument, ou à l'expiration de tout autre délai plus long spécifié dans l'instrument.

»Kündigung

(1) Jede Vertragspartei kann dieses Übereinkommen nach Ablauf von fünf Jahren, nachdem es für sie in Kraft getreten ist, jederzeit kündigen.

(2) Die Kündigung erfolgt durch Hinterlegung einer Urkunde bei der Organisation. Der Generalsekretär unterrichtet alle anderen Vertragsparteien vom Eingang der Kündigungsurkunde sowie vom Tag ihrer Hinterlegung.

(3) Die Kündigung wird ein Jahr nach dem Tag, an dem die Urkunde hinterlegt wird, oder nach Ablauf eines längeren, in der Urkunde bezeichneten Zeitabschnitts wirksam.«

---

1. Any Contracting State may denounce this Convention by written notification to the Depositary Governments.

1. Tout Etat contractant peut dénoncer la présente convention par voie de notification écrite adressée aux gouvernements dépositaires.

»(1) Jeder Vertragsstaat kann dieses Übereinkommen durch eine an die Verwahrregierungen gerichtete schriftliche Notifikation kündigen.

2. Denunciation shall take effect six months following the date on which notification is received by the Depositary Governments.	2. La dénonciation prendra effet six mois après la date à laquelle la notification aura été reçue par les gouvernements dépositaires.	(2) Die Kündigung wird sechs Monate nach Eingang der Notifikation bei den Verwahrregierungen wirksam.«

---

1. Any Party may at any time denounce this Agreement by means of a notification addressed to the Secretary-General of the Organization.	1. Toute Partie peut, à tout moment, dénoncer le présent Accord en adressant une notification au Secrétaire général de l'Organisation.	»(1) Jede Vertragspartei kann dieses Übereinkommen jederzeit durch eine an den Generalsekretär der Organisation gerichtete Notifikation kündigen.
2. Such denunciation shall become effective on the first day of the month following the expiration of a period of ... months after the date of receipt of the notification by the Secretary-General.	2. La dénonciation prendra effet le premier jour du mois qui suit l'expiration d'une période de ... mois après la date de réception de la notification par le Secrétaire général.	(2) Die Kündigung wird am ersten Tag des Monats wirksam, der auf einen Zeitabschnitt von ... Monaten nach Eingang der Notifikation beim Generalsekretär folgt.«

---

1. In case a High Contracting Party should denounce this Protocol, the denunciation shall only take effect one year after receipt of the instrument of denunciation. If, however, on the expiry of that year the denouncing Party is engaged in one of the situations referred to in Article 1, the denunciation shall not take effect before the end of the armed conflict or occupation and not, in any case, before operations connected with the final release, repatriation or re-establishment of the persons protected by the Conventions or this Protocol have been terminated.	1. Au cas où une Haute Partie contractante dénoncerait le présent Protocole, la dénonciation ne produira ses effets qu'une année après réception de l'instrument de dénonciation. Si toutefois, à l'expiration de cette année, la Partie dénonçante se trouve dans une situation visée par l'article premier, l'effet de la dénonciation demeurera suspendu jusqu'à la fin du conflit armé ou de l'occupation et, en tout cas, aussi longtemps que les opérations de libération définitive, de rapatriement ou d'établissement des personnes protégées par les Conventions ou par le présent Protocole ne seront pas terminées.	»(1) Kündigt eine Hohe Vertragspartei dieses Protokoll, so wird die Kündigung erst ein Jahr nach Eingang der Kündigungsurkunde wirksam. Ist jedoch bei Ablauf dieses Jahres für die kündigende Partei eine in Artikel 1 genannte Situation eingetreten, so bleibt die Kündigung bis zum Ende des bewaffneten Konflikts oder der Besetzung, in jedem Fall aber so lange unwirksam, bis die mit der endgültigen Freilassung, der Heimschaffung oder der Niederlassung der durch die Abkommen oder dieses Protokoll geschützten Personen im Zusammenhang stehenden Maßnahmen abgeschlossen sind.
2. The denunciation shall be notified in writing to the depositary, which shall transmit it to all the High Contracting Parties.	2. La dénonciation sera notifiée par écrit au dépositaire qui informera toutes les Hautes Parties contractantes de cette notification.	(2) Die Kündigung wird dem Verwahrer schriftlich notifiziert; dieser übermittelt sie allen Hohen Vertragsparteien.
3. The denunciation shall have effect only in respect of the denouncing Party.	3. La dénonciation n'aura d'effet qu'à l'égard de la Partie dénonçante.	(3) Die Kündigung wird nur in bezug auf die kündigende Vertragspartei wirksam.

4. Any denunciation under paragraph 1 shall not affect the obligations already incurred, by reason of the armed conflict, under this Protocol by such denouncing Party in respect of any act committed before this denunciation becomes effective.

4. Aucune dénonciation notifiée aux termes du paragraphe 1 n'aura d'effet sur les obligations déjà contractées du fait du conflit armé au titre du présent Protocole par la Partie dénonçante pour tout acte commis avant que ladite dénonciation devienne effective.

(4) Eine <u>Kündigung</u> nach Absatz 1 berührt nicht die wegen des bewaffneten Konflikts von der <u>kündigenden</u> Vertragspartei nach diesem Protokoll bereits eingegangenen Verpflichtungen in bezug auf eine vor dem Wirksamwerden der <u>Kündigung</u> begangene Handlung.«

Any State Party to the Agreement may give notice of its withdrawal from the Agreement one year after its entry into force by written notification to the Depositary Governments. Such withdrawal shall take effect one year from the date of receipt of this notification.

Tout Etat partie à l'Accord pourra notifier par écrit aux gouvernements dépositaires son retrait de l'Accord un an après son entrée en vigueur. Ce retrait prendra effet un an après le jour où ladite notification aura été reçue.

»Jeder Vertragsstaat kann dieses Übereinkommen ein Jahr nach dessen Inkrafttreten durch eine an die Verwahrregierungen gerichtete schriftliche Notifikation <u>für sich kündigen</u>. Die <u>Kündigung</u> wird ein Jahr nach Eingang dieser Notifikation wirksam.«

Any Participating Government may withdraw from this Agreement by giving notice of withdrawal to the Government of ...

Tout Gouvernement participant pourra se retirer du présent Accord en notifiant ce retrait au Gouvernement ...

Todo Gobierno participante podrá retirarse del presente Acuerdo notificando su retirada al Gobierno de ...

»Jede Teilnehmerregierung kann von diesem Übereinkommen <u>zurücktreten</u>, indem sie der Regierung ... ihren <u>Rücktritt</u> notifiziert.«

Any Government party to the present Convention may terminate the application thereof to itself (denounce this Convention in so far as it is concerned) by giving twelve months' notice to that effect to the Secretary-General of the Organization.

Tout Gouvernement partie à la présente Convention pourra mettre fin en ce qui le concerne à son application, en donnant un préavis d'un an à cet effet au Secrétaire général de l'Organisation.

Cada Gobierno Parte en la presente Convención podrá poner fin a la aplicación de la misma, en lo que a él atañe, mediante preaviso de un año (dirigido) al Secretario General de la Organización.

»Jede Vertragsregierung kann unter Einhaltung einer Frist von zwölf Monaten durch eine an den Generalsekretär der Organisation gerichtete Kündigungsanzeige von diesem Übereinkommen zurücktreten.«

Any Government party to the present Convention may terminate the application thereof to itself by giving twelve months notice to that effect to the Secretary-General of the Organization.

Tout Gouvernement partie à la présente Convention peut mettre fin en ce qui le concerne à son application, en donnant un préavis d'un an à cet effet au Secrétaire général de l'Organisation.

»Jede Vertragsregierung kann unter Einhaltung einer Frist von zwölf Monaten durch ein an den Generalsekretär der Organisation gerichtetes Kündigungsschreiben von diesem Übereinkommen zurücktreten.«

Withdrawal from the Organization shall take effect upon the expiration of the sixtieth day following the day on which written notice of withdrawal is received by the Director-General.

Le retrait de l'Organisation prendra effet à l'expiration d'un délai de soixante jours à compter du jour où le Directeur général aura reçu notification écrite dudit retrait.

La salida de la Organización entrará en vigor a la expiración de un plazo de sesenta días a partir de aquél en que el Director general haya recibido la notificación escrita correspondiente.

»Der Austritt aus der Organisation wird mit Ablauf des sechzigsten Tages nach Eingang des Kündigungsschreibens beim Generaldirektor wirksam.«

Withdrawal and Suspension of Members

Right to Withdraw

Any member may withdraw from the Bank by delivering to the Bank at its principal office written notice of its intention to do so. Such withdrawal shall become finally effective on the date specified in the notice but in no event less than six months after the notice is delivered to the Bank. However, at any time before the withdrawal becomes finally effective, the member may notify the Bank in writing of the cancellation of its notice of intention to withdraw.

Retrait et suspension des pays membres

Droit de retrait

Tout pays membre pourra se retirer de la Banque en notifiant par écrit sa décision au siège principal de celle-ci. Le retrait sera définitif à la date spécifiée dans la lettre de notification, mais il ne pourra en aucun cas prendre effet avant six mois à compter de la date de réception de la lettre par la Banque. Toutefois, au cours de cette période intermédiaire, le pays membre pourra à tout moment revenir sur sa décision de retrait en donnant une notification écrite à la Banque.

»Austritt und Suspendierung von Mitgliedern

Austrittsrecht

Jedes Mitglied kann aus der Bank austreten, indem es der Bank in ihrer Hauptgeschäftsstelle eine schriftliche Anzeige über seine Absicht zugehen läßt. Der Austritt wird zu dem in der Anzeige angegebenen Zeitpunkt endgültig wirksam, frühestens jedoch sechs Monate nach Zustellung der Anzeige an die Bank. Das Mitglied kann jederzeit, bevor der Austritt endgültig wirksam wird, der Bank schriftlich notifizieren, daß es die Anzeige über den beabsichtigten Austritt zurücknimmt.«

This Agreement may be terminated on 31 December in any year by the Contracting Governments, subject to notice in writing of desire to terminate this Agreement, addressed to the Secretary-General not later than 1 January of that year.

Les Gouvernements contractants pourront mettre fin au présent Accord à dater du 31 décembre d'une année quelconque sur préavis écrit faisant connaître leur désir de mettre fin au présent Accord, adressé au Secrétaire général au plus tard le 1er janvier de l'année en question.

Los Gobiernos Contratantes podrán poner fin al presente Acuerdo a partir del 31 de diciembre de un año cualquiera, previo aviso del deseo de poner fin al presente Acuerdo, dirigido por escrito al Secretario General, a más tardar el 1 de enero del año en cuestión.

»Die Vertragsregierungen können diese Vereinbarung zum 31. Dezember eines jeden Jahres beenden (außer Kraft setzen), indem sie bis zum 1. Januar des betreffenden Jahres ein Kündigungsschreiben an den Generalsekretär richten.«

This Convention shall expire (lapse) (cease to have effect) if for any period of ... the number of Contracting States is less than eight.

La présente Convention cessera de produire ses effets (d'être en vigueur) si le nombre des Etats contractants est inférieur à huit pendant une période de ...

La presente Convención dejará de regir si el número de los Estados Contratantes fuere inferior a ocho durante un período de ...

»Dieses Übereinkommen erlischt (tritt außer Kraft), wenn während ... die Anzahl der Vertragsstaaten weniger als acht beträgt.«

Dissolution

The Organization shall be dissolved if at any time there are less than five Member States. It may be dissolved at any time by agreement between Member States.

Dissolution

L'Organisation sera dissoute si le nombre des Etats membres se réduit à moins de cinq. Elle pourra être dissoute à tout moment par accord des Etats membres.

»Auflösung

Die Organisation wird aufgelöst, wenn ihr zu irgendeinem Zeitpunkt weniger als fünf Mitgliedstaaten angehören. Sie kann in gegenseitigem Einvernehmen aller Mitgliedstaaten jederzeit aufgelöst werden.«

Die entsprechenden Bestimmungen des Wiener Vertragsrechtsübereinkommens von 1969 lauten wie folgt:

»Termination and suspension of the operation of treaties

Article 54

Termination of or withdrawal from a treaty under its provisions or by consent of the parties

The termination of a treaty or the withdrawal of a party may take place:

(a) in conformity with the provisions of the treaty; or

(b) at any time by consent of all the parties after consultation with the other contracting States.

Article 55

Reduction of the parties to a multilateral treaty below the number necessary for its entry into force

Unless the treaty otherwise provides, a multilateral treaty does not terminate by reason only of the fact that the number of the parties falls below the number necessary for its entry into force.

Article 56

Denunciation of or withdrawal from a treaty containing no provision regarding termination, denunciation or withdrawal

1. A treaty which contains no provision regarding its termination and which does not provide for

Extinction des traités et suspension de leur application

Article 54

Extinction d'un traité ou retrait en vertu des dispositions du traité ou par consentement des parties

L'extinction d'un traité ou le retrait d'une partie peuvent avoir lieu:

a) conformément aux dispositions du traité; ou,

b) à tout moment, par consentement de toutes les parties, après consultation des autres Etats contractants.

Article 55

Nombre des parties à un traité multilatéral tombant au-dessous du nombre nécessaire pour son entrée en vigueur

A moins que le traité n'en dispose autrement, un traité multilatéral ne prend pas fin pour le seul motif que le nombre des parties tombe au-dessous du nombre nécessaire pour son entrée en vigueur.

Article 56

Dénonciation ou retrait dans le cas d'un traité ne contenant pas de dispositions relatives à l'extinction, à la dénonciation ou au retrait

1. Un traité qui ne contient pas de dispositions relatives à son extinction et ne prévoit pas qu'on puisse

denunciation or withdrawal is not subject to denunciation or withdrawal unless: ...

le dénoncer ou s'en retirer ne peut faire l'objet d'une dénonciation ou d'un retrait, à moins: ...

Article 57

Suspension of the operation of a treaty under its provisions or by consent of the parties

The operation of a treaty in regard to all the parties or to a particular party may be suspended: ...

Article 57

Suspension de l'application d'un traité en vertu de ses dispositions ou par consentement des parties

L'application d'un traité au regard de toutes les parties ou d'une partie déterminée peut être suspendue: ...

Article 58

Suspension of the operation of a multilateral treaty by agreement between certain of the parties only

1. Two or more parties to a multilateral treaty may conclude an agreement to suspend the operation of provisions of the treaty, temporarily and as between themselves alone, if: ...

Article 58

Suspension de l'application d'un traité multilatéral par accord entre certaines parties seulement

1. Deux ou plusieurs parties à un traité multilatéral peuvent conclure un accord ayant pour objet de suspendre, temporairement et entre elles seulement, l'application de dispositions du traité: ...

Article 59

Termination or suspension of the operation of a treaty implied by conclusion of a later treaty

1. A treaty shall be considered as terminated if all the parties to it conclude a later treaty relating to the same subject-matter and: ...

2. The earlier treaty shall be considered as only suspended in operation if ...

Article 59

Extinction d'un traité ou suspension de son application implicites du fait de la conclusion d'un traité postérieur

1. Un traité est considéré comme ayant pris fin lorsque toutes les parties à ce traité concluent ultérieurement un traité portant sur la même matière et: ...

2. Le traité antérieur est considéré comme étant seulement suspendu s'il ...

Terminación de los tratados y suspensión de su aplicación

Artículo 54

Terminación de un tratado o retiro de él en virtud de sus disposiciones o por consentimiento de las partes

La terminación de un tratado o el retiro de una parte podrán tener lugar:

a) conforme a las disposiciones del tratado; o

b) en cualquier momento, por consentimiento de todas las partes después de consultar a los demás Estados contratantes.

Artículo 55

Reducción del número de partes en un tratado multilateral a un número inferior al necesario para su entrada en vigor

Un tratado multilateral no terminará por el solo hecho de que el número de partes llegue a ser inferior al necesario para su entrada en vigor, salvo que el tratado disponga otra cosa.

Artículo 56

Denuncia o retiro en el caso de que el tratado no contenga disposiciones sobre la terminación, la denuncia o el retiro

1. Un tratado que no contenga disposiciones sobre su terminación ni prevea la denuncia o el retiro del mismo no podrá ser objeto de denuncia o de retiro a menos: ...

Beendigung und Suspendierung von Verträgen

Artikel 54

Beendigung eines Vertrags oder Rücktritt vom Vertrag auf Grund seiner Bestimmungen oder durch Einvernehmen zwischen den Vertragsparteien

Die Beendigung eines Vertrags oder der Rücktritt einer Vertragspartei vom Vertrag können erfolgen

a) nach Maßgabe der Vertragsbestimmungen oder

b) jederzeit durch Einvernehmen zwischen allen Vertragsparteien nach Konsultierung der anderen Vertragsstaaten.

Artikel 55

Abnahme der Zahl der Vertragsparteien eines mehrseitigen Vertrags auf weniger als die für sein Inkrafttreten erforderliche Zahl

Sofern der Vertrag nichts anderes vorsieht, erlischt ein mehrseitiger Vertrag nicht schon deshalb, weil die Zahl der Vertragsparteien unter die für sein Inkrafttreten erforderliche Zahl sinkt.

Artikel 56

Kündigung eines Vertrags oder Rücktritt von einem Vertrag, der keine Bestimmung über Beendigung, Kündigung oder Rücktritt enthält

(1) Ein Vertrag, der keine Bestimmung über seine Beendigung enthält und eine Kündigung oder einen Rücktritt nicht vorsieht, unterliegt weder der Kündigung noch dem Rücktritt, sofern ... nicht ...

Artículo 57

Suspensión de la aplicación de un tratado en virtud de sus disposiciones o por consentimiento de las partes

La aplicación de un tratado podrá suspenderse con respecto a todas las partes o a una parte determinada: ...

Artikel 57

Suspendierung eines Vertrags auf Grund seiner Bestimmungen oder durch Einvernehmen zwischen den Vertragsparteien

Ein Vertrag kann gegenüber allen oder einzelnen Vertragsparteien suspendiert werden ...

Artículo 58

Suspensión de la aplicación de un tratado multilateral por acuerdo entre algunas de las partes únicamente

1. Dos o más partes en un tratado multilateral podrán celebrar un acuerdo que tenga por objeto suspender la aplicación de disposiciones del tratado, temporalmente y sólo en sus relaciones mutuas: ...

Artikel 58

Suspendierung eines mehrseitigen Vertrags auf Grund einer Übereinkunft zwischen einzelnen Vertragsparteien

(1) Zwei oder mehr Vertragsparteien eines mehrseitigen Vertrags können eine Übereinkunft zur zeitweiligen, nur zwischen ihnen wirksamen Suspendierung einzelner Vertragsbestimmungen schließen, ...

Artículo 59

Terminación de un tratado o suspensión de su aplicación implícitas como consecuencia de la celebración de un tratado posterior

1. Se considerará que un tratado ha terminado si todas las partes en él celebran ulteriormente un tratado sobre la misma materia y: ...

2. Se considerará que la aplicación del tratado anterior ha quedado únicamente suspendida si ...

Artikel 59

Beendigung oder Suspendierung eines Vertrags durch Abschluß eines späteren Vertrags

(1) Ein Vertrag gilt als beendet, wenn alle Vertragsparteien später einen sich auf denselben Gegenstand beziehenden Vertrag schließen ...

(2) Der frühere Vertrag gilt als nur suspendiert, wenn ...«

(4) Es entsprechen sich folgende Bezeichnungen und Wendungen:

to cease to have effect	cesser de produire ses effets	dejar de regir

»außer Kraft treten«

to denounce; denunciation	dénoncer; dénonciation	denunciar; denuncia

»kündigen; Kündigung«

to denounce at the end of ..., having given (subject to) ... months' (previous) notice	dénoncer à l'expiration de ... sous réserve d'un préavis de ... mois	denunciar a la expiración de ... con un preaviso (mediante preaviso) de ... meses

»zum Ende ... unter Einhaltung einer Frist von ... Monaten kündigen«

... may denounce this Convention in so far as it is concerned ...	... pourra, en ce qui le concerne, dénoncer la présente Convention ...	... podrá, en lo que a él atañe, denunciar la presente Convención ...

»... kann dieses Übereinkommen für sich kündigen ...«; »... kann von diesem Übereinkommen zurücktreten ...«

(not) subject to denunciation	(ne) peut être dénoncé	(no) puede ser denunciado

»(un)kündbar«

dissolve; dissolution	dissoudre; dissolution	disolver; disolución

»auflösen; Auflösung«

to expire, to lapse (treaty u.ä.)	expirer, cesser d'être en vigueur (traité u.ä.)	expirar, dejar de regir (de producir efectos), cesar en sus efectos (tratado u.ä.)

»außer Kraft treten, erlöschen« (Vertrag u.ä.)

expiry (treaty u.ä.)	expiration (traité u.ä.)	expiración (tratado u.ä.)

»Außerkrafttreten, Erlöschen« (Vertrag u.ä.)

notice of termination	avis de dénonciation	aviso de terminación

»Kündigungsanzeige«

notice of withdrawal	**préavis de retrait**	**aviso de retiro (de retirada, de salida)**

»Rücktrittsanzeige, Austrittsanzeige«

notice in writing of desire to terminate this Agreement	**préavis écrit faisant connaître le désir de mettre fin au présent Accord**	**aviso (por) escrito del deseo de poner fin al presente Acuerdo**

»Kündigungsschreiben«

notice in writing (written notice) of withdrawal	**préavis écrit de retrait**	**aviso de retiro (de retirada) por escrito**

»Rücktrittsschreiben, Austrittsschreiben«

thirty days' notice of withdrawal	**préavis de retrait de trente jours**	**aviso de retiro (de retirada) con treinta días de anticipación**

(Rücktritt) (Austritt) »unter Einhaltung einer Frist von dreißig Tagen«; (...) kann »dreißig Tage nach erfolgter Kündigung von ... zurücktreten« oder »aus ... austreten«

suspend; suspension	**suspendre; suspension**	**suspender; suspensión**

»suspendieren; Suspendierung«

terminate; termination	**mettre fin, prendre fin; extinction**	**terminar, poner fin; terminación, extinción**

»beenden, außer Kraft setzen, erlöschen, enden; Beendigung, Außerkrafttreten, Erlöschen«

... may terminate the application of the present Convention to itself ...	**... peut mettre fin, en ce qui le concerne, à l'application de la présente Convention ...**	**... podrá poner fin a la aplicación de la presente Convención, en lo que a él atañe ...**

»... kann von diesem Übereinkommen zurücktreten ...«

to be terminated	cesser d'être en vigueur	dejar de regir (de producir efectos), cesar en sus efectos, expirar

»enden, außer Kraft treten«

to withdraw; withdrawal	se retirer; retrait	retirarse; retiro, retirada, salida

»zurücktreten; Rücktritt« (von einer Übereinkunft); »austreten; Austritt« (aus einer Organisation)

§ 29 - Die Schlußformeln

(1) Die Schlußformeln bestehen in der Regel aus dem **»Zu-Urkund«-Vermerk** (meist nur bei Staatsverträgen) und dem **»Geschehen«-Vermerk**. Ersterer beurkundet die Unterzeichnung und gegebenenfalls Siegelung; letzterer gibt meist Ort und Zeitpunkt, die Anzahl der Urschriften und die Sprachen an, in denen der Wortlaut verbindlich ist. Auch die Hinterlegung der Urschrift und die Übermittlung von Abschriften werden oft im Geschehen-Vermerk geregelt. In einfacheren Übereinkünften fehlt meist der Zu-Urkund-Vermerk.[52]

»Zu Urkund dessen haben die (hierzu gehörig befugten) Bevollmächtigten diesen Vertrag unterschrieben (und mit ihren Siegeln versehen).

In witness whereof, the plenipotentiaries (, being duly authorized thereto,) have signed this (the present) Treaty (and affixed thereto their seals).

Geschehen zu ... am ... in zwei Urschriften, jede in deutscher[53] und englischer (französischer, spanischer) Sprache, wobei jeder Wortlaut gleichermaßen verbindlich ist.«

Done at ... on ... in duplicate in the German[53] and English languages, both texts being equally authentic.

<u>oder:</u>

En foi de quoi, les plénipotentiaires (, dûment autorisés à cet effet,) ont signé le présent Traité (et y ont apposé leurs sceaux).

<u>oder:</u>

En fe de lo cual los plenipotenciarios (, debidamente autorizados a este efecto,) han firmado (suscrito) (y sellado con sus sellos) el presente Tratado.

---

52 siehe Fußnote 37 auf S. 130

53 zur Frage des Alternats siehe § 8

Fait à ..., le ..., en double exemplaire en langues allemande[53] et française, les deux textes faisant également foi.

Hecho en ..., a ..., en dos ejemplares, en lengua alemana[53] y española, siendo ambos textos igualmente auténticos (válidos).

In witness whereof, the undersigned, being duly authorized thereto, have affixed their signatures on behalf of their respective Governments on the dates appearing opposite their respective signatures.

En foi de quoi, les soussignés, dûment autorisés à cet effet, ont apposé leur(s) signature(s) au nom de leurs Gouvernements respectifs aux dates figurant en regard de leur(s) signature(s) respective(s).

En testimonio de lo cual, los que suscriben, debidamente autorizados a este efecto, han firmado el presente Acuerdo en nombre de sus respectivos Gobiernos en las fechas mencionadas frente a sus respectivas firmas.

»Zu Urkund dessen haben die hierzu gehörig befugten Unterzeichneten dieses Übereinkommen im Namen ihrer Regierungen an den gegenüber ihren Unterschriften vermerkten Tagen unterschrieben.«

In faith whereof, the undersigned representatives, being duly authorized thereto by their respective Governments, have signed the present Agreement (and affixed thereto their seals).

En foi de quoi, les représentants soussignés, dûment autorisés à cet effet par leurs Gouvernements respectifs, ont signé le présent Accord (et y ont apposé leurs sceaux).

Done at Paris, this ... in English, French and Spanish, all three texts being equally authoritative, in a single original which shall remain deposited in the archives of ... The Secretary-General shall transmit certified true copies thereof to each of the Signatories.

Fait à Paris, le ..., en français, anglais et espagnol, les trois textes faisant également foi, en un seul original qui sera déposé aux archives ... Le Secrétaire général en transmettra des copies certifiées conformes à tous les signataires.

---

53 zur Frage des Alternats siehe § 8

En fe de lo cual, los representantes suscritos, debidamente autorizados a este efecto por sus Gobiernos respectivos, han firmado el presente Acuerdo (y lo han sellado con sus sellos).

Hecho en Paris, el ..., en español, francés e inglés, siendo los tres textos igualmente válidos, en un solo original que será depositado en los archivos del ... El Secretario General transmitirá una copia certificada a todos los signatarios.

»Zu Urkund dessen haben die unterzeichneten, hierzu von ihren Regierungen gehörig befugten Vertreter dieses Übereinkommen unterschrieben (und mit ihren Siegeln versehen).

Geschehen zu Paris am ... in englischer, französischer und spanischer Sprache, wobei jeder Wortlaut gleichermaßen verbindlich ist, in einer Urschrift, die im Archiv ... hinterlegt wird. Der Generalsekretär übermittelt allen Unterzeichnern beglaubigte Abschriften.«

In witness whereof, the undersigned Plenipotentiaries, duly authorized, have appended their signatures to the present Convention.

En fe de lo cual, los Plenipotenciarios infrascritos, debidamente autorizados para ello, han estampado sus firmas.

En foi de quoi les Plénipotentiaires soussignés, dûment habilités, ont apposé leurs signatures au bas de la présente Convention.

»Zu Urkund dessen haben die unterzeichneten, hierzu gehörig befugten Bevollmächtigten dieses Übereinkommen mit ihren Unterschriften versehen.«

»Zu Urkund dessen haben die Bevollmächtigten dieses Übereinkommen unterschrieben und mit ihren Siegeln versehen.

In witness whereof, the plenipotentiaries have signed the present Agreement and affixed thereto their seals.

En foi de quoi, les plénipotentiaires ont signé le présent Accord et y ont apposé leurs sceaux.

Geschehen zu ... am ... in deutscher, englischer und französischer Sprache, wobei jeder Wortlaut gleichermaßen verbindlich ist, in einer Urschrift, die im Archiv der Regierung ... hinterlegt wird; diese übermittelt jedem anderen Unterzeichnerstaat eine beglaubigte Abschrift.«

Done at ... on ... in the German, English and French languages, all three texts being equally authentic, in a single copy which shall be deposited in the archives of the Government of ... which shall transmit a duly certified copy to each of the other signatory States.

Fait à ..., le ..., en langues allemande, anglaise et française, les trois textes faisant également foi, en un exemplaire unique qui sera déposé dans les archives du Gouvernement ... et dont copie certifiée conforme sera transmise par ce Gouvernement à chacun des autres Etats signataires.

»Zu Urkund dessen haben die hierzu gehörig befugten Unterzeichneten dieses Übereinkommen unterschrieben.

Geschehen zu ... am ... in deutscher, englischer und französischer Sprache, wobei jeder Wortlaut gleichermaßen verbindlich ist, in einer Urschrift, die im Archiv der Regierung ... hinterlegt wird; diese übermittelt jedem Unterzeichnerstaat und jedem beitretenden Staat eine beglaubigte Abschrift.«

In witness whereof the undersigned, being duly authorized thereto, have signed the present Convention.

Done at ... this ... in the German, English and French languages, all three texts being equally authentic, in a single copy which shall be deposited in the archives of the Government of ... which shall transmit a certified true copy to all signatory and acceding States.

En foi de quoi, les soussignés, dûment autorisés à cet effet, ont signé la présente Convention.

Fait à ..., le ..., en langues allemande, anglaise et française, les trois textes faisant également foi, en un seul exemplaire qui sera déposé dans les archives du Gouvernement ... qui en transmettra une copie certifiée conforme à tous les Etats signataires ou adhérents.

»Geschehen zu ... am ... in zwei Urschriften, jede in deutscher und englischer Sprache, wobei jeder Wortlaut gleichermaßen verbindlich ist.«

Done at ... on ... in duplicate in the German and English languages, both texts being equally authentic.

»Geschehen zu ... am ... in zwei Urschriften, jede in französischer und deutscher Sprache, wobei jeder Wortlaut gleichermaßen verbindlich ist.«

Fait à ..., le ..., en double exemplaire en langues française et allemande, les deux textes faisant également foi.

»Geschehen zu ... am ... in zwei Urschriften, jede in deutscher und spanischer Sprache, wobei jeder Wortlaut gleichermaßen verbindlich ist.«

Hecho en ..., a ..., en dos ejemplares, en lengua alemana y española, siendo ambos textos igualmente auténticos (válidos).

The present Convention is established, together with the Regulations, in a single copy in the English and French languages, both texts being equally authentic. Official translations in the Russian and Spanish languages shall be prepared and deposited with the signed original.

In witness whereof the undersigned being duly authorized by their respective Governments for that purpose have signed the present Convention.

Done at London this twentieth day of October one thousand nine hundred and seventy-two.

La présente Convention et le Règlement sont établis en un seul exemplaire en langues française et anglaise, les deux textes faisant également foi. Il en est établi des traductions officielles en langues russe et espagnole qui sont déposées avec l'exemplaire original revêtu des signatures.

En foi de quoi les soussignés, dûment autorisés à cet effet par leurs gouvernements, ont apposé leur signature à la présente Convention.

Fait à Londres, ce vingt octobre mil neuf cent soixante-douze.

»Dieses Übereinkommen und die Regeln sind in einer Urschrift in englischer und französischer Sprache abgefaßt, wobei jeder Wortlaut gleichermaßen verbindlich ist. Amtliche Übersetzungen in russischer und spanischer Sprache werden angefertigt und mit der unterzeichneten Urschrift hinterlegt.

Zu Urkund dessen haben die von ihren Regierungen hierzu gehörig befugten Unterzeichneten dieses Übereinkommen unterschrieben.

Geschehen zu London am 20. Oktober 1972.«

This Protocol is established in a single original in the Arabic, Chinese, English, French, Russian and Spanish languages, each text being equally authentic.	Le présent Protocole est établi en un seul exemplaire original en langues anglaise, arabe, chinoise, espagnole, française et russe, tous les textes faisant également foi.	»Dieses Protokoll ist in einer Urschrift in arabischer, chinesischer, englischer, französischer, russischer und spanischer Sprache abgefaßt, wobei jeder Wortlaut gleichermaßen verbindlich ist.
Done at London, this twenty-fifth day of May one thousand nine hundred and eighty-four.	Fait à Londres, ce vingt-cinq mai mil neuf cent quatre-vingt-quatre.	Geschehen zu London am 25. Mai 1984.
In witness whereof the undersigned, being duly authorized by their respective Governments for that purpose, have signed this Protocol.	En foi de quoi les soussignés, dûment autorisés à cet effet par leurs gouvernements respectifs, ont signé le présent Protocole.	Zu Urkund dessen haben die hierzu von ihren Regierungen gehörig befugten Unterzeichneten dieses Protokoll unterschrieben.«

Authentic texts	**Textes faisant foi**
The original of this Convention, of which the Arabic, Chinese, English, French, Russian and Spanish texts are equally authentic, shall, subject to article 305, paragraph 2, be deposited with the Secretary-General of the United Nations.	L'original de la Convention, dont les textes anglais, arabe, chinois, espagnol, français et russe font également foi, est déposé, compte tenu de l'article 305, paragraphe 2, auprès du Secrétaire général de l'Organisation des Nations Unies.
In witness whereof, the undersigned Plenipotentiaries, being duly authorized thereto, have signed this Convention.	En foi de quoi, les plénipotentiaires soussignés, dûment autorisés à cet effet, ont signé la Convention.
Done at Montego Bay, this tenth day of December, one thousand nine hundred and eighty-two.	Fait à Montego Bay, le dix décembre mil neuf cent quatre-vingt-deux.

Textos auténticos

El original de esta Convención, cuyos textos en árabe, chino, español, francés, inglés y ruso son igualmente auténticos, será depositado, teniendo en cuenta lo dispuesto en el párrafo 2 del artículo 305, en poder del Secretario General de las Naciones Unidas.

En testimonio de lo cual los plenipotenciarios infrascritos, debidamente autorizados para ello, han firmado esta Convención.

Hecha en Montego Bay, el día diez de diciembre de mil novecientos ochenta y dos.

»Verbindliche Wortlaute

Die Urschrift dieses Übereinkommens, dessen arabischer, chinesischer, englischer, französischer, russischer und spanischer Wortlaut gleichermaßen verbindlich ist, wird im Einklang mit Artikel 305 Absatz 2 beim Generalsekretär der Vereinten Nationen hinterlegt.

Zu Urkund dessen haben die unterzeichneten, hierzu gehörig befugten Bevollmächtigten dieses Übereinkommen unterschrieben.

Geschehen zu Montego Bay am 10. Dezember 1982.«

(2) Zweiseitige Übereinkünfte mit Mittelsprache

Werden Urschriften in **drei** Sprachen gefertigt, von denen zwei die jeweilige Muttersprache der Vertragsparteien und die dritte für beide Vertragsparteien Fremdsprache ist (z.B. deutsch / arabisch / englisch), so kann die dritte Sprache wie folgt als maßgebend vereinbart werden:

»Geschehen zu ... am ... in zwei Urschriften, jede in deutscher, arabischer und englischer[54] Sprache, wobei jeder Wortlaut verbindlich ist. Bei unterschiedlicher Auslegung des deutschen und des arabischen Wortlauts ist der englische[55] Wortlaut maßgebend.«

Done at ... on ... in duplicate in the German, Arabic and English languages, all three texts being authentic. In case of divergent interpretations of the German and Arabic texts, the English text shall prevail.

54 oder: französischer / spanischer

55 oder: französische / spanische

Fait à ..., le ..., en double exemplaire en langues allemande, arabe et française, les trois textes faisant foi. En cas de divergences dans l'interprétation du texte allemand et du texte arabe, le texte français prévaudra.	Hecho en ..., el ..., en dos ejemplares, en lengua alemana, árabe y española, siendo cada uno de los textos auténtico. En caso de divergencia de interpretación del texto alemán y del texto árabe, prevalecerá el texto español.

(3) Bei zweiseitigen Übereinkünften ist der **Tag des »Geschehens«** der Tag, an dem die Übereinkunft unterzeichnet wird. Bei mehrseitigen Übereinkünften ist dies in der Regel der Tag, an dem die Übereinkunft zur Unterzeichnung aufgelegt wird. Kommt die Wendung »done / fait / hecho« im laufenden Text vor, so ist sie entweder durch die adjektivische Form der betreffenden Stadt oder durch »von« oder durch »beschlossen« wiederzugeben:

The Convention done at Geneva on ...	La Convention faite à Genève le ...
El Convenio hecho en Ginebra el ...	»Das Genfer Übereinkommen vom ...«; »Das in Genf am ... beschlossene Übereinkommen«
The Agreement done at San Francisco on ...	L'Accord fait à San Francisco le ...
El Acuerdo hecho en San Francisco el ...	»Das Abkommen von San Franzisko vom ...«; »Das am ... in San Francisco beschlossene Übereinkommen«
The Convention done on ... and opened for signature on ...	La Convention faite le ... et ouverte à la signature le ...
La Convención hecha el ... y abierta para la firma el ...	»Das am ... beschlossene und am ... zur Unterzeichnung aufgelegte Übereinkommen ...«

(4) Es entsprechen sich folgende Bezeichnungen und Wendungen:

to affix ... seals	apposer ... sceaux	sellar con sellos

»mit ihren Siegeln versehen«

to append ... signatures	apposer ... signatures	estampar ... firmas

»mit ihren Unterschriften versehen«

the archives	**les archives**	**los archivos**

»das Archiv« [56]

authentic texts	**textes faisant foi**	**textos auténticos**

»verbindliche Wortlaute«

... texts being equally authentic (authoritative)	**... textes faisant également foi**	**siendo ... textos igual-mente auténticos (válidos)**

»..., wobei jeder Wortlaut gleichermaßen verbindlich ist«

certified (true) copy	**copie certifiée conforme**	**copia certificada**

»beglaubigte Abschrift«

to deposit (the original)	**déposer (l'original)**	**depositar (el original)**

(die Urschrift) »hinterlegen«

Done at ...	**Fait à ...**	**Hecho (Hecha) en ...**

»Geschehen zu ...«

duly authorized	**dûment autorisés**	**debidamente autorizados**

»gehörig befugt«

in duplicate, in two originals	**en double exemplaire, en deux exemplaires (originaux)**	**en doble original, en dos ejemplares, por duplicado**

»in zwei Urschriften«

56 siehe Fußnote 41 auf Seite 155

In faith whereof ...	**En foi de quoi ...**	**En fe (En testimonio) de lo cual ...**
»Zu Urkund dessen ...«		
original (text)	**(texte) original, exemplaire**	**original**
»Urschrift«		
plenipotentiaries	**plénipotentiaires**	**plenipotenciarios**
»Bevollmächtigte«		
..., the English text shall prevail.	**..., le texte anglais prévaudra.**	**..., prevalecerá el texto inglés.**
»... ist der englische Wortlaut maßgebend.«		
representatives	**représentants**	**representantes**
»Vertreter«		
to sign	**signer**	**firmar, suscribir**
»unterschreiben, unterzeichnen«		
signatories	**les signataires**	**los signatarios**
»die Unterzeichner«[57]		
the undersigned	**les soussignés**	**los suscritos (infrascritos)**
»die U(u)nterzeichneten«[57]		

57 siehe § 20 unter »signatories«

In witness whereof ... | En foi de quoi ... | En fe (En testimonio) de lo cual ...

»Zu Urkund dessen ...«

§ 30 - Muster-Schlußklauseln einiger internationaler Organisationen

- mit Österreich und der Schweiz abgestimmt -

(1) Europarat

Der Europarat hat für die von ihm geschlossenen Übereinkommen Muster-Schlußklauseln in englischer und französischer Sprache festgelegt. Die deutsche Übersetzung dieser Schlußklauseln wurde zwischen den drei deutschsprachigen Mitgliedstaaten des Europarats vereinbart und ist bei der Übersetzung von Europarats-Übereinkommen zu beachten. Sie kann auch bei der Übersetzung ähnlicher Schlußklauseln anderer Übereinkünfte herangezogen werden.

Nachstehend wird die amtliche englische und französische Fassung der Europarats-Schlußklauseln mit deutscher Übersetzung wiedergegeben:

Article a

Alternative 1 (agreements)

1. This Agreement shall be open for signature by the member States of the Council of Europe which may express their consent to be bound by:

a. signature without reservation as to ratification, acceptance or approval, or

b. signature subject to ratification, acceptance or approval, followed by ratification, acceptance or approval.

2. Instruments of ratification, acceptance or approval shall be deposited with the Secretary General of the Council of Europe.

Alternative 2 (conventions)

This Convention shall be open for signature by the member States of the Council of Europe. It is subject to ratification, acceptance or approval. Instruments of ratification, acceptance or approval shall be deposited with the Secretary General of the Council of Europe.

Article a

Variante 1 (accords)

1. Le présent Accord est ouvert à la signature des Etats membres du Conseil de l'Europe qui peuvent exprimer leur consentement à être liés par:

a. signature sans réserve de ratification, d'acceptation ou d'approbation, ou

b. signature, sous réserve de ratification, d'acceptation ou d'approbation, suivie de ratification, d'acceptation ou d'approbation.

2. Les instruments de ratification, d'acceptation ou d'approbation seront déposés près le Secrétaire Général du Conseil de l'Europe.

Variante 2 (conventions)

La présente Convention est ouverte à la signature des Etats membres du Conseil de l'Europe. Elle sera soumise à ratification, acceptation ou approbation. Les instruments de ratification, d'acceptation ou d'approbation seront déposés près le Secrétaire Général du Conseil de l'Europe.

Artikel a

Alternative 1 (Übereinkommen[58])

(1) Dieses Übereinkommen liegt für die Mitgliedstaaten des Europarats zur Unterzeichnung auf; sie können ihre Zustimmung, gebunden zu sein, ausdrücken,

a) indem sie es ohne Vorbehalt der Ratifikation, Annahme oder Genehmigung unterzeichnen oder

Alternative 2 (Übereinkommen[59])

Dieses Übereinkommen liegt für die Mitgliedstaaten des Europarats zur Unterzeichnung auf. Es bedarf der Ratifikation, Annahme oder Genehmigung. Die Ratifikations-, Annahme- oder Genehmigungsurkunden werden beim Generalsekretär des Europarats hinterlegt.

---

58 Übereinkommen, die ohne Vorbehalt der Ratifikation, Annahme oder Genehmigung unterzeichnet werden können

59 Übereinkommen, die der Ratifikation, Annahme oder Genehmigung bedürfen

b) indem sie es vorbehaltlich der Ratifikation, Annahme oder Genehmigung unterzeichnen und später ratifizieren, annehmen oder genehmigen.

(2) Die Ratifikations-, Annahme- oder Genehmigungsurkunden werden beim Generalsekretär des Europarats hinterlegt.

Article b

1. (This Agreement) (This Convention) shall enter into force on the first day of the month following the expiration of a period of ... months after the date on which ... member States of the Council of Europe have expressed their consent to be bound by (the Agreement) (the Convention) in accordance with the provisions of Article a.

2. In respect of any member State which subsequently expresses its consent to be bound by it, (the Agreement) (the Convention) shall enter into force on the first day of the month following the expiration of a period of ... months after the date (of signature or)[a] of the deposit of the instrument of ratification, acceptance or approval.

Article b

1. (Le présent Accord) (La présente Convention) entrera en vigueur le premier jour du mois qui suit l'expiration d'une période de ... mois après la date à laquelle ... Etats membres du Conseil de l'Europe auront exprimé leur consentement à être liés par (l'Accord) (la Convention) conformément aux dispositions de l'article a.

2. Pour tout Etat membre qui exprimera ultérieurement son consentement à être lié par (l'Accord) (la Convention), (celui-ci) (celle-ci) entrera en vigueur le premier jour du mois qui suit l'expiration d'une période de ... mois après la date (de la signature ou)[b] du dépôt de l'instrument de ratification, d'acceptation ou d'approbation.

a) The words »of signature or« only apply in the case of an agreement.

b) Les mots »de la signature ou« ne doivent être maintenus que dans le cas d'un accord.

Artikel b

(1) Dieses Übereinkommen tritt am ersten Tag des Monats in Kraft, der auf einen Zeitabschnitt von ... Monaten nach dem Tag folgt, an dem ... Mitgliedstaaten des Europarats nach Artikel a ihre Zustimmung ausgedrückt haben, durch das Übereinkommen gebunden zu sein.

(2) Für jeden Mitgliedstaat, der später seine Zustimmung ausdrückt, durch dieses Übereinkommen gebunden zu sein, tritt es am ersten Tag des Monats in Kraft, der auf einen Zeitabschnitt von ... Monaten nach (der Unterzeichnung oder der)[c)] Hinterlegung der Ratifikations-, Annahme- oder Genehmigungsurkunde folgt.

Article c

1. After the entry into force of (this Agreement) (this Convention), the Committee of Ministers of the Council of Europe may invite any State not a member of the Council to accede to (this Agreement) (this Convention), by a decision taken by the majority provided for in Article 20.d of the Statute of the Council of Europe and by the unanimous vote of the representatives of the Contracting States entitled to sit on the Committee.[d)]

Article c

1. Après l'entrée en vigueur (du présent Accord) (de la présente Convention), le Comité des Ministres du Conseil de l'Europe pourra inviter tout Etat non membre du Conseil à adhérer (au présent Accord) (à la présente Convention), par une décision prise à la majorité prévue à l'article 20.d du Statut du Conseil de l'Europe, et à l'unanimité des représentants des Etats contractants ayant le droit de siéger au Comité[e)] **.**

---

c) Die Worte »der Unterzeichnung oder der« gelten nur im Fall eines Übereinkommens, das ohne Vorbehalt der Ratifikation, Annahme oder Genehmigung unterzeichnet werden kann.

d) The particulars concerning the rules according to which the decision is taken are intended for guidance. Obviously, there are other alternatives, such as: making no stipulation at all, in which case the decision has to be taken by the majority provided for in Article 20.d of the Statute; requiring a unanimous decision by the Committee of Ministers; providing, in addition to the decision by the Committee of Ministers, for the agreement of the States parties which are not members of the Council of Europe. In the text proposed above, »unanimous vote

2. In respect of any acceding State, (the Agreement) (the Convention) shall enter into force on the first day of the month following the expiration of a period of ... months after the date of deposit of the instrument of accession with the Secretary General of the Council of Europe.

2. Pour tout Etat adhérant, (l'Accord) (la Convention) entrera en vigueur le premier jour du mois qui suit l'expiration d'une période de ... mois après la date de dépôt de l'instrument d'adhésion près le Secrétaire Général du Conseil de l'Europe.

Artikel c

(1) Nach Inkrafttreten dieses Übereinkommens kann das Ministerkomitee des Europarats durch einen mit der in Artikel 20 Buchstabe d der Satzung des Europarats vorgesehenen Mehrheit und mit einhelliger Zustimmung der Vertreter der Vertragsstaaten, die Anspruch auf einen Sitz im Komitee haben, gefaßten Beschluß jeden Nichtmitgliedstaat des Rates einladen, dem Übereinkommen beizutreten.[f)]

---

of the representatives of the Contracting States entitled to sit on the Committee« means that all of those States must approve the decision. The decision cannot be taken if some of those States are absent or abstain.

e) Les précisions concernant les conditions auxquelles la décision devrait être prise sont indicatives. D'autres solutions sont évidemment possibles, comme par exemple: ne rien mentionner du tout, la décision étant nécessairement prise à la majorité prévue à l'article 20.d du Statut; prévoir l'unanimité du Comité des Ministres; prévoir, outre la décision du Comité des Ministres, l'accord des Etats parties non membres du Conseil de l'Europe. Dans le texte proposé ci-dessus, »l'unanimité des représentants des Etats contractants ayant le droit de siéger au Comité« signifie que tous ces Etats doivent approuver la décision. Cette dernière ne peut donc pas être prise si certains de ces Etats sont absents ou s'abstiennent.

f) Die Einzelheiten betreffend die Bedingungen, unter denen der Beschluß gefaßt wird, sollen nur als Richtschnur dienen. Natürlich gibt es andere Alternativen, zum Beispiel folgende: Es wird überhaupt nichts vorgesehen, so daß der Beschluß mit der in Artikel 20 Buchstabe d der Satzung vorgesehenen Mehrheit gefaßt werden muß; es wird Einstimmigkeit des Ministerkomitees gefordert; es wird außer dem Beschluß des Ministerkomitees die Zustimmung der Vertragsstaaten gefordert, die nicht Mitglieder des Europarats sind. In der vorgeschlagenen Fassung bedeuten die Worte »einhelliger Zustimmung der Vertreter der Vertragsstaaten, die Anspruch auf einen Sitz im Komitee

(2) Für jeden beitretenden Staat tritt dieses Übereinkommen am ersten Tag des Monats in Kraft, der auf einen Zeitabschnitt von ... Monaten nach Hinterlegung der Beitrittsurkunde beim Generalsekretär des Europarats folgt.

Article d

1. Any State may at the time of signature or when depositing its instrument of ratification, acceptance, approval or accession, specify the territory or territories to which (this Agreement) (this Convention) shall apply.

2. Any State may at any later date, by a declaration addressed to the Secretary General of the Council of Europe, extend the application of (this Agreement) (this Convention) to any other territory specified in the declaration. In respect of such territory (the Agreement) (the Convention) shall enter into force on the first day of the month following the expiration of a period of ... months after the date of receipt of such declaration by the Secretary General.

Article d

1. Tout Etat peut, au moment de la signature ou au moment du dépôt de son instrument de ratification, d'acceptation, d'approbation ou d'adhésion, désigner le ou les territoires auxquels s'appliquera (le présent Accord) (la présente Convention).

2. Tout Etat peut, à tout autre moment par la suite, par une déclaration adressée au Secrétaire Général du Conseil de l'Europe, étendre l'application (du présent Accord) (de la présente Convention) à tout autre territoire désigné dans la déclaration. (L'Accord) (La Convention) entrera en vigueur à l'égard de ce territoire le premier jour du mois qui suit l'expiration d'une période de ... mois après la date de réception de la déclaration par le Secrétaire Général.

---

haben«, daß alle diese Staaten den Beschluß genehmigen müssen. Der Beschluß kann nicht gefaßt werden, wenn einige dieser Staaten abwesend sind oder sich der Stimme enthalten.

3. Any declaration made under the two preceding paragraphs may, in respect of any territory specified in such declaration, be withdrawn by a notification addressed to the Secretary General. The withdrawal shall become effective on the first day of the month following the expiration of a period of ... months after the date of receipt of such notification by the Secretary General.

3. Toute déclaration faite en vertu des deux paragraphes précédents pourra être retirée, en ce qui concerne tout territoire désigné dans cette déclaration, par notification adressée au Secrétaire Général. Le retrait prendra effet le premier jour du mois qui suit l'expiration d'une période de ... mois après la date de réception de la notification par le Secrétaire Général.

Artikel d

(1) Jeder Staat kann bei der Unterzeichnung oder bei der Hinterlegung seiner Ratifikations-, Annahme-, Genehmigungs- oder Beitrittsurkunde einzelne oder mehrere Hoheitsgebiete bezeichnen, auf die dieses Übereinkommen Anwendung findet.

(2) Jeder Staat kann jederzeit danach durch eine an den Generalsekretär des Europarats gerichtete Erklärung die Anwendung dieses Übereinkommens auf jedes weitere in der Erklärung bezeichnete Hoheitsgebiet erstrecken. Das Übereinkommen tritt für dieses Hoheitsgebiet am ersten Tag des Monats in Kraft, der auf einen Zeitabschnitt von ... Monaten nach Eingang der Erklärung beim Generalsekretär folgt.

(3) Jede nach den Absätzen 1 und 2 abgegebene Erklärung kann in bezug auf jedes darin bezeichnete Hoheitsgebiet durch eine an den Generalsekretär gerichtete Notifikation zurückgenommen werden. Die Rücknahme wird am ersten Tag des Monats wirksam, der auf einen Zeitabschnitt von ... Monaten nach Eingang der Notifikation beim Generalsekretär folgt.

Article e[g)]

1. Any State may, at the time of signature or when depositing its instrument of ratification, acceptance, approval or accession, declare that it avails itself of one or more of the reservations

Article e[h)]

1. Tout Etat peut, au moment de la signature ou au moment du dépôt de son instrument de ratification, d'acceptation, d'approbation ou d'adhésion, déclarer faire usage d'une ou plusieurs réserves figurant

g) Where a treaty contains no reservation clause, any reservation compatible with the object and purpose of the treaty may be formulated. If such is not the intention of the bodies responsible for drawing up the treaty, who might on the contrary wish that no reservations be made, an article such as the following should be adopted:
»No reservation may be made in respect of the provisions (of this Agreement) (of this Convention).«
Article e above is only one example of the different arrangements possible for the formulation of reservations, certain of which are already provided for in several Council of Europe agreements or conventions.

h) Lorsqu'un traité ne contient pas de clause de réserves, toute réserve compatible avec l'objet et le but du traité peut être formulée. Si telle n'est pas l'intention des instances chargées de l'élaboration du traité, qui pourraient au contraire souhaiter qu'aucune réserve ne soit faite, il conviendrait d'adopter un article semblable à celui-ci:
»Aucune réserve n'est admise aux dispositions (du présent Accord) (de la présente Convention).«
L'article e ci-dessus n'est qu'un exemple des différents mécanismes qui peuvent être imaginés pour la formulation des réserves et dont certains sont déjà prévus par plusieurs accords ou conventions du Conseil de l'Europe.

provided for in the annex[i)] to[k)] (this Agreement) (this Convention).[m)] No other reservation may be made.

2. Any Contracting State which has made a reservation under the preceding paragraph may wholly or partly withdraw it by means of a notification addressed to the Secretary General of the Council of Europe. The withdrawal shall take effect on the date of receipt of such notification by the Secretary General.

à l'annexe[j)] (au présent Accord) (à la présente Convention)[l)]. Aucune autre réserve n'est admise.[n)]

2. Tout Etat contractant qui a formulé une réserve en vertu du paragraphe précédent peut la retirer en tout ou en partie en adressant une notification au Secrétaire Général du Conseil de l'Europe. Le retrait prendra effet à la date de réception de la notification par le Secrétaire Général.

---

i) The annex might be worded as follows:
»Annexe
(Article e)
Any State may declare that it reserves the right:
1. to ...
2. to ...«

j) L'annexe pourrait être libellée comme suit:
»Annexe
(Article e)
Tout Etat peut déclarer qu'il se réserve le droit:
1. de ...
2. de ...«

k) If formulated when signing the treaty, a reservation must be formally confirmed by the reserving State when expressing its consent to be bound by the treaty. In such a case the reservation shall be considered as having been made on the date of its confirmation.

l) Lorsqu'elle est formulée lors de la signature du traité, une réserve doit être confirmée formellement par l'Etat qui en est l'auteur, au moment où il exprime son consentement à être lié par le traité. En pareil cas, la réserve sera réputée avoir été faite à la date à laquelle elle a été confirmée.

m) The sentence »No other reservation may be made« is intended to make it clear that the list of authorised reservations is exclusive. This sentence might, however, be deleted in appropriate cases.

n) La phrase »Aucune autre réserve n'est admise« a pour objet de montrer clairement que la liste des réserves autorisées est limitative. Cette phrase peut cependant être supprimée dans des cas appropriés.

3. A Party which has made a reservation in respect of a provision of (this Agreement) (this Convention) may not claim the application of that provision by any other Party; it may, however, if its reservation is partial or conditional, claim the application of that provision in so far as it has itself accepted it.

3. La Partie qui a formulé une réserve au sujet d'une disposition (du présent Accord) (de la présente Convention) ne peut prétendre à l'application de cette disposition par une autre Partie; toutefois, elle peut, si la réserve est partielle ou conditionnelle, prétendre à l'application de cette disposition dans la mesure où elle l'a acceptée.

Artikel e[o)]

(1) Jeder Staat kann bei der Unterzeichnung oder bei der Hinterlegung seiner Ratifikations-, Annahme-, Genehmigungs- oder Beitrittsurkunde erklären, daß er von einem oder mehreren der in der Anlage[p)] dieses Übereinkommens vorgesehenen Vorbehalte Gebrauch macht.[q)] Weitere Vorbehalte sind nicht zulässig.[r)]

---

o) Enthält ein Vertrag keine Vorbehaltsklausel, so kann jeder Vorbehalt angebracht werden, der mit Ziel und Zweck des Vertrags vereinbar ist. Liegt dies nicht in der Absicht der für die Abfassung des Vertrags verantwortlichen Gremien, die vielleicht im Gegenteil wünschen, daß keine Vorbehalte angebracht werden, so sollte ein Artikel angenommen werden, der etwa folgenden Wortlaut hätte:
»Vorbehalte zu diesem Übereinkommen sind nicht zulässig.«
Artikel e ist nur eines der Beispiele für die verschiedenen möglichen Regelungen zum Anbringen von Vorbehalten, von denen einige bereits in mehreren Übereinkommen des Europarats vorgesehen sind.

p) Die Anlage könnte folgenden Wortlaut haben:
»Anlage
(Artikel e)
Jeder Staat kann erklären, daß er sich das Recht vorbehält,
1. ...;
2. ...«

q) Wird ein Vorbehalt bei der Unterzeichnung des Vertrags angebracht, so ist er von dem ihn anbringenden Staat in dem Zeitpunkt förmlich zu bestätigen, zu dem dieser Staat seine Zustimmung ausdrückt, durch den Vertrag gebunden zu sein. In diesem Fall gilt der Vorbehalt als im Zeitpunkt seiner Bestätigung angebracht.

r) Der Satz »Weitere Vorbehalte sind nicht zulässig« soll klarstellen, daß die Liste der zugelassenen Vorbehalte erschöpfend ist. Dieser Satz könnte jedoch in geeigneten Fällen entfallen.

(2) Jeder Vertragsstaat, der einen Vorbehalt nach Absatz 1 angebracht hat, kann ihn durch eine an den Generalsekretär des Europarats gerichtete Notifikation ganz oder teilweise zurücknehmen. Die Rücknahme wird mit dem Eingang der Notifikation beim Generalsekretär wirksam.

(3) Eine Vertragspartei, die einen Vorbehalt zu einer Bestimmung dieses Übereinkommens angebracht hat, kann nicht verlangen, daß eine andere Vertragspartei diese Bestimmung anwendet; sie kann jedoch, wenn es sich um einen Teilvorbehalt oder einen bedingten Vorbehalt handelt, die Anwendung der betreffenden Bestimmung insoweit verlangen, als sie selbst sie angenommen hat.

Article f

1. Any Party may at any time denounce (this Agreement) (this Convention) by means of a notification addressed to the Secretary General of the Council of Europe.

2. Such denunciation shall become effective on the first day of the month following the expiration of a period of ... months after the date of receipt of the notification by the Secretary General.

Article f

1. Toute Partie peut, à tout moment, dénoncer (le présent Accord) (la présente Convention) en adressant une notification au Secrétaire Général du Conseil de l'Europe.

2. La dénonciation prendra effet le premier jour du mois qui suit l'expiration d'une période de ... mois après la date de réception de la notification par le Secrétaire Général.

Artikel f

(1) Jede Vertragspartei kann dieses Übereinkommen jederzeit durch eine an den Generalsekretär des Europarats gerichtete Notifikation kündigen.

(2) Die Kündigung wird am ersten Tag des Monats wirksam, der auf einen Zeitabschnitt von ... Monaten nach Eingang der Notifikation beim Generalsekretär folgt.

Article g

The Secretary General of the Council of Europe shall notify the member States of the Council and any State which has acceded to (this Agreement) (this Convention), of:

a. any signature;

b. the deposit of any instrument of ratification, acceptance, approval or accession;

c. any date of entry into force of (this Agreement) (this Convention) in accordance with Articles b, c, and d;

d. any other act, notification or communication relating to (this Agreement) (this Convention).

In witness whereof the undersigned, being duly authorised thereto, have signed (this Agreement) (this Convention).

Done at ..., the ..., in English and French, both texts being equally authentic, in a single copy which shall be deposited in the archives of the Council of Europe. The Secretary General of the Council of Europe shall transmit certified copies to each member State of the Council of Europe and to any State invited to accede to (this Agreement) (this Convention).

Article g

Le Secrétaire Général du Conseil de l'Europe notifiera aux Etats membres du Conseil et à tout Etat ayant adhéré (au présent Accord) (à la présente Convention):

a. toute signature;

b. le dépôt de tout instrument de ratification, d'acceptation, d'approbation ou d'adhésion;

c. toute date d'entrée en vigueur (du présent Accord) (de la présente Convention) conformément à ses articles b, c et d;

d. tout autre acte, notification ou communication ayant trait (au présent Accord) (à la présente Convention).

En foi de quoi, les soussignés, dûment autorisés à cet effet, ont signé (le présent Accord) (la présente Convention).

Fait à ..., le ..., en français et en anglais, les deux textes faisant également foi, en un seul exemplaire qui sera déposé dans les archives du Conseil de l'Europe. Le Secrétaire Général du Conseil de l'Europe en communiquera copie certifiée conforme à chacun des Etats membres du Conseil de l'Europe et à tout Etat invité à adhérer (au présent Accord) (à la présente Convention).

Artikel g

Der Generalsekretär des Europarats notifiziert den Mitgliedstaaten des Rates und jedem Staat, der diesem Übereinkommen beigetreten ist,

a) jede Unterzeichnung;

b) jede Hinterlegung einer Ratifikations-, Annahme-, Genehmigungs- oder Beitrittsurkunde;

c) jeden Zeitpunkt des Inkrafttretens dieses Übereinkommens nach den Artikeln b, c und d;

d) jede andere Handlung, Notifikation oder Mitteilung im Zusammenhang mit diesem Übereinkommen.

Zu Urkund dessen haben die hierzu gehörig befugten Unterzeichneten dieses Übereinkommen unterschrieben.

Geschehen zu ... am ... in englischer und französischer Sprache, wobei jeder Wortlaut gleichermaßen verbindlich ist, in einer Urschrift, die im Archiv des Europarats hinterlegt wird. Der Generalsekretär des Europarats übermittelt allen Mitgliedstaaten des Europarats und allen zum Beitritt zu diesem Übereinkommen eingeladenen Staaten beglaubigte Abschriften.

(2) Internationale Kommission für das Zivilstandswesen

Article a)

La présente Convention sera ratifiée, acceptée ou approuvée et les instruments de ratification, d'acceptation ou d'approbation seront déposés auprès du Conseil Fédéral Suisse.

Artikel a)

Dieses Übereinkommen bedarf der Ratifikation, Annahme oder Genehmigung; die Ratifikations-, Annahme- oder Genehmigungsurkunden werden beim Schweizerischen Bundesrat hinterlegt.

Article b)

1. La présente Convention entrera en vigueur le premier jour du troisième mois qui suit celui du dépôt du Xème instrument de ratification, d'acceptation ou d'approbation.

2. A l'égard de l'Etat signataire qui l'aura ratifiée, acceptée ou approuvée après son entrée en vigueur, la Convention prendra effet le premier jour du troisième mois qui suit celui du dépôt par cet Etat de l'instrument de ratification, d'acceptation ou d'approbation.

Artikel b)

(1) Dieses Übereinkommen tritt am ersten Tag des dritten Monats in Kraft, der auf den Monat der Hinterlegung der X. Ratifikations-, Annahme- oder Genehmigungsurkunde folgt.

(2) Für den Unterzeichnerstaat, der das Übereinkommen nach seinem Inkrafttreten ratifiziert, annimmt oder genehmigt, tritt das Übereinkommen am ersten Tag des dritten Monats in Kraft, der auf den Monat der Hinterlegung der Ratifikations-, Annahme- oder Genehmigungsurkunde durch diesen Staat folgt.

Article c)

Tout Etat membre de la Commission Internationale de l'Etat Civil n'ayant pas signé la présente Convention et tout Etat membre du Conseil de l'Europe pourra adhérer à la présente Convention après son entrée en vigueur. L'instrument d'adhésion sera déposé auprès du Conseil Fédéral Suisse. La Convention prendra effet, pour l'Etat adhérant, le premier jour du troisième mois qui suit celui du dépôt de l'instrument d'adhésion.

Artikel c)

Jeder Mitgliedstaat der Internationalen Kommission für das Zivilstandswesen, der dieses Übereinkommen nicht unterzeichnet hat, und jeder Mitgliedstaat des Europarats kann diesem Übereinkommen nach seinem Inkrafttreten beitreten. Die Beitrittsurkunde wird beim Schweizerischen Bundesrat hinterlegt. Das Übereinkommen tritt für den beitretenden Staat am ersten Tag des dritten Monats in Kraft, der auf den Monat der Hinterlegung der Beitrittsurkunde folgt.

Article d)

<u>Alternative 1</u>

1. Lors de la signature, de la ratification, de l'acceptation, de l'approbation ou de l'adhésion tout Etat pourra faire une ou plusieurs des réserves prévues aux articles ...

Artikel d)

<u>Alternative 1</u>

(1) Bei der Unterzeichnung, der Ratifikation, der Annahme, der Genehmigung oder dem Beitritt kann jeder Staat einen oder mehrere der in den Artikeln ... vorgesehenen Vorbehalte machen.

2. Tout Etat partie à la présente Convention pourra à tout moment retirer, en tout ou partie, une réserve qu'il avait faite. Le retrait sera notifié au Conseil Fédéral Suisse et prendra effet le premier jour du troisième mois qui suit celui de la réception de ladite notification.

Alternative 2

Aucune réserve à la présente Convention n'est admise.

Article e)

1. Tout Etat, au moment de la signature, de la ratification, de l'acceptation, de l'approbation ou de l'adhésion ou à tout autre moment par la suite, pourra déclarer que la présente Convention s'étendra à l'ensemble des territoires dont il assure les relations sur le plan international, ou à l'un ou plusieurs d'entre eux.

2. Cette déclaration sera notifiée au Conseil Fédéral Suisse et l'extension prendra effet au moment de l'entrée en vigueur de la Convention pour ledit Etat ou, ultérieurement, le premier jour du troisième mois qui suit celui de la réception de la notification.

3. Toute déclaration d'extension pourra être retirée par notification adressée au Conseil Fédéral Suisse et la Convention cessera d'être applicable au territoire désigné le premier jour du troisième mois qui suit celui de la réception de ladite notification.

(2) Jeder Vertragsstaat dieses Übereinkommens kann einen von ihm gemachten Vorbehalt jederzeit ganz oder teilweise zurücknehmen. Die Zurücknahme wird dem Schweizerischen Bundesrat notifiziert; sie wird am ersten Tag des dritten Monats wirksam, der auf den Monat des Eingangs dieser Notifikation folgt.

Alternative 2

Vorbehalte zu diesem Übereinkommen sind nicht zulässig.

Article e)

(1) Jeder Staat kann bei der Unterzeichnung, der Ratifikation, der Annahme, der Genehmigung oder dem Beitritt oder zu jedem späteren Zeitpunkt erklären, daß dieses Übereinkommen sich auf alle oder einzelne Hoheitsgebiete erstreckt, deren internationale Beziehungen er wahrnimmt.

(2) Diese Erklärung wird dem Schweizerischen Bundesrat notifiziert; die Erstreckung wird zu dem Zeitpunkt, zu dem das Übereinkommen für den genannten Staat in Kraft tritt, bei einer Erklärung zu einem späteren Zeitpunkt am ersten Tag des dritten Monats wirksam, der auf den Monat des Eingangs der Notifikation folgt.

(3) Jede Erklärung über die Erstreckung kann durch eine an den Schweizerischen Bundesrat gerichtete Notifikation zurückgenommen werden; das Übereinkommen ist mit dem ersten Tag des dritten Monats, der auf den Monat des Eingangs der Notifikation folgt, auf das bezeichnete Hoheitsgebiet nicht mehr anzuwenden.

Article f)

1. La présente Convention demeurera en vigueur sans limitation de durée.

2. Tout Etat partie à la présente Convention aura toutefois la faculté de la dénoncer à tout moment après l'expiration d'un délai d'un an à partir de la date de l'entrée en vigueur de la Convention à son égard. La dénonciation sera notifiée au Conseil Fédéral Suisse et prendra effet le premier jour du sixième mois qui suit celui de la réception de cette notification. La Convention restera en vigueur entre les autres Etats.

Article g)

1. Le Conseil Fédéral Suisse notifiera aux Etats membres de la Commission Internationale de l'Etat Civil et à tout autre Etat ayant adhéré à la présente Convention:

a) le dépôt de tout instrument de ratification, d'acceptation, d'approbation ou d'adhésion;

b) toute date d'entrée en vigueur de la Convention;

[c) toute déclaration relative à des réserves ou à leur retrait;]

d) toute déclaration concernant l'extension territoriale de la Convention ou son retrait, avec la date à laquelle elle prendra effet;

e) toute dénonciation de la Convention et la date à laquelle elle prendra effet.

Artikel f)

(1) Dieses Übereinkommen gilt für unbegrenzte Zeit.

(2) Jeder Vertragsstaat kann es aber jederzeit nach Ablauf eines Jahres, vom Zeitpunkt des Inkrafttretens des Übereinkommens für diesen Staat an gerechnet, kündigen. Die Kündigung wird dem Schweizerischen Bundesrat notifiziert; sie wird am ersten Tag des sechsten Monats wirksam, der auf den Monat des Eingangs der Notifikation folgt. Das Übereinkommen bleibt zwischen den anderen Staaten in Kraft.

Artikel g)

(1) Der Schweizerische Bundesrat notifiziert den Mitgliedstaaten der Internationalen Kommission für das Zivilstandswesen und jedem anderen Staat, der diesem Übereinkommen beigetreten ist,

a) jede Hinterlegung einer Ratifikations-, Annahme-, Genehmigungs- oder Beitrittsurkunde;

b) jeden Zeitpunkt des Inkrafttretens des Übereinkommens;

[c) jede Erklärung über Vorbehalte oder ihre Zurücknahme;]

d) jede Erklärung über die räumliche Erstreckung des Übereinkommens oder ihre Zurücknahme sowie den Zeitpunkt, zu dem sie wirksam wird;

e) jede Kündigung des Übereinkommens und den Zeitpunkt, zu dem sie wirksam wird.

2. Le Conseil Fédéral Suisse avisera le Secrétaire Général de la Commission Internationale de l'Etat Civil de toute notification faite en application du paragraphe 1.

3. Dès l'entrée en vigueur de la présente Convention, une copie certifiée conforme sera transmise par le Conseil Fédéral Suisse au Secrétaire Général des Nations Unies aux fins d'enregistrement et de publication, conformément à l'article 102 de la Charte des Nations Unies.

En foi de quoi, les soussignés, dûment autorisés à cet effet, ont signé la présente Convention.

Fait à ..., le ... en un seul exemplaire, en langue française, qui sera déposé dans les archives du Conseil Fédéral Suisse, et dont une copie certifiée conforme sera remise, par la voie diplomatique, à chacun des Etats membres de la Commission Internationale de l'Etat Civil et aux Etats adhérents. Une copie certifiée conforme sera également adressée au Secrétaire Général de la Commission Internationale de l'Etat Civil.

(2) Der Schweizerische Bundesrat unterrichtet den Generalsekretär der Internationalen Kommission für das Zivilstandswesen über jede nach Absatz 1 erfolgte Notifikation.

(3) Nach dem Inkrafttreten dieses Übereinkommens übermittelt der Schweizerische Bundesrat dem Generalsekretär der Vereinten Nationen eine beglaubigte Abschrift zur Registrierung und Veröffentlichung nach Artikel 102 der Charta der Vereinten Nationen.

Zu Urkund dessen haben die hierzu gehörig befugten Unterzeichneten dieses Übereinkommen unterschrieben.

Geschehen zu ... am ... in einer Urschrift in französischer Sprache, die im Archiv des Schweizerischen Bundesrats hinterlegt wird; eine beglaubigte Abschrift wird jedem Mitgliedstaat der Internationalen Kommission für das Zivilstandswesen und den beitretenden Staaten auf diplomatischem Weg zugeleitet. Ferner wird dem Generalsekretär der Internationalen Kommission für das Zivilstandswesen eine beglaubigte Abschrift übermittelt.

Abschnitt G

Übereinkünfte anderer als der in den Abschnitten C bis F behandelten Art

§§ 31 - 34

Während die Mehrzahl der völkerrechtlichen Übereinkünfte aus den in den Abschnitten C bis F behandelten Teilen besteht - Aufzählung oder Bezeichnung der Vertragsparteien, Präambel, Inhaltsteil, Schlußbestimmungen, Unterschriften -, gibt es bestimmte Arten von Übereinkünften, die von diesem Schema mehr oder weniger stark abweichen.

Im folgenden werden Beispiele für einige der wichtigsten derartigen Übereinkünfte wiedergegeben: **Notenwechsel / Verbalnotenwechsel** zum Abschluß einer Vereinbarung; **Schlußakte**, eine Art Protokoll, die den Verlauf und das Ergebnis einer zwischenstaatlichen Konferenz zusammenfaßt und die erarbeiteten Übereinkünfte aufzählt; **Entschließungen**, wie sie im Rahmen einer internationalen Konferenz oder von Organen einer internationalen Organisation angenommen werden.

§ 31
Regierungsvereinbarung in Form eines Notenwechsels
- persönlich zu unterzeichnende einleitende Note -

DER BUNDESMINISTER
DES AUSWÄRTIGEN[60]

Bonn, den ...

Herr Botschafter,

ich beehre mich, Ihnen im Namen der Regierung der Bundesrepublik Deutschland unter Bezugnahme auf ... (z.B.: die am ... in ... zwischen ... geführten Verhandlungen) folgende Vereinbarung über ... vorzuschlagen:

1. ...
2. ...

Falls sich die Regierung ... mit den unter den Nummern 1 bis ... gemachten Vorschlägen einverstanden erklärt, werden diese Note und die das Einverständnis Ihrer Regierung zum Ausdruck bringende Antwortnote Eurer Exzellenz eine Vereinbarung zwischen unseren beiden Regierungen bilden, die mit dem Datum Ihrer Antwortnote in Kraft tritt (und auf unbegrenzte Zeit in Kraft bleibt - und unter Einhaltung einer Frist von ... Monaten gekündigt werden kann).

Genehmigen Sie, Herr Botschafter, die Versicherung meiner ausgezeichneten Hochachtung.

(Unterschrift)

Seiner Exzellenz
dem Botschafter ...
Herrn ...
Bonn

---

60 Dieses Muster gilt in entsprechender Form auch für einleitende Noten der diplomatischen Missionen im Ausland.

THE FEDERAL MINISTER
FOR FOREIGN AFFAIRS

Translation
Bonn, ...

Excellency,

I have the honour to refer to ... (z.B.: the negotiations held in ... on ... between ...) and to propose on behalf of the Government of the Federal Republic of Germany that the following Arrangement concerning ... be concluded.

1. ...
2. ...

If the Government of ... agrees to the proposals contained in paragraphs 1 to ... above, this Note and Your Excellency's Note in reply thereto expressing your Government's agreement shall constitute an Arrangement between our two Governments, which shall enter into force on the date of your Note in reply (and remain in force for an unlimited period - and which may be denounced subject to ... months' notice).

Accept, Excellency, the assurance(s) of my high consideration.

(Unterschrift)

His Excellency
Mr ...
Ambassador of ...
Bonn

LE MINISTRE FEDERAL
DES AFFAIRES ETRANGERES

Traduction
Bonn, le ...

Monsieur l'Ambassadeur,

Me référant à ... (z.B.: aux négociations qui ont eu lieu le ... à ... entre ...), j'ai l'honneur de vous proposer, au nom du Gouvernement de la République fédérale d'Allemagne, de conclure l'Arrangement suivant relatif à ...:

1) ...
2) ...

Si le Gouvernement ... déclare accepter les propositions formulées aux paragraphes 1 à ... ci-dessus, la présente note et la note de réponse de Votre Excellence exprimant l'accord de votre Gouvernement constitueront un Arrangement entre nos deux Gouvernements qui entrera en vigueur à la date de votre note de réponse (et restera en vigueur pour une durée illimitée - et qui pourra être dénoncé sous réserve d'un préavis de ... mois).

Veuillez agréer, Monsieur l'Ambassadeur, les assurances de ma haute considération.

(Unterschrift)

Son Excellence
Monsieur ...
Ambassadeur ...
Bonn

EL MINISTRO FEDERAL
DE RELACIONES EXTERIORES

Traducción
Bonn, ...

Señor Embajador:

Con referencia a ... (z.B.: las negociaciones celebradas el ... en ... entre ...), tengo el honor de proponer a Vuestra Excelencia, en nombre del Gobierno de la República Federal de Alemania, el siguiente Acuerdo sobre ...:

1. ...
2. ...

En caso de que el Gobierno de ... se declare conforme con las propuestas formuladas en los párrafos 1 a ..., esta Nota y la Nota de respuesta de Vuestra Excelencia en la que conste la conformidad de su Gobierno constituirán un Acuerdo entre nuestros dos Gobiernos que entrará en vigor en la fecha de su Nota de respuesta (y permanecerá en vigor por tiempo indefinido - y podrá ser denunciado con un preaviso de ... meses).

Aprovecho la ocasión para reiterar a Vuestra Excelencia el testimonio de mi alta consideración.

(Unterschrift)

Excmo. Sr.
D. ...
Embajador ...
Bonn

- persönlich zu unterzeichnende Antwortnote
des deutschen Missionschefs -

(Briefkopf des Botschafters)[61] ..., den ...

Herr Minister,

ich beehre mich, den Empfang Ihrer Note vom ... zu bestätigen, mit der Sie im Namen Ihrer Regierung den Abschluß einer Vereinbarung zwischen der Regierung ... und der Regierung der Bundesrepublik Deutschland vorschlagen. Ihre Note lautet in vereinbarter deutscher Fassung wie folgt:

(Wiederholung des Wortlauts der einleitenden
Note in vorher vereinbarter deutscher Fassung)

Ich beehre mich, Ihnen mitzuteilen, daß meine Regierung mit den in Ihrer Note enthaltenen Vorschlägen einverstanden ist. Ihre Note und diese Antwortnote bilden somit eine Vereinbarung zwischen unseren beiden Regierungen, die (mit dem Datum dieser Note / am ...) in Kraft tritt / getreten ist.

Genehmigen Sie, Herr Minister, die Versicherung meiner ausgezeichnetsten Hochachtung.

(Unterschrift des Missionschefs
bzw. des Geschäftsträgers)

Seiner Exzellenz
dem Minister für Auswärtige Angelegenheiten
...
Herrn ...

---

61 Dieses Muster gilt in entsprechender Form auch für etwaige Antwortnoten des Auswärtigen Amts.

(Briefkopf des Botschafters) Translation

..., ...

Excellency / Mr Minister,

I have the honour to confirm receipt of your Note of ... proposing on behalf of your Government the conclusion of an Arrangement between the Government of ... and the Government of the Federal Republic of Germany. The agreed German version of your Note reads as follows:

(Wiederholung des Wortlauts der einleitenden Note)

I have the honour to inform you that my Government agrees to the proposals contained in your Note. Your Note and this Note in reply thereto shall thus constitute an Arrangement between our two Governments, to enter into force / which has entered into force (on the date of this Note / on ...).

Accept, Excellency / Mr Minister, the assurance(s) of my highest consideration.

(Unterschrift des Missionschefs
bzw. des Geschäftsträgers)

His Excellency
Mr ...
Minister of (for) Foreign Affairs
(External Affairs)
of ...

(Briefkopf des Botschafters)

Traduction

..., le ...

Excellence / Monsieur le Ministre,

J'ai l'honneur d'accuser réception de votre note en date du ... par laquelle vous proposez, au nom de votre Gouvernement, de conclure un Arrangement entre le Gouvernement ... et le Gouvernement de la République fédérale d'Allemagne. Votre note est rédigée comme suit dans sa version allemande convenue:

(Wiederholung des Wortlauts der einleitenden Note)

J'ai l'honneur de vous faire savoir que mon Gouvernement accepte les propositions contenues dans votre note. Votre note et la présente note de réponse constituent donc un Arrangement entre nos deux Gouvernements qui entrera / est entré en vigueur (à la date de la présente note / le ...).

Veuillez agréer, Excellence / Monsieur le Ministre, les assurances de ma très haute considération.

(Unterschrift des Missionschefs
bzw. des Geschäftsträgers)

Son Excellence
Monsieur ...
Ministre des Affaires étrangères
...

(Briefkopf des Botschafters)

Traducción

..., ...

Excelencia / Señor Ministro:

Tengo el honor de acusar recibo de su Nota de ..., por la cual propone, en nombre de su Gobierno, la concertación de un Acuerdo entre el Gobierno de ... y el Gobierno de la República Federal de Alemania. Su Nota queda redactada como sigue en su versión alemana convenida:

(Wiederholung des Wortlauts der einleitenden Note)

Tengo el honor de poner en su conocimiento que mi Gobierno acepta las propuestas contenidas en su Nota. Su Nota y la presente Nota de respuesta constituyen por tanto un Acuerdo entre nuestros dos Gobiernos que entrará / ha entrado en vigor (en la fecha de la presente Nota / el ...).

Aprovecho la ocasión para reiterar a Vuestra Excelencia el testimonio de mi más alta consideración.

(Unterschrift des Missionschefs
bzw. des Geschäftsträgers)

Excmo. Sr.
D. ...
Ministro de Relaciones Exteriores
(Asuntos Exteriores)
...

§ 32

Regierungsvereinbarung in Form eines Verbalnotenwechsels

- einleitende deutsche Verbalnote -

Auswärtiges Amt[62]

Verbalnote

Das Auswärtige Amt beehrt sich, der ... Botschaft unter Bezugnahme auf ... den Abschluß einer Vereinbarung zwischen der Regierung der Bundesrepublik Deutschland und der Regierung ... über ... vorzuschlagen, die folgenden Wortlaut haben soll:

1. ...
2. ...

(ggf.
3. Diese Vereinbarung tritt am ... in Kraft.)

Falls sich die Regierung ... mit dem Vorschlag der Regierung der Bundesrepublik Deutschland einverstanden erklärt, werden diese Verbalnote und die das Einverständnis der Regierung ... zum Ausdruck bringende Antwortnote der ... Botschaft eine Vereinbarung zwischen der Regierung der Bundesrepublik Deutschland und der Regierung ... bilden (ggf.: , die mit dem Datum der Antwortnote in Kraft tritt).

Das Auswärtige Amt benutzt diesen Anlaß, die ... Botschaft erneut seiner ausgezeichneten Hochachtung zu versichern.

Bonn, den ...

An die
... Botschaft
Bonn

---

62 Dieses Muster gilt in entsprechender Form auch für einleitende Verbalnoten der diplomatischen Missionen im Ausland.

Federal Foreign Office | Translation

Note Verbale

The Federal Foreign Office presents its compliments to the Embassy of ... and, with reference to ..., has the honour to propose that an Arrangement between the Government of the Federal Republic of Germany and the Government of ... concerning ... be concluded, to read as follows:

1. ...
2. ...
(ggf.:
3. This Arrangement shall enter into force on ...)

If the Government of ... agrees to the proposal made by the Government of the Federal Republic of Germany, this Note Verbale and the Note in reply thereto from the Embassy of ... expressing the agreement of the Government of ... shall constitute an Arrangement between the Government of the Federal Republic of Germany and the Government of ... (ggf.: , to enter into force on the date of the Note in reply).

The Federal Foreign Office avails itself of this opportunity to renew to the Embassy of ... the assurance(s) of its high consideration.

Bonn, ...

The Embassy
of ...
Bonn

Ministère fédéral
des Affaires étrangères

Traduction

Note verbale

Le Ministère fédéral des Affaires étrangères présente ses compliments à l'Ambassade ... et, se référant à ..., a l'honneur de lui proposer la conclusion d'un Arrangement entre le Gouvernement de la République fédérale d'Allemagne et le Gouvernement ... relatif à ... et qui sera rédigé comme suit:

1) ...
2) ...
(ggf.:
3) Le présent Arrangement entrera en vigueur le ...)

Si le Gouvernement ... déclare accepter la proposition ci-dessus du Gouvernement de la République fédérale d'Allemagne, la présente note verbale et la note de réponse de l'Ambassade ... exprimant l'accord du Gouvernement ... constitueront un Arrangement entre le Gouvernement de la République fédérale d'Allemagne et le Gouvernement ... (ggf.: qui entrera en vigueur à la date de la note de réponse).

Le Ministère fédéral des Affaires étrangères saisit cette occasion pour renouveler à l'Ambassade ... les assurances de sa haute considération.

Bonn, le ...

Ambassade ...
Bonn

Ministerio Federal
de Relaciones Exteriores

Traducción

Nota Verbal

El Ministerio Federal de Relaciones Exteriores saluda atentamente a la Embajada ... y, con referencia a ..., tiene el honor de proponer la concertación de un Acuerdo entre el Gobierno de la República Federal de Alemania y el Gobierno de ... sobre ..., que quedará redactado como sigue:

1. ...
2. ...
(ggf.:
3. El presente Acuerdo entrará en vigor el ...)

En caso de que el Gobierno de ... se declare conforme con la antedicha propuesta del Gobierno de la República Federal de Alemania, esta Nota Verbal y la Nota de respuesta de la Embajada de ... en la que conste la conformidad del Gobierno de ... constituirán un Acuerdo entre el Gobierno de la República Federal de Alemania y el Gobierno de ... (ggf.: que entrará en vigor en la fecha de la Nota de respuesta).

El Ministerio Federal de Relaciones Exteriores aprovecha la ocasión para reiterar a la Embajada ... el testimonio de su alta consideración.

Bonn, a ...

A la
Embajada ...
Bonn

- Antwortverbalnote der deutschen
diplomatischen Mission -

Botschaft der
Bundesrepublik Deutschland[63]

Verbalnote

Die Botschaft der Bundesrepublik Deutschland beehrt sich, den Eingang der Verbalnote des Ministeriums für Auswärtige Angelegenheiten ... vom ... zu bestätigen, die in vereinbarter deutscher Fassung wie folgt lautet:

(Wiederholung des Wortlauts der einleitenden Verbalnote
in vorher vereinbarter deutscher Fassung)

Die Botschaft beehrt sich, dem Ministerium für Auswärtige Angelegenheiten ... mitzuteilen, daß sich die Regierung der Bundesrepublik Deutschland mit den Vorschlägen der Regierung ... einverstanden erklärt. Demgemäß bilden die Verbalnote des Ministeriums für Auswärtige Angelegenheiten ... vom ... und diese Antwortnote eine Vereinbarung zwischen der Regierung ... und der Regierung der Bundesrepublik Deutschland, die am ... in Kraft tritt / getreten ist.

Die Botschaft der Bundesrepublik Deutschland benutzt diesen Anlaß, das Ministerium für Auswärtige Angelegenheiten ... erneut ihrer ausgezeichnetsten Hochachtung zu versichern.

..., den ...

(L.S.)

An das
Ministerium für Auswärtige Angelegenheiten
...
...

63 Dieses Muster gilt in entsprechender Form auch für Antwortschreiben des Auswärtigen Amts.

Embassy of the
Federal Republic of Germany

Translation

Note Verbale

The Embassy of the Federal Republic of Germany presents its compliments to the Ministry of (for) Foreign Affairs (External Affairs) of ... and has the honour to confirm receipt of the Note Verbale of ..., the agreed German version of which reads as follows:

(Wiederholung des Wortlauts der einleitenden Verbalnote)

The Embassy has the honour to inform the Ministry of (for) Foreign Affairs (External Affairs) of ... that the Government of the Federal Republic of Germany agrees to the proposals made by the Government of ... Accordingly, the Note Verbale of ... from the Ministry of (for) Foreign Affairs (External Affairs) of ... and this Note in reply thereto shall constitute an Arrangement between the Government of ... and the Government of the Federal Republic of Germany, to enter into force / which has entered into force on ...

The Embassy of the Federal Republic of Germany avails itself of this opportunity to renew to the Ministry of (for) Foreign Affairs (External Affairs) of ... the assurance(s) of its highest consideration.

..., ...

(L.S.)

The Ministry of (for) Foreign Affairs
(External Affairs)
of ...
...

Ambassade de la
République fédérale d'Allemagne

Traduction

Note Verbale

L'Ambassade de la République fédérale d'Allemagne présente ses compliments au Ministère des Affaires étrangères ... et a l'honneur d'accuser réception de sa note verbale en date du ..., rédigée comme suit dans sa version allemande convenue:

(Wiederholung des Wortlauts der einleitenden Verbalnote)

L'Ambassade a l'honneur de faire savoir au Ministère des Affaires étrangères ... que le Gouvernement de la République fédérale d'Allemagne déclare accepter les propositions du Gouvernement ... En conséquence, la note verbale du Ministère des Affaires étrangères ... en date du ... et la présente note de réponse constituent un Arrangement entre le Gouvernement ... et le Gouvernement de la République fédérale d'Allemagne qui entrera / est entré en vigueur le ...

L'Ambassade de la République fédérale d'Allemagne saisit cette occasion pour renouveler au Ministère des Affaires étrangères ... les assurances de sa très haute considération.

..., le ...

(L.S.)

Ministère des
Affaires étrangères ...
...

Embajada de la
República Federal de Alemania

Traducción

Nota Verbal

La Embajada de la República Federal de Alemania saluda atentamente al Ministerio de Relaciones Exteriores (Asuntos Exteriores) de ... y tiene el honor de acusar recibo de su Nota Verbal ..., que queda redactada como sigue en su versión alemana convenida:

(Wiederholung des Wortlauts der einleitenden Verbalnote)

La Embajada tiene el honor de comunicar al Ministerio de Relaciones Exteriores (Asuntos Exteriores) de ... que el Gobierno de la República Federal de Alemania se declara conforme con las propuestas del Gobierno de ... Por tanto la Nota Verbal del Ministerio de Relaciones Exteriores (Asuntos Exteriores) de ... y la presente Nota de respuesta constituyen un Acuerdo entre el Gobierno de ... y el Gobierno de la República Federal de Alemania que entrará / ha entrado en vigor el ...

La Embajada de la República Federal de Alemania aprovecha la ocasión para reiterar al Ministerio de Relaciones Exteriores (Asuntos Exteriores) de ... el testimonio de su más alta consideración.

..., a ...

(L.S.)

Ministerio de Relaciones Exteriores
(Asuntos Exteriores)
de ...
...

§ 33 **Schlußakte** (gekürzt)

FINAL ACT

1. The Diplomatic Conference on the Reaffirmation and Development of International Humanitarian Law Applicable in Armed Conflicts, convened by the Swiss Federal Council, held four sessions in Geneva (from 20 February to 29 March 1974, from 3 February to 18 April 1975, from 21 April to 11 June 1976 and from 17 March to 10 June 1977). The object of the Conference was to study two draft Additional Protocols prepared, after official and private consultations, by the International Committee of the Red Cross and intended to supplement the four Geneva Conventions of 12 August 1949:

Geneva Convention for the Amelioration of the Condition of the Wounded and Sick in Armed Forces in the Field (I);

Geneva Convention for the Amelioration of the Condition of Wounded, Sick and Shipwrecked Members of Armed Forces at Sea (II);

Geneva Convention relative to the Treatment of Prisoners of War (III);

Geneva Convention relative to the Protection of Civilian Persons in Time of War (IV).

The United Nations General Assembly supported the efforts of the Diplomatic Conference by adopting successive resolutions relating to human rights in periods of armed conflict:

2444 (XXIII)	Respect for human rights in armed conflicts
2597 (XXIV)	Respect for human rights in armed conflicts
2673 (XXV)	Protection of journalists engaged in dangerous missions in areas of armed conflict

...

2. One hundred and twenty-four States were represented at the first session of the Conference, 120 States at the second session, 107 States at the third session and 109 States at the fourth session. Representatives of the following States were present at the Conference:

AFGHANISTAN[64]
ALBANIA (first session)
ALGERIA
ARGENTINA
AUSTRALIA
AUSTRIA
BANGLADESH
BELGIUM
...
ZAMBIA (first session)

3. In view of the paramount importance of ensuring broad participation in the work of the Conference, which was of a fundamentally humanitarian nature, and because the progressive development and codification of international humanitarian law applicable in armed conflicts is a universal task in which the national liberation movements can contribute positively, the Conference by its resolution 3 (I) decided to invite also the national liberation movements recognized by the regional intergovernmental organizations concerned to participate fully in the deliberations of the Conference and its Main Committees, it being understood that only delegations representing States were entitled to vote. The national liberation movements listed below accepted that invitation and were represented at the Conference:

African National Congress (South Africa) (ANC) (first, second and third sessions)[64]
African National Council of Zimbabwe (Rhodesia) (ANCZ) (third and fourth sessions)

---

64 zur alphabetischen Reihenfolge siehe § 8

Angola National Liberation Front (FNLA) (first and second sessions)
Mozambique Liberation Front (FRELIMO) (first session)
Palestine Liberation Organization (PLO)
...

4. The following organizations were represented at the Conference with observer status:

Council of Europe[64]
Institut Henri-Dunant
Inter-Governmental Maritime Consultative Organization (IMCO)
International Civil Aviation Organization (ICAO)
International Civil Defence Organization (ICDO)
International Committee of Military Medicine and Pharmacy (ICMMP)
International Federation for Human Rights
International Frequency Registration Board
...

Working Group for the Development of Humanitarian Law, comprising:

Amnesty International[64]
Arab Lawyers Union
Association for the Study of the World Refugee Problem
Carnegie Endowment for International Peace
Christian Peace Conference
Commission of the Churches on International Affairs (World Council of Churches)
Consultative Council of Jewish Organizations
Friends World Committee for Consultation
...

64 zur alphabetischen Reihenfolge siehe § 8

5. The International Committee of the Red Cross, which had prepared the two draft Additional Protocols, participated in the work of the Conference in an expert capacity.

6. The Conference elected as its President, Mr. Pierre Graber, Federal Councillor, Head of the Federal Political Department of the Swiss Confederation.

7. The Conference elected as Vice-Presidents the representatives of the following States:

Austria[64]; Belgium; Canada; China; Germany, Federal Republic of; Guinea-Bissau; Honduras (fourth session); Italy; Mauritania; Morocco; Panama; Philippines; Romania; Sri Lanka; Syrian Arab Republic; Trinidad and Tobago (first, second and third sessions); Uganda; Union of Soviet Socialist Republics; Uruguay; Zaire.

8. The Conference established the following organs:

General Committee of the Conference:

Chairman:	The President of the Conference
Members:	The President and Vice-Presidents of the Conference, the Chairmen of the Main Committees, the Ad Hoc Committee of the whole on Conventional Weapons, the Drafting Committee and the Credentials Committee, and the Secretary-General

64 zur alphabetischen Reihenfolge siehe § 8

Committee I:

Chairmen:	Mr. Edvard Hambro (Norway) (first and second sessions) Mr. Einar-Frederik Ofstad (Norway) (third and fourth sessions)
Vice-Chairmen:	Mr. B. Akporode Clark (Nigeria) Mr. Konstantin Obradovic (Yugoslavia)
Rapporteurs:	Mr. Miguel Marín Bosch (Mexico) (first session) Mr. Antonio Eusebio de Icaza (Mexico) (second, third and fourth sessions)

Committee II:

Chairmen:	Mr. Tadeusz Mallik (Poland) (first session) Mr. Stanislaw-Edward Nahlik (Poland) (second, third and fourth sessions)
Vice-Chairmen:	Mr. Osvaldo Salas (Chile) (first, second and fourth sessions) Mr. Carlos Mackenney (Chile) (third session) Mr. Nasim Shah (Pakistan) (first session) Mr. Javed Khan (Pakistan) (first session) Mr. Khalid Saleem (Pakistan) (second and third sessions) Mr. Chaudhri Khurshid Hasan (Pakistan) (fourth session)

Rapporteurs: Mr. Djibrilla Maiga (Mali)
(first and second sessions)
Mr. El Hussein El Hassan (Sudan)
(third and fourth sessions)

Committee III:

Chairman: Mr. Hamed Sultan (Egypt)

Vice-Chairmen: Mr. Géza Herczegh (Hungary)
Mr. Mangalyn Dugersuren (Mongolia)
(first, second and third sessions)
Mr. Dugersurengiin Erdembileg (Mongolia)
(fourth session)

Rapporteurs: Mr. Richard Baxter (United States of America)
(first, second and third sessions)
Mr. George H. Aldrich (United States of America)
(second, third and fourth sessions)

Ad Hoc Committee of the whole on Conventional Weapons:

Chairmen: Mr. Diego Garcés (Colombia)
(first, second and third sessions)
Mr. Héctor Charry Samper (Colombia)
(fourth session)

Vice-Chairmen: Mr. Houchang Amir-Mokri (Iran)
Mr. Mustapha Chelbi (Tunisia)
Mr. Nkeke Ndongo Mangbau (Zaire)
(second session)

Rapporteurs: Mr. Frits Kalshoven (Netherlands)
(first, second and third sessions)
Mr. Robert J. Akkerman (Netherlands)
(third session)
Mr. John G. Taylor (United Kingdom of

Great Britain and Northern Ireland)
(fourth session)
Mr. Martin R. Eaton (United Kingdom of
Great Britain and Northern Ireland)
(fourth session)

Drafting Committee:

Chairmen: Mr. Abu Sayed Chowdhury (Bangladesh)
(first and second sessions)
Mr. Iqbal Abdul Qarim Al-Fallouji (Iraq)
(third and fourth sessions)

Vice-Chairmen: Mr. Mario Carías (Honduras)
(first, second and third sessions)
Mr. Rodrigo Valdez Baquero (Ecuador)
(fourth session)
Mr. M. Sinkutu Kabuaye (United Republic
of Tanzania)

Members representatives of the following States:

Algeria[64], Brazil, France, German Democratic
Republic, Indonesia, Lebanon, Sweden, Union of
Soviet Socialist Republics, United Kingdom of
Great Britain and Northern Ireland

Ex officio members under rule 47 of the rules of procedure:

The Rapporteurs of the Main Committees

64 zur alphabetischen Reihenfolge siehe § 8

Credentials Committee:

Chairmen: Mr. Danilo Sansón Román (Nicaragua)
(first, second and third sessions)
Mr. Gastón Cajina Mejicano (Nicaragua)
(fourth session)

Members representatives of the following States:

Australia[64], Czechoslovakia, Iraq, Madagascar, Peru, Senegal, Thailand, United Republic of Cameroon, United States of America

9. Mr. Jean Humbert, Ambassador (Switzerland), held the office of Secretary-General.

10. The Conference referred to the Main Committees for consideration the text of the two draft Additional Protocols to the Geneva Conventions of 12 August 1949. The Conference also established an Ad Hoc Committee of the whole on Conventional Weapons to consider the question of the prohibition or restriction of the use of conventional weapons likely to cause unnecessary suffering or to produce indiscriminate effects. The Drafting Committee was responsible for co-ordinating and reviewing the drafting of all the texts adopted by the Main Committees.

11. On the basis of the discusssions reported in the summary records of the plenary meetings of the Conference (CDDH/SR.1-59) and in the summary records of the meetings of the Main Committees (CDDH/I/SR.1-79, CDDH/II/SR.1-101, CDDH/III/SR.1-60) and of the Ad Hoc Committee (CDDH/IV/SR.1-42), and in the reports of all the Committees:

64 zur alphabetischen Reihenfolge siehe § 8

First session

CDDH/47/Rev.1

CDDH/48/Rev.1

CDDH/49/Rev.1

CDDH/50/Rev.1

CDDH/51/Rev.1

Second session

...

Third session

...

Fourth session

...

the Conference drew up the following instruments:

Protocol Additional to the Geneva Conventions of 12 August 1949, and relating to the Protection of Victims of International Armed Conflicts (Protocol I) and Annexes I and II;

Protocol Additional to the Geneva Conventions of 12 August 1949, and relating to the Protection of Victims of Non-International Armed Conflicts (Protocol II).

12. These Additional Protocols were adopted by the Conference on 8 June 1977. They will be submitted to Governments for consideration and will be open for signature on 12 December 1977, at Berne, for a period of twelve months, in accordance with their provisions. These instruments will also be open for accession, in accordance with their provisions.

13. These Additional Protocols, the text of which has been established in Arabic, English, French, Russian and Spanish, are annexed to this Final Act. The Chinese text of the Additional Protocols will be established later.

14. The Conference further adopted the following resolutions, which are annexed to this Final Act:

17(IV) Use of certain electronic and visual means of identification by medical aircraft protected under the Geneva Conventions of 1949 and under the Protocol Additional to the Geneva Conventions of 12 August 1949, and relating to the Protection of Victims of International Armed Conflicts (Protocol I)

18(IV) Use of visual signalling for identification of medical transports protected under the Geneva Conventions of 1949 and under the Protocol Additional to the Geneva Conventions of 12 August 1949, and relating to the Protection of Victims of International Armed Conflicts (Protocol I)

19(IV) Use of radiocommunications for announcing and identifying medical transports protected under the Geneva Conventions of 1949 and under the Protocol Additional to the Geneva Conventions of 12 August 1949, and relating to the Protection of Victims of International Armed Conflicts (Protocol I)

20(IV) Protection of cultural property

21(IV) Dissemination of knowledge of international humanitarian law applicable in armed conflicts

22(IV) Follow-up regarding prohibition or restriction of use of certain conventional weapons

23(IV) Report of the Credentials Committee

24(IV) Expression of gratitude to the host country.

DONE AT GENEVA, on 10 June 1977, in Arabic, English, French, Russian and Spanish, the original and the accompanying documents to be deposited in the Archives of the Swiss Confederation.

IN WITNESS WHEREOF, the representatives have signed this Final Act, on behalf of:

AFGHANISTAN[64]

...

AFGANISTAN

AFGHANISTAN

...

ALGERIA

...

ARGELIA

ALGERIE

...

FEDERAL REPUBLIC OF GERMANY

...

REPUBLICA FEDERAL DE ALEMANIA

REPUBLIQUE FEDERALE D'ALLEMAGNE

...

ANGOLA

...

ANGOLA

ANGOLA

...

SAUDI ARABIA

...

---

64 zur alphabetischen Reihenfolge siehe § 8

ARABIA SAUDITA
ARABIE SAOUDITE
...

ARGENTINA
...
ARGENTINA
ARGENTINE
...

AUSTRALIA
...
AUSTRALIA
AUSTRALIE
...

AUSTRIA
...
AUSTRIA
AUTRICHE
...

...

ZAMBIA
...
ZAMBIA
ZAMBIE
...

NATIONAL LIBERATION MOVEMENTS RECOGNIZED BY THE REGIONAL INTERGOVERNMENTAL ORGANIZATIONS CONCERNED AND INVITED BY THE CONFERENCE TO PARTICIPATE IN ITS WORK[a)]

...

MOVIMIENTOS DE LIBERACION NACIONAL RECONOCIDOS POR LAS ORGANIZACIONES INTERGUBERNAMENTALES REGIONALES INTERESADAS E INVITADOS POR LA CONFERENCIA A PARTICIPAR EN SUS TRABAJOS[b)]

MOUVEMENTS DE LIBERATION NATIONALE RECONNUS PAR LES ORGANISATIONS INTERGOUVERNEMENTALES REGIONALES INTERESSEES ET INVITES PAR LA CONFERENCE A PARTICIPER A SES TRAVAUX[c)]

...

African National Congress (South Africa) (ANC)

...

African National Congress (Sudáfrica) (ANC)

African National Congress (South Africa) (ANC)

...

African National Council of Zimbabwe (Rhodesia) (ANCZ)

...

---

a) It is understood that the signature by these movements is without prejudice to the positions of participating States on the question of a precedent.

...

b) Queda entendido que la firma por estos movimientos no prejuzga las posiciones que adopten los Estados participantes sobre la cuestión del establecimiento de un precedente.

c) Il est entendu que la signature par ces mouvements ne préjuge pas les positions que prendront les Etats participants sur le point de savoir s'il y a ou non précédent.

...

African National Council of Zimbabwe (Rhodesia) (ANCZ)
African National Council of Zimbabwe (Rhodésie) (ANCZ)
...

Palestine Liberation Organization (PLO)
...
Organización de Liberación de Palestina (OLP)
Organisation de libération de la Palestine (OLP)
...

Panafricanist Congress (South Africa) (PAC)
...
Panafricanist Congress (Sudáfrica) (PAC)
Panafricanist Congress (Afrique du Sud) (PAC)
...

South West Africa People's Organization (SWAPO)
...
South West Africa People's Organization (SWAPO)
South West Africa People's Organization (SWAPO)
...

ACTE FINAL

1. La Conférence diplomatique sur la réaffirmation et le développement du droit international humanitaire applicable dans les conflits armés, convoquée par le Conseil fédéral suisse, a tenu quatre sessions à Genève (du 20 février au 29 mars 1974, du 3 février au 18 avril 1975, du 21 avril au 11 juin 1976 et du 17 mars au 10 juin 1977). Elle avait pour but d'étudier deux projets de Protocoles additionnels préparés par le Comité international de la Croix-Rouge, après des consultations officielles et privées, et destinés à compléter les quatre Conventions de Genève du 12 août 1949:

Convention de Genève pour l'amélioration du sort des blessés et des malades dans les forces armées en campagne (I);

Convention de Genève pour l'amélioration du sort des blessés, des malades et des naufragés des forces armées sur mer (II);

Convention de Genève relative au traitement des prisonniers de guerre (III);

Convention de Genève relative à la protection des personnes civiles en temps de guerre (IV).

L'Assemblée générale des Nations Unies a soutenu les efforts de la Conférence diplomatique en adoptant des résolutions successives dans le domaine des droits de l'homme en période de conflit armé:

2444(XXIII)	Respect des droits de l'homme en période de conflit armé
2597(XXIV)	Respect des droits de l'homme en période de conflit armé
2673(XXV)	Protection des journalistes en mission périlleuse dans les zones de conflit armé

...

2. Cent vingt-quatre Etats étaient représentés à la première session de la Conférence, 120 Etats à la deuxième session, 107 Etats à la troisième

session et 109 Etats à la quatrième session. Les représentants des Etats suivants ont participé à la Conférence:

AFGHANISTAN[64]

AFRIQUE DU SUD (première session)

ALBANIE (première session)

ALGERIE

ALLEMAGNE, REPUBLIQUE FEDERALE D'

ARABIE SAOUDITE

ARGENTINE

AUSTRALIE

...

ZAMBIE (première session)

3. Etant donné qu'il était de la plus haute importance d'assurer une large participation aux travaux de la Conférence qui avait un caractère foncièrement humanitaire et parce que le développement progressif et la codification du droit international humanitaire applicable dans les conflits armés sont une tâche universelle à laquelle les mouvements de libération nationale peuvent apporter une contribution positive, la Conférence, par sa résolution 3 (I), a décidé d'inviter également les mouvements de libération nationale reconnus par les organisations intergouvernementales régionales intéressées à participer pleinement à ses débats et à ceux de ses Commissions principales, étant entendu que seules les délégations représentant des Etats avaient le droit de vote. Les mouvements de libération nationale dont les noms suivent ont accepté cette invitation et ont été représentés à la Conférence:

African National Congress (South Africa) (ANC) (première, deuxième et troisième sessions)[64]

---

64 zur alphabetischen Reihenfolge siehe § 8

African National Council of Zimbabwe (Rhodesia) (ANCZ) (troisième et quatrième sessions)

Front de libération du Mozambique (FRELIMO) (première session)

Front national de libération de l'Angola (FLNA) (première et deuxième sessions)

Mouvement populaire de libération de l'Angola (MPLA) (première et deuxième sessions)

...

4. Etaient représentées à la Conférence en qualité d'observateurs les organisations dont les noms suivent:

Association médicale mondiale[64]
Comité international d'enregistrement des fréquences
Comité international de médecine et de pharmacie militaires (CIMPM)
Conseil de l'Europe
Fédération internationale des Droits de l'homme
Fonds des Nations Unies pour l'enfance (FISE)
Haut Commissariat des Nations Unies pour les réfugiés
Institut Henry-Dunant
...

Le Groupe de travail pour le développement du droit humanitaire comprend:

Alliance mondiale des unions chrétiennes féminines[64]
Amnesty International
Association internationale de signalisation maritime
Association internationale des juristes démocrates

64 zur alphabetischen Reihenfolge siehe § 8

Association pour l'étude du problème mondial des réfugiés
Comité consultatif mondial de la société des Amis
Commission des églises pour les affaires internationales (Conseil oecuménique des églises)
Commission électrotechnique internationale
...

5. Le Comité international de la Croix-Rouge, qui avait préparé les deux projets de Protocoles additionnels, a été associé aux travaux de la Conférence en qualité d'expert.

6. La Conférence a élu Président M. Pierre Graber, Conseiller fédéral, Chef du Département politique fédéral de la Confédération suisse.

7. La Conférence a élu Vice-Présidents les représentants des Etats suivants:

Allemagne[64], République fédérale d'; Autriche; Belgique; Canada; Chine; Guinée-Bissau; Honduras (quatrième session); Italie; Maroc; Mauritanie; Ouganda; Panama; Philippines; République arabe syrienne; Roumanie; Sri Lanka; Trinité-et-Tobago (première, deuxième et troisième sessions); Union des Républiques socialistes soviétiques; Uruguay; Zaïre.

8. La Conférence a constitué les organes suivants:

Bureau de la Conférence

Président:	Le Président de la Conférence
Membres:	Le Président et les Vice-Présidents de la Conférence, les Présidents des Commissions principales et de la Commission plénière ad hoc sur les armes conventionnelles, du Comité de rédaction, de la Commission de vérification des pouvoirs et le Secrétaire général

64 zur alphabetischen Reihenfolge siehe § 8

Commission I

Présidents:	M. Edvard Hambro (Norvège) (première et deuxième sessions) M. Einar-Frederik Ofstad (Norvège) (troisième et quatrième sessions)
Vice-Présidents:	M. B. Akporode Clark (Nigéria) M. Konstantin Obradovic (Yougoslavie)
Rapporteurs:	M. Miguel Marín Bosch (Mexique) (première session) M. Antonio Eusebio de Icaza (Mexique) (deuxième, troisième et quatrième sessions)

Commission II

Présidents:	M. Tadeusz Mallik (Pologne) (première session) M. Stanislaw-Edward Nahlik (Pologne) (deuxième, troisième et quatrième sessions)
Vice-Présidents:	M. Osvaldo Salas (Chili) (première, deuxième et quatrième sessions) M. Carlos Mackenney (Chili) (troisième session) M. Nasim Shah (Pakistan) (première session) M. Javed Khan (Pakistan) (première session) M. Khalid Saleem (Pakistan) (deuxième et troisième sessions) M. C. Khurshid Hasan (Pakistan) (quatrième session)

Rapporteurs:	M. Djibrilla Maiga (Mali) (première et deuxième sessions) M. El Hussein El Hassan (Soudan) (troisième et quatrième sessions)

Commission III

Président:	M. Hamed Sultan (Egypte)
Vice-Présidents:	M. Géza Herczegh (Hongrie) M. Mangalyn Dugersuren (Mongolie) (première, deuxième et troisième sessions) M. Dugersurengiin Erdembileg (Mongolie) (quatrième session)
Rapporteurs:	M. Richard Baxter (Etats-Unis d'Amérique) (première, deuxième et troisième sessions) M. George H. Aldrich (Etats-Unis d'Amérique) (deuxième, troisième et quatrième sessions)

Commission plénière Ad Hoc sur les armes conventionnelles

Présidents:	M. Diego Garcés (Colombie) (première, deuxième et troixième sessions) M. Héctor Charry Samper (Colombie) (quatrième session)
Vice-Présidents:	M. Houchang Amir-Mokri (Iran) M. Mustapha Chelbi (Tunisie) M. Nkeke Ndongo Mangbau (Zaïre) (deuxième session)
Rapporteurs:	M. Frits Kalshoven (Pays-Bas) (première, deuxième et troisième sessions) M. Robert J. Akkerman (Pays-Bas) (troisième session) M. John G. Taylor (Royaume-Uni de Grande-Bretagne

et d'Irlande du Nord)
(quatrième session)
M. Martin R. Eaton (Royaume-Uni de Grande-Bretagne
et d'Irlande du Nord)
(quatrième session)

Comité de rédaction

Présidents: M. Abu Sayed Chowdhury (Bangladesh)
(première et deuxième sessions)
M. Iqbal Abdul Qarim Al-Fallouji (Irak)
(troisième et quatrième sessions)

Vice-Présidents: M. Mario Carías (Honduras)
(première, deuxième et troisième sessions)
M. Rodrigo Valdez Baquero (Equateur)
(quatrième session)
M. M. Sinkutu Kabuaye (République-Unie
de Tanzanie)

Membres représentants des Etats suivants:

Algérie[64], Brésil, France, Indonésie, Liban,
République démocratique allemande, Royaume-Uni
de Grande-Bretagne et d'Irlande du Nord, Suède,
Union des Républiques socialistes soviétiques

Membres d'office, conformément à l'article 47 du Règlement intérieur:

Les Rapporteurs des Commissions principales.

---

64 zur alphabetischen Reihenfolge siehe § 8

Commission de vérification des pouvoirs

Présidents: M. Danilo Sansón Román (Nicaragua)
(première, deuxième et troisième sessions)
M. Gastón Cajina Mejicano (Nicaragua)
(quatrième session)

Membres représentants des Etats suivants:

Australie[64], Etats-Unis d'Amérique, Irak, Madagascar, Pérou, République-Unie du Cameroun, Sénégal, Tchécoslovaquie, Thaïlande

9. M. Jean Humbert, Ambassadeur (Suisse) a rempli les fonctions de Secrétaire général.

10. La Conférence a confié aux Commissions principales l'examen des deux projets de Protocoles additionnels aux Conventions de Genève du 12 août 1949. La Conférence a également créé une Commission plénière ad hoc sur les armes conventionnelles pour étudier la question de l'interdiction ou de la limitation de l'emploi des armes conventionnelles de nature à causer des maux superflus ou à frapper sans discrimination. Le Comité de rédaction avait pour tâche de coordonner et de revoir la rédaction de tous les textes adoptés par les Commissions principales.

11. Sur la base des délibérations consignées dans les comptes rendus analytiques de ses séances plénières (CDDH/SR.1 à 59), des séances des Commissions principales (CDDH/I/SR.1 à 79), CDDH/II/SR.1 à 101, CDDH/III/SR.1 à 60), des séances de la Commission ad hoc (CDDH/IV/SR.1 à 42) et dans les rapports de toutes les Commissions:

---

64 zur alphabetischen Reihenfolge siehe § 8

Première session

CDDH/47/Rev.1

CDDH/48/Rev.1

CDDH/49/Rev.1

CDDH/50/Rev.1

CDDH/51/Rev.1

Deuxième session

...

Troisième session

...

Quatrième session

...

la Conférence a élaboré les instruments suivants:

Protocole additionnel aux Conventions de Genève du 12 août 1949 relatif à la protection des victimes des conflits armés internationaux (Protocole I) et Annexes I et II;

Protocole additionnel aux Conventions de Genève du 12 août 1949 relatif à la protection des victimes des conflits armés non internationaux (Protocole II).

12. Ces Protocoles additionnels ont été adoptés par la Conférence le 8 juin 1977. Ils seront présentés à l'examen des gouvernements et ouverts à la signature le 12 décembre 1977 à Berne, pendant une période de douze mois, conformément à leurs dispositions. Ces instruments seront aussi ouverts à l'adhésion, conformément à leurs dispositions.

13. Ces Protocoles additionnels, dont le texte a été rédigé dans les langues anglaise, arabe, espagnole, française et russe, sont annexés au présent Acte final. La version chinoise des Protocoles additionnels sera établie ultérieurement.

14. La Conférence a adopté en outre les résolutions ci-après, qui sont annexées au présent Acte final:

17(IV) Emploi de certains moyens d'identification électroniques et visuels par des aéronefs sanitaires protégés par les Conventions de Genève de 1949 et par le Protocole additionnel aux Conventions de Genève du 12 août 1949 relatif à la protection des victimes des conflits armés internationaux (Protocole I)

18(IV) Emploi de signaux visuels pour l'identification des moyens de transport sanitaire protégés par les Conventions de Genève de 1949 et par le Protocole additionnel aux Conventions de Genève du 12 août 1949 relatif à la protection des victimes des conflits armés internationaux (Protocole I)

19(IV) Emploi des radiocommunications pour l'annonce et l'identification des moyens de transport sanitaire protégés par les Conventions de Genève de 1949 et par le Protocole additionnel aux Conventions de Genève du 12 août 1949 relatif à la protection des victimes des conflits armés internationaux (Protocole I)

20(IV) Protection des biens culturels

21(IV) Diffusion du droit international humanitaire applicable dans les conflits armés

22(IV) Suite à donner aux travaux sur l'interdiction ou la limitation de l'emploi de certaines armes conventionnelles

23(IV) **Rapport de la Commission de vérification des pouvoirs**

24(IV) **Témoignage de gratitude au pays hôte**

FAIT A GENEVE, le 10 juin 1977, en anglais, arabe, espagnol, français et russe, l'original et les documents qui l'accompagnent devant être déposés dans les Archives de la Confédération suisse.

EN FOI DE QUOI, les représentants ont signé le présent Acte final, au nom de:

(siehe englische Fassung)

ACTA FINAL

1. La Conferencia Diplomática sobre la Reafirmación y el Desarrollo del Derecho Internacional Humanitario aplicable en los Conflictos Armados, convocada por el Consejo Federal Suizo, celebró cuatro períodos de sesiones en Ginebra (del 20 de febrero al 29 de marzo de 1974, del 3 de febrero al 18 de abril de 1975, del 21 de abril al 11 de junio de 1976 y del 17 de marzo al 10 de junio de 1977). La Conferencia tenía por objeto estudiar dos proyectos de Protocolos adicionales preparados, después de consultas oficiales y privadas, por el Comité Internacional de la Cruz Roja y destinados a completar los cuatro Convenios de Ginebra del 12 de agosto de 1949:

Convenio de Ginebra para aliviar la suerte de los heridos y enfermos de las fuerzas armadas en campaña (I);

Convenio de Ginebra para aliviar la suerte de los heridos, enfermos y náufragos de las fuerzas armadas en el mar (II);

Convenio de Ginebra sobre el trato a los prisioneros de guerra (III);

Convenio de Ginebra sobre la protección de personas civiles en tiempo de guerra (IV).

La Asamblea General de las Naciones Unidas apoyó los esfuerzos de la Conferencia Diplomática mediante la aprobación de resoluciones sucesivas en la esfera de los derechos humanos en los conflictos armados:

2444(XXIII)	Respeto de los derechos humanos en los conflictos armados
2597(XXIV)	Respeto de los derechos humanos en los conflictos armados
2673(XXV)	Protección de los periodistas en misión peligrosa en las zonas de conflictos armados

...

2. En el primer período de sesiones de la Conferencia estuvieron representados 124 Estados; en el segundo período de sesiones, 120 Estados; en el tercer período de sesiones, 107 Estados y en el cuarto período de sesiones, 109 Estados. Asistieron a la Conferencia los representantes de los Estados siguientes:

AFGANISTAN[64]

ALBANIA (primer período de sesiones)

ALEMANIA, REPUBLICA FEDERAL DE

ALTO VOLTA (períodos de sesiones primero, segundo y tercero)

ARABIA SAUDITA

ARGELIA

ARGENTINA

AUSTRALIA

...

ZAMBIA (primer período de sesiones)

3. Dada la enorme importancia de asegurar la más amplia participación en los trabajos de la Conferencia, que son de carácter fundamentalmente humanitario, y debido a que el desarrollo progresivo y la codificación del derecho internacional humanitario aplicable en los conflictos armados es una labor universal a la que pueden contribuir de manera positiva los movimientos de liberación nacional, la Conferencia decidió por su resolución 3 (I) invitar asimismo a los movimientos de liberación nacional reconocidos por las organizaciones intergubernamentales regionales interesadas a que participaran plenamente en los debates de la Conferencia y de sus Comisiones Principales, quedando entendido que solamente tendrían derecho de voto las delegaciones que representan a Estados. Los movimientos de liberación nacional cuyos nombres figuran a continuación aceptaron dicha invitación y estuvieron representados en la Conferencia:

64 zur alphabetischen Reihenfolge siehe § 8

African National Congress (Congreso Nacional Africano) (Sudáfrica) (ANC) (períodos de sesiones primero, segundo y tercero)[64]

African National Council of Zimbabwe (Rhodesia) (ANCZ) (períodos de sesiones tercero y cuarto)

Frente de Liberación de Mozambique (FRELIMO) (primer período de sesiones)

Frente Nacional de Liberación de Angola (FNLA) (períodos de sesiones primero y segundo)

Movimiento Popular de Liberación de Angola (MPLA) (períodos de sesiones primero y segundo)

...

4. Estuvieron representadas en la Conferencia en calidad de observadores las organizaciones siguientes:

Alto Comisionado de las Naciones Unidas para los Refugiados[64]
Asociación Médica Mundial
Comité Internacional de Medicina y Farmacia Militares (CIMFM)
Consejo de Europa
Federación Internacional pro Derechos del Hombre
Fondo de las Naciones Unidas para la Infancia (UNICEF)
Instituto Henry-Dunant
Instituto Internacional de Derecho Humanitario
...

64 zur alphabetischen Reihenfolge siehe § 8

Grupo de Trabajo para el Desarrollo del Derecho Internacional Humanitario, que comprende:

Amnesty International[64]
Asociación Cristiana Femenina Mundial
Asociación Internacional de Faros y Balizas
Asociación Internacional de Juristas Demócratas
Asociación para el Estudio del Problema Mundial de los Refugiados
Comisión Electrotécnica Internacional
Comisión Internacional del Alumbrado
Comisión Internacional de Juristas
...

5. El Comité Internacional de la Cruz Roja, que había preparado los dos proyectos de Protocolos adicionales, estuvo asociado a los trabajos de la Conferencia en calidad de experto.

6. La Conferencia eligió Presidente al Sr. Pierre Graber, Consejero Federal, Jefe del Departamento Político Federal de la Confederación Suiza.

7. La Conferencia eligió Vicepresidentes a los representantes de los Estados siguientes:

Alemania[64], República Federal de; Austria; Bélgica; Canadá; China; Filipinas; Guinea-Bissau; Honduras (cuarto período de sesiones); Italia; Marruecos; Mauritania; Panamá; República Arabe Siria; Rumania; Sri Lanka; Trinidad y Tabago (períodos de sesiones primero, segundo y tercero); Uganda; Unión de Repúblicas Socialistas Soviéticas; Uruguay; Zaire.

---

64 zur alphabetischen Reihenfolge siehe § 8

8. La Conferencia constituyó los órganos siguientes:

Mesa de la Conferencia

Presidente:	El Presidente de la Conferencia
Miembros:	El Presidente y los Vicepresidentes de la Conferencia, así como los Presidentes de las Comisiones Principales y de la Comisión Plenaria Especial de Armas Convencionales, del Comité de Redacción y de la Comisión de Verificación de Poderes, y el Secretario General

Comisión I

Presidentes:	Sr. Edvard Hambro (Noruega) (períodos de sesiones primero y segundo) Sr. Einar-Frederik Ofstad (Noruega) (períodos de sesiones tercero y cuarto)
Vicepresidentes:	Sr. B. Akporode Clark (Nigeria) Sr. Konstantin Obradovic (Yugoslavia)
Relatores:	Sr. Miguel Marín Bosch (México) (primer período de sesiones) Sr. Antonio Eusebio de Icaza (México) (períodos de sesiones segundo, tercero y cuarto)

Comisión II

Presidentes:	Sr. Tadeusz Mallik (Polonia) (primer período de sesiones) Sr. Stanislaw-Edward Nahlik (Polonia) (períodos de sesiones segundo, tercero y cuarto)

Vicepresidentes:	Sr. Osvaldo Salas (Chile) (períodos de sesiones primero, segundo y cuarto) Sr. Carlos Mackenney (Chile) (tercer período de sesiones) Sr. Nasim Shah (Pakistán) (primer período de sesiones) Sr. Javed Khan (Pakistán) (primer período de sesiones) Sr. Khalid Saleem (Pakistán) (períodos de sesiones segundo y tercero) Sr. Chaudhri Khurshid Hasan (Pakistán) (cuarto período de sesiones)
Relatores:	Sr. Djibrilla Maiga (Malí) (períodos de sesiones primero y segundo) Sr. El Hussein El Hassan (Sudán) (períodos de sesiones tercero y cuarto)

Comisión III

Presidente:	Sr. Hamed Sultan (Egipto)
Vicepresidentes:	Sr. Géza Herczegh (Hungría) Sr. Mangalyn Dugersuren (Mongolia) (períodos de sesiones primero, segundo y tercero) Sr. Dugersurengiin Erdembileg (Mongolia) (cuarto período de sesiones)
Relatores:	Sr. Richard Baxter (Estados Unidos de América) (períodos de sesiones primero, segundo y tercero) Sr. George H. Aldrich (Estados Unidos de América) (períodos de sesiones segundo, tercero y cuarto)

Comisión Plenaria Especial de Armas Convencionales

Presidentes: Sr. Diego Garcés (Colombia)
(períodos de sesiones primero, segundo y tercero)
Sr. Héctor Charry Samper (Colombia)
(cuarto período de sesiones)

Vicepresidentes: Sr. Houchang Amir-Mokri (Irán)
Sr. Mustapha Chelbi (Túnez)
Sr. Nkeke Ndongo Mangbau (Zaire)
(segundo período de sesiones)

Relatores: Sr. Frits Kalshoven (Países Bajos)
(períodos de sesiones primero, segundo y tercero)
Sr. Robert J. Akkerman (Países Bajos)
(tercer período de sesiones)
Sr. John G. Taylor (Reino Unido de Gran Bretaña e Irlanda del Norte)
(cuarto período de sesiones)
Sr. Martin R. Eaton (Reino Unido de Gran Bretaña e Irlanda del Norte)
(cuarto período de sesiones)

Comité de Redacción

Presidentes: Sr. Abu Sayed Chowdhury (Bangladesh)
(períodos de sesiones primero y segundo)
Sr. Iqbal Abdul Qarim Al-Fallouji (Iraq)
(períodos de sesiones tercero y cuarto)

Vicepresidentes: Sr. Mario Carías (Honduras)
(períodos de sesiones primero, segundo y tercero)
Sr. Rodrigo Valdez Baquero (Ecuador)
(cuarto período de sesiones)
Sr. M. Sinkutu Kabuaye (República Unida de Tanzanía)

Miembros representantes de los Estados siguientes:

Argelia[64], Brasil, Francia, Indonesia, Líbano, Reino Unido de Gran Bretaña e Irlanda del Norte, República Democrática Alemana, Suecia, Unión de Repúblicas Socialistas Soviéticas

Miembros de oficio, de conformidad con el artículo 47 del Reglamento:

Los Relatores de las Comisiones Principales

Comisión de Verificación de Poderes

Presidentes: Sr. Danilo Sansón Román (Nicaragua)
(períodos de sesiones primero, segundo y tercero)
Sr. Gastón Cajina Mejicano (Nicaragua)
(cuarto período de sesiones)

Miembros representantes de los Estados siguientes:

Australia[64], Estados Unidos de América, Checoslovaquia, Iraq, Madagascar, Perú, República Unida del Camerún, Senegal, Tailandia

9. El Sr. Jean Humbert, Embajador (Suiza), desempeñó las funciones de Secretario General.

10. La Conferencia confió a las Comisiones Principales el examen de los dos proyectos de Protocolos adicionales a los Convenios de Ginebra del 12 de agosto de 1949. La Conferencia creó asimismo una Comisión Plenaria Especial de Armas Convencionales para estudiar la cuestión de la prohibición o

---

64 zur alphabetischen Reihenfolge siehe § 8

restricción del empleo de las armas convencionales que pueden causar males superfluos o dañar sin discriminación. El Comité de Redacción quedó encargado de coordinar y revisar la redacción de todos los textos aprobados por las Comisiones Principales.

11. Basándose en las deliberaciones consignadas en las actas resumidas de sus sesiones plenarias (CDDH/SR.1 a 59), de las sesiones de las Comisiones Principales (CDDH/I/SR.1 a 79, CDDH/II/SR.1 a 101 y CDDH/III/SR.1 a 60), de las sesiones de la Comisión Especial (CDDH/IV/SR.1 a 42) y en los informes de todas las Comisiones:

Primer período de sesiones

CDDH/47/Rev.1

CDDH/48/Rev.1

CDDH/49/Rev.1

CDDH/50/Rev.1

CDDH/51/Rev.1

Segundo período de sesiones

...

Tercer período de sesiones

...

Cuarto período de sesiones

...

la Conferencia elaboró los instrumentos siguientes:

Protocolo adicional a los Convenios de Ginebra del 12 de agosto de 1949 relativo a la protección de las víctimas de los conflictos armados internacionales (Protocolo I) y Anexos I y II

Protocolo adicional a los Convenios de Ginebra del 12 de agosto de 1949 relativo a la protección de las víctimas de los conflictos armados sin carácter internacional (Protocolo II)

12. Estos Protocolos adicionales fueron aprobados por la Conferencia el 8 de junio de 1977. Serán sometidos al examen de los Gobiernos y quedarán abiertos a la firma el 12 de diciembre de 1977 en Berna, por un período de doce meses, de conformidad con sus disposiciones. Estos instrumentos quedarán también abiertos a la adhesión, conforme a sus disposiciones.

13. Estos Protocolos adicionales, cuyo texto se estableció en los idiomas árabe, español, francés, inglés y ruso, figuran como anexos a la presente Acta Final. La version china de los Protocolos adicionales se establecerá ulteriormente.

14. La Conferencia aprobó, además, las resoluciones siguientes, que figuran como anexos a la presente Acta Final:

17(IV) Uso de ciertos medios electrónicos y visuales de identificación por las aeronaves sanitarias protegidas en virtud de los Convenios de Ginebra de 1949 y por el Protocolo adicional a los Convenios de Ginebra del 12 de agosto de 1949 relativo a la protección de las víctimas de los conflictos armados internacionales (Protocolo I)

18(IV) Uso de señales visuales de identificación de los medios de transporte sanitarios protegidos en virtud de los Convenios de Ginebra de 1949 y por el Protocolo adicional a los Convenios de Ginebra del 12 de agosto de 1949 relativo a la protección de las víctimas de los conflictos armados internacionales (Protocolo I)

19(IV) Uso de las radiocomunicaciones para anunciar e identificar los transportes sanitarios protegidos en virtud de los Convenios de Ginebra de 1949 y del Protocolo adicional a los Convenios de Ginebra del 12 de agosto de 1949 relativo a la protección de las víctimas de los conflictos armados internacionales (Protocolo I)

20(IV) Protección de los bienes culturales

21(IV) Difusión del derecho internacional humanitario aplicable en los conflictos armados

22(IV) Continuación de los trabajos sobre la prohibición o la restricción del empleo de determinadas armas convencionales

23(IV) Informe de la Comisión de Verificación de Poderes

24(IV) Expresión de gratitud al país huésped

HECHO EN GINEBRA, el 10 de junio de 1977 en los idiomas árabe, español, francés, inglés y ruso, debiéndose depositar en los Archivos de la Confederación Suiza el original y los documentos que lo acompañan.

EN FE DE LO CUAL, los representantes han firmado la presente Acta Final, en nombre de:

(siehe englische Fassung)

SCHLUSSAKTE

(1) Die vom Schweizerischen Bundesrat einberufene diplomatische Konferenz über die Neubestätigung und Weiterentwicklung des in bewaffneten Konflikten anwendbaren humanitären Völkerrechts hielt in Genf vier Tagungen ab (vom 20. Februar bis 29. März 1974, vom 3. Februar bis 18. April 1975, vom 21. April bis 11. Juni 1976 und vom 17. März bis 10. Juni 1977). Ziel der Konferenz war es, zwei vom Internationalen Komitee vom Roten Kreuz nach amtlichen und nichtamtlichen Konsultationen vorbereitete Entwürfe von Zusatzprotokollen zu prüfen, welche die vier Genfer Abkommen vom 12. August 1949 ergänzen sollen:

Genfer Abkommen zur Verbesserung des Loses der Verwundeten und Kranken der Streitkräfte im Felde (I);

Genfer Abkommen zur Verbesserung des Loses der Verwundeten, Kranken und Schiffbrüchigen der Streitkräfte zur See (II);

Genfer Abkommen über die Behandlung der Kriegsgefangenen (III);

Genfer Abkommen zum Schutze von Zivilpersonen in Kriegszeiten (IV).

Die Generalversammlung der Vereinten Nationen unterstützte die Bemühungen der diplomatischen Konferenz durch Annahme einer Reihe von Entschließungen betreffend Menschenrechte in Zeiten bewaffneter Konflikte:

2444 (XXIII)	Achtung der Menschenrechte in bewaffneten Konflikten
2597 (XXIV)	Achtung der Menschenrechte in bewaffneten Konflikten
2673 (XXV)	Schutz von Journalisten in gefährlichem Auftrag in Gebieten eines bewaffneten Konflikts

...

(2) Einhundertvierundzwanzig Staaten waren auf der ersten Tagung der Konferenz vertreten, 120 Staaten auf der zweiten Tagung, 107 Staaten auf der dritten Tagung und 109 Staaten auf der vierten Tagung. Die Vertreter folgender Staaten nahmen an der Konferenz teil:

ÄGYPTEN[64]
ÄTHIOPIEN (dritte Tagung)
AFGHANISTAN
ALBANIEN (erste Tagung)
ALGERIEN
ARABISCHE REPUBLIK SYRIEN
ARGENTINIEN
AUSTRALIEN
...
ZYPERN

(3) Da es äußerst wichtig war, eine umfassende Teilnahme an den Arbeiten der Konferenz, die im wesentlichen humanitärer Art waren, zu gewährleisten, und da die fortschreitende Entwicklung und Kodifizierung des in bewaffneten Konflikten anwendbaren humanitären Völkerrechts Aufgabe der gesamten Menschheit ist, zu der die nationalen Befreiungsbewegungen einen positiven Beitrag leisten können, beschloß die Konferenz in ihrer Entschließung 3 (I), auch die von den betreffenden regionalen zwischenstaatlichen Organisationen anerkannten nationalen Befreiungsbewegungen einzuladen, uneingeschränkt an den Beratungen der Konferenz und ihrer Hauptausschüsse teilzunehmen, jedoch mit der Maßgabe, daß nur die Staaten vertretenden Delegationen ein Stimmrecht besaßen. Folgende nationale Befreiungsbewegungen nahmen diese Einladung an und waren auf der Konferenz vertreten:

African National Congress (South Africa) (ANC) (erste, zweite und dritte Tagung)[64]

---

64 zur alphabetischen Reihenfolge siehe § 8

African National Council of Zimbabwe (Rhodesia) (ANCZ) (dritte und vierte Tagung)

Befreiungsfront von Mosambik (FRELIMO) (erste Tagung)

Nationale Befreiungsfront von Angola (FLNA) (erste und zweite Tagung)

Palästinensische Befreiungsorganisation (PLO)

...

(4) Folgende Organisationen waren auf der Konferenz als Beobachter vertreten:

Amt des Hohen Flüchtlingskommissars der Vereinten Nationen (UNHCR)[64]
Europarat
Henry-Dunant-Institut
Internationale Arbeitsorganisation (IAO)
Internationale Fernmeldeunion (UIT)
Internationale Organisation für Zivilschutz
Internationale Zivilluftfahrt-Organisation (ICAO)
Internationaler Ausschuß für Militärmedizin und -pharmazie (ICMMP)
...

Der Arbeitsgruppe für die Entwicklung des humanitären Rechts gehörten an

Amnesty International[64]
Beratendes Weltkomitee der Freunde
Carnegie-Stiftung für den Weltfrieden
Christliche Friedenskonferenz
Internationale Beleuchtungskommission
Internationaler Caritasverband (Caritas Internationalis)

---

64 zur alphabetischen Reihenfolge siehe § 8

Internationale Elektrotechnische Kommission
Internationale Juristen-Kommission
...

(5) Das Internationale Komitee vom Roten Kreuz, das die Entwürfe der beiden Zusatzprotokolle vorbereitet hatte, war an den Arbeiten der Konferenz als Sachverständiger beteiligt.

(6) Die Konferenz wählte Herrn Bundesrat Pierre Graber, Vorsteher des Eidgenössischen Politischen Departements der Schweizerischen Eidgenossenschaft, zum Präsidenten.

(7) Die Konferenz wählte die Vertreter folgender Staaten zu Vizepräsidenten:

Arabische Republik Syrien[64], Belgien, China, Deutschland (Bundesrepublik), Guinea-Bissau, Honduras (vierte Tagung), Italien, Kanada, Marokko, Mauretanien, Österreich, Panama, Philippinen, Rumänien, Sri Lanka, Trinidad und Tobago (erste, zweite und dritte Tagung), Uganda, Union der Sozialistischen Sowjetrepubliken, Uruguay, Zaire.

8. Die Konferenz setzte folgende Organe ein:

Präsidialausschuß

Vorsitzender: der Präsident der Konferenz

Mitglieder: der Präsident und die Vizepräsidenten der Konferenz, die Vorsitzenden der Hauptausschüsse, des Ad-hoc-Gesamtausschusses für konventionelle Waffen, des Redaktionsausschusses und des Vollmachtenprüfungsausschusses sowie der Generalsekretär

---

64 zur alphabetischen Reihenfolge siehe § 8

Ausschuß I

Vorsitzende: Herr Edvard Hambro (Norwegen)
(erste und zweite Tagung)
Herr Einar-Frederik Ofstad (Norwegen)
(dritte und vierte Tagung)

Stellvertretende Vorsitzende:
Herr B. Akporode Clark (Nigeria)
Herr Konstantin Obradovic (Jugoslawien)

Berichterstatter:
Herr Miguel Marín Bosch (Mexiko)
(erste Tagung)
Herr Antonio Eusebio de Icaza (Mexiko)
(zweite, dritte und vierte Tagung)

Ausschuß II

Vorsitzende: Herr Tadeusz Mallik (Polen)
(erste Tagung)
Herr Stanislaw-Edward Nahlik (Polen)
(zweite, dritte und vierte Tagung)

Stellvertretende Vorsitzende:
Herr Osvaldo Salas (Chile)
(erste, zweite und vierte Tagung)
Herr Carlos Mackenney (Chile)
(dritte Tagung)
Herr Nasim Shah (Pakistan)
(erste Tagung)
Herr Javed Khan (Pakistan)
(erste Tagung)
Herr Khalid Saleem (Pakistan)
(zweite und dritte Tagung)

Herr Chaudhri Khurshid Hasan (Pakistan)
(vierte Tagung)

Berichterstatter:

Herr Djibrilla Maiga (Mali)
(erste und zweite Tagung)
Herr El Hussein El Hassan (Sudan)
(dritte und vierte Tagung)

Ausschuß III

Vorsitzender: Herr Hamed Sultan (Ägypten)

Stellvertretende Vorsitzende:

Herr Géza Herczegh (Ungarn)
Herr Mangalyn Dugersuren (Mongolei)
(erste, zweite und dritte Tagung)
Herr Dugersurengiin Erdembileg (Mongolei)
(vierte Tagung)

Berichterstatter:

Herr Richard Baxter (Vereinigte Staaten von Amerika)
(erste, zweite und dritte Tagung)
Herr George H. Aldrich (Vereinigte Staaten von Amerika)
(zweite, dritte und vierte Tagung)

Ad-hoc-Gesamtausschuß für konventionelle Waffen

Vorsitzende: Herr Diego Garcés (Kolumbien)
(erste, zweite und dritte Tagung)
Herr Héctor Charry Samper (Kolumbien)
(vierte Tagung)

Stellvertretende Vorsitzende:

Herr Houchang Amir-Mokri (Iran)
Herr Mustapha Chelbi (Tunesien)
Herr Nkeke Ndongo Mangbau (Zaire)
(zweite Tagung)

Berichterstatter:

Herr Frits Kalshoven (Niederlande)
(erste, zweite und dritte Tagung)
Herr Robert J. Akkerman (Niederlande)
(dritte Tagung)
Herr John G. Taylor (Vereinigtes Königreich Großbritannien und Nordirland)
(vierte Tagung)
Herr Martin R. Eaton (Vereinigtes Königreich Großbritannien und Nordirland)
(vierte Tagung)

Redaktionsausschuß

Vorsitzende:

Herr Abu Sayed Chowdhury (Bangladesch)
(erste und zweite Tagung)
Herr Iqbal Abdul Qarim Al-Fallouji (Irak)
(dritte und vierte Tagung)

Stellvertretende Vorsitzende:

Herr Mario Carías (Honduras)
(erste, zweite und dritte Tagung)
Herr Rodrigo Valdez Baquero (Ecuador)
(vierte Tagung)
Herr M. Sinkutu Kabuaye (Vereinigte Republik Tansania)

Mitglieder, die folgende Staaten vertraten:

Algerien[64], Brasilien, Deutsche Demokratische Republik, Frankreich, Indonesien, Libanon, Schweden, Union der Sozialistischen Sowjetrepubliken, Vereinigtes Königreich Großbritannien und Nordirland

Mitglieder von Amts wegen nach Artikel 47 der Geschäftsordnung:

die Berichterstatter der Hauptausschüsse

Vollmachtenprüfungsausschuß

Vorsitzende: Herr Danilo Sansón Román (Nicaragua) (erste, zweite und dritte Tagung)
Herr Gastón Cajina Mejicano (Nicaragua) (vierte Tagung)

Mitglieder, die folgende Staaten vertraten:

Australien[64], Irak, Madagaskar, Peru, Senegal, Tschechoslowakei, Thailand, Vereinigte Republik Kamerun, Vereinigte Staaten von Amerika

(9) Botschafter Jean Humbert (Schweiz) versah das Amt des Generalsekretärs.

(10) Die Konferenz übertrug den Hauptausschüssen die Prüfung des Wortlauts der Entwürfe von zwei Zusatzprotokollen zu den Genfer Abkommen vom 12. August 1949. Die Konferenz setzte ferner einen Ad-hoc-Gesamtausschuß für konventionelle Waffen ein, um die Frage des Verbots oder der Beschränkung des Einsatzes konventioneller Waffen zu prüfen, die geeignet sind, unnötige

64 zur alphabetischen Reihenfolge siehe § 8

Leiden zu verursachen oder unterschiedslos zu wirken. Der Redaktionsausschuß hatte die Aufgabe, alle von den Hauptausschüssen angenommenen Texte zu koordinieren und zu überprüfen.

(11) Auf der Grundlage der Beratungen, die in den Kurzprotokollen der Vollsitzungen der Konferenz (CDDH/SR.1-59), der Sitzungen der Hauptausschüsse (CDDH/I/SR.1-79, CDDH/II/SR.1-101, CDDH/III/SR.1-60) und der Sitzungen des Ad-hoc-Ausschusses (CDDH/IV/SR.1-42) sowie in den Berichten aller Ausschüsse wiedergegeben sind -

erste Tagung

CDDH/47/Rev.1

CDDH/48/Rev.1

CDDH/49/Rev.1

CDDH/50/Rev.1

CDDH/51/Rev.1

zweite Tagung

...

dritte Tagung

...

vierte Tagung

...

erarbeitete die Konferenz folgende Übereinkünfte:

Zusatzprotokoll zu den Genfer Abkommen vom 12. August 1949 über den Schutz der Opfer internationaler bewaffneter Konflikte (Protokoll I) nebst Anlagen I und II;

Zusatzprotokoll zu den Genfer Abkommen vom 12. August 1949 über den Schutz der Opfer nicht internationaler bewaffneter Konflikte (Protokoll II).

(12) Diese Zusatzprotokolle wurden von der Konferenz am 8. Juni 1977 angenommen. Sie werden den Regierungen zur Prüfung übergeben und im Einklang mit ihren Bestimmungen am 12. Dezember 1977 in Bern für einen Zeitabschnitt von zwölf Monaten zur Unterzeichnung aufgelegt. Diese Übereinkünfte stehen im Einklang mit ihren Bestimmungen auch zum Beitritt offen.

(13) Diese Zusatzprotokolle, deren Wortlaut in arabischer, englischer, französischer, russischer und spanischer Sprache abgefaßt ist, sind dieser Schlußakte beigefügt. Der chinesische Wortlaut der Zusatzprotokolle wird später erstellt.

(14) Die Konferenz nahm ferner folgende dieser Schlußakte beigefügte Entschließungen an:

17(IV) Verwendung bestimmter elektronischer und optischer Mittel zur Kennzeichnung von Sanitätsluftfahrzeugen, die nach den Genfer Abkommen von 1949 und dem Zusatzprotokoll zu den Genfer Abkommen vom 12. August 1949 über den Schutz der Opfer internationaler bewaffneter Konflikte (Protokoll I) geschützt werden

18(IV) Verwendung optischer Signale zur Kennzeichnung von Sanitätstransportmitteln, die nach den Genfer Abkommen von 1949 und dem Zusatzprotokoll zu den Genfer Abkommen vom 12. August 1949 über den Schutz der Opfer internationaler bewaffneter Konflikte (Protokoll I) geschützt werden

19(IV) Verwendung von Funkverkehr zur Ankündigung und Kennzeichnung von Sanitätstransportmitteln, die nach den Genfer Abkommen von 1949 und dem Zusatzprotokoll zu den Genfer Abkommen vom 12. August 1949 über den Schutz der Opfer internationaler bewaffneter Konflikte (Protokoll I) geschützt werden

20(IV) Schutz von Kulturgut

21(IV) Verbreitung der Kenntnis des in bewaffneten Konflikten anwendbaren humanitären Völkerrechts

22(IV) Weiterführung der Arbeiten betreffend das Verbot oder die Beschränkung des Einsatzes bestimmter konventioneller Waffen

23(IV) Bericht des Vollmachtenprüfungsausschusses

24(IV) Dankbezeugung gegenüber dem Gastland

GESCHEHEN ZU GENF am 10. Juni 1977 in arabischer, englischer, französischer, russischer und spanischer Sprache; die Urschrift und die dazugehörigen Urkunden werden im Archiv der Schweizerischen Eidgenossenschaft hinterlegt.

ZU URKUND DESSEN haben die Vertreter diese Schlußakte unterschrieben im Namen von

AFGHANISTAN[64]
ALGERIEN
DEUTSCHLAND, BUNDESREPUBLIK
ANGOLA
SAUDI-ARABIEN
ARGENTINIEN
AUSTRALIEN
ÖSTERREICH
...
SAMBIA

64 zur alphabetischen Reihenfolge siehe § 8

NATIONALE BEFREIUNGSBEWEGUNGEN, DIE VON DEN BETREFFENDEN REGIONALEN ZWISCHENSTAATLICHEN ORGANISATIONEN ANERKANNT SIND UND VON DER KONFERENZ ZUR TEILNAHME AN IHREN ARBEITEN EINGELADEN WURDEN[d)]

African National Congress (South Africa) (ANC)
African National Council of Zimbabwe (Rhodesien) (ANCZ)
Palästinensische Befreiungsorganisation (PLO)
Panafricanist Congress (Südafrika) (PAC)
South West Africa People's Organization (SWAPO)

---

d) Es wird davon ausgegangen, daß die Unterzeichnung durch diese Bewegungen nicht die Haltung der Teilnehmerstaaten zur Frage eines etwaigen Präzedenzfalls berührt.

§ 34
Entschließungen

<u>The Third United Nations Conference on the Law of the Sea</u>,

<u>Bearing in mind</u> that the Conference accepted with gratitude the invitation of the Government of Jamaica and held the final part of its eleventh session for the purpose of signing the Final Act of the Conference and opening the United Nations Convention on the Law of the Sea for signature, in the city of Montego Bay in Jamaica,

<u>Acknowledging</u> with grateful appreciation the generosity of the Government and the people of Jamaica, which enabled the Conference to meet in a congenial atmosphere under excellent conditions,

<u>Decides</u> to express to their Excellencies the Prime Minister and the Deputy Prime Minister and Minister for Foreign Affairs and Government and people of Jamaica, its profound gratitude for the exceptional hospitality extended to it.

<u>La troisième Conférence des Nations Unies sur le droit de la mer</u>,

<u>Tenant compte</u> du fait que la Conférence a accepté avec gratitude l'invitation du Gouvernement jamaïquain et a tenu la reprise finale de sa onzième session en la ville de Montego Bay, à la Jamaïque, aux fins de signer l'Acte final de la Conférence et d'ouvrir à la signature la Convention des Nations Unies sur le droit de la mer,

<u>Sensible</u> à la générosité du Gouvernement et du peuple jamaïquains, dont elle leur est vivement reconnaissante, et qui a permis à la Conférence de se réunir dans une atmosphère cordiale et dans d'excellentes conditions,

<u>Décide</u> d'exprimer à leurs excellences le Premier Ministre et le Vice-Premier Ministre et Ministre des affaires étrangères de la Jamaïque, ainsi qu'aux autres membres du Gouvernement et au peuple jamaïquain, sa profonde reconnaissance pour leur hospitalité inoubliable.

<u>La Tercera Conferencia de las Naciones Unidas sobre el Derecho del Mar</u>,

<u>Teniendo presente</u> que la Conferencia aceptó con reconocimiento la invitación del Gobierno de Jamaica para que celebrara en la ciudad de Montego Bay la parte final de su undécimo período de sesiones para los efectos de la firma del Acta Final de la Conferencia y la apertura a la firma de la Convención de las Naciones Unidas sobre el Derecho del Mar,

<u>Die Dritte Seerechtskonferenz der Vereinten Nationen</u> -

<u>eingedenk dessen</u>, daß die Konferenz die Einladung der Regierung von Jamaika dankbar angenommen und den letzten Teil ihrer elften Tagung in der Stadt Montego Bay in Jamaika abgehalten hat, um die Schlußakte der Konferenz zu unterzeichnen und das Seerechtsübereinkommen der Vereinten Nationen zur Unterzeichnung aufzulegen,

Reconociendo con vivo agradecimiento la generosidad del Gobierno y del pueblo de Jamaica, que hizo posible que la Conferencia se reuniera en un ambiente cordial y en excelentes condiciones materiales,

Decide expresar a los Excelentísimos Señores Primer Ministro, Viceprimer Ministro y Ministro de Relaciones Exteriores de Jamaica, así como al Gobierno y al pueblo de ese país, su profundo agradecimiento por la extraordinaria hospitalidad que le han brindado.

in dankbarer Anerkennung der Großzügigkeit der Regierung und des Volkes von Jamaika, die es der Konferenz ermöglichte, unter hervorragenden Bedingungen in gedeihlicher Atmosphäre zusammenzutreten -

beschließt, ihren Exzellenzen dem Premierminister und dem stellvertretenden Premierminister und Minister für Auswärtige Angelegenheiten und der Regierung sowie dem Volk von Jamaika ihren tiefempfundenen Dank für die ihr erwiesene außergewöhnliche Gastfreundschaft zu bekunden.

Adoption of Amendments to the Annex of the Protocol of 1978 Relating to the International Convention for the Prevention of Pollution from Ships, 1973

The Marine Environment Protection Committee,

Recalling Article 38 (a) of the Convention of the International Maritime Organization concerning the function of the Committee conferred upon it by international conventions for the prevention and control of marine pollution from ships,

Adoption d'amendements à l'Annexe du Protocole de 1978 relatif à la Convention internationale de 1973 pour la prévention de la pollution par les navires

Le Comité de la protection du milieu marin,

Rappelant les dispositions de l'alinéa a) de l'article 38 de la Convention portant création de l'Organisation maritime internationale concernant les fonctions qui lui sont conférées aux termes de conventions internationales visant à prévenir et à combattre la pollution par les navires,

Noting Article 16 of the International Convention for the Prevention of Pollution from Ships, 1973 (hereinafter referred to as the »1973 Convention«) and Article VI of the Protocol of 1978 relating to the 1973 Convention (hereinafter referred to as the »1978 Protocol«) which together specify the amendment procedure of the 1978 Protocol and confer upon the appropriate body of the Organization the function of considering and adopting amendments to the 1973 Convention, as modified by the 1978 Protocol (MARPOL 73/78),

Notant les dispositions de l'article 16 de la Convention internationale de 1973 pour la prévention de la pollution par les navires (ci-après dénommée la »Convention de 1973«) et l'article VI du Protocole de 1978 relatif à la Convention de 1973 (ci-après dénommé le »Protocole de 1978«) qui définissent les procédures d'amendement du Protocole de 1978 et chargent l'organe compétent de l'Organisation d'examiner et d'adopter les amendements à la Convention de 1973, telle que modifiée par le Protocole de 1978 (MARPOL 73/78),

Having considered at its twenty-second session amendments to the 1978 Protocol proposed and circulated in accordance with Article 16 (2) (a) of the 1973 Convention,

Ayant examiné, à sa vingt-deuxième session, des amendements au Protocole de 1978 qui ont été proposés et diffusés conformément aux dispositions de l'alinéa a) du paragraphe 2) de l'article 16 de la Convention de 1973,

1. Adopts in accordance with Article 16 (2) (d) of the 1973 Convention amendments to the Annex of the 1978 Protocol (relating to Annex II of MARPOL 73/78), the text of which is set out in the Annex to the present resolution;

1. Adopte, conformément aux dispositions de l'alinéa d) du paragraphe 2) de l'article 16 de la Convention de 1973, les amendements à l'Annexe du Protocole de 1978 (concernant l'Annexe II de MARPOL 73/78) dont le texte figure à l'annexe de la présente résolution;

2. Determines in accordance with Article 16 (2) (f) (iii) of the 1973 Convention that the amendments shall be deemed to have been accepted on 5 October 1986 unless prior to this date one third or more of the Parties or the Parties the combined merchant fleets of which constitute fifty per cent or more of the gross tonnage of the world's merchant fleet, have communicated to the Organization their objections to the amendments;

2. Constate que, conformément au sous-alinéa f) iii) du paragraphe 2) de l'article 16 de la Convention de 1973, les amendements seront réputés avoir été acceptés le 5 octobre 1986 à moins que, avant cette date, plus d'un tiers des Parties ou les Parties dont les flottes marchandes représentent au total au moins 50 p. 100 du tonnage brut de la flotte mondiale des navires de commerce n'aient communiqué à l'Organisation des objections à ces amendements;

3. Invites the Parties to note that in accordance with Article 16 (2) (g) (ii) of the 1973 Convention the amendments shall enter into force on 6 April 1987 upon their acceptance in accordance with paragraph 2 above;

4. Requests the Secretary-General in conformity with Article 16 (2) (e) of the 1973 Convention to transmit to all Parties to the 1978 Protocol certified copies of the present resolution and the text of the amendments contained in the Annex;

5. Further requests the Secretary-General to transmit to the Members of the Organization which are not Parties to the 1978 Protocol copies of the resolution and its Annex.

3. Invite les Parties à noter que, conformément au sous-alinéa g) ii) du paragraphe 2) de l'article 16 de la Convention de 1973, les amendements entreront en vigueur le 6 avril 1987 s'ils ont été acceptés de la manière indiquée au paragraphe 2 ci-dessus;

4. Prie le Secrétaire général, en application de l'alinéa e) du paragraphe 2) de l'article 16 de la Convention de 1973, d'adresser à toutes les Parties au Protocole de 1978 des copies certifiées conformes de la présente résolution et du texte des amendements figurant à l'annexe;

5. Prie en outre le Secrétaire général de transmettre des copies de la résolution et de son annexe aux Membres de l'Organisation qui ne sont pas Parties au Protocole de 1978.

Aprobación de enmiendas al Anexo del Protocolo de 1978 relativo al Convenio internacional para prevenir la contaminación por los buques, 1973

El Comite de protección del medio marino,

Recordando el artículo 38 a) del Convenio constitutivo de la Organización Marítima Internacional, artículo que trata de la función que confieren al Comité los convenios internacionales destinados a prevenir y contener la contaminación del mar ocasionada por los buques,

Annahme von Änderungen der Anlage zu dem Protokoll von 1978 zu dem Internationalen Übereinkommen von 1973 zur Verhütung der Meeresverschmutzung durch Schiffe

Der Ausschuß für den Schutz der Meeresumwelt -

gestützt auf Artikel 38 Buchstabe a des Übereinkommens über die Internationale Seeschiffahrts-Organisation betreffend die Aufgaben, die dem Ausschuß durch die Bestimmungen internationaler Übereinkünfte zur Verhütung und Bekämpfung der Meeresverschmutzung durch Schiffe übertragen werden,

Tomando nota del artículo 16 del Convenio internacional para prevenir la contaminación por los buques, 1973 (en adelante llamado »el Convenio de 1973«) y el artículo VI del Protocolo de 1978 relativo al Convenio de 1973 (en adelante llamado »el Protocolo de 1978«), que especifican conjuntamente el procedimiento de enmiendas del Protocolo de 1978 y confieren al órgano apropiado de la Organización la función de examinar y aprobar las enmiendas al Convenio de 1973 en su forma modificada por el Protocolo de 1978 (MARPOL 73/78),

Habiendo examinado en su 22° periodo de sesiones las enmiendas al Protocolo de 1978 propuestas y distribuidas de conformidad con el artículo 16 2) a) del Convenio de 1973,

1 Aprueba, de conformidad con el artículo 16 2) d) del Convenio de 1973, las enmiendas al Anexo del Protocolo de 1978, (referentes al Anexo II del MARPOL 73/78), cuyos textos constituyen el anexo de la presente resolución;

2 Decide, de conformidad con el artículo 16 2) f) iii) del Convenio de 1973, que las enmiendas se considerarán aceptadas el 5 de octubre de 1986 a menos que, antes de esa fecha, un tercio o más de un tercio de las Partes o un número de Partes cuyas flotas mercantes combinadas representen el 50% o más del tonelaje bruto de la flota mercante mundial, hayan comunicado a la Organización objeciones a las enmiendas;

im Hinblick auf Artikel 16 des Internationalen Übereinkommens von 1973 zur Verhütung der Meeresverschmutzung durch Schiffe (im folgenden als »Übereinkommen von 1973« bezeichnet) sowie auf Artikel VI des Protokolls von 1978 zu dem Übereinkommen von 1973 (im folgenden als »Protokoll von 1978« bezeichnet), in denen das Änderungsverfahren für das Protokoll von 1978 festgelegt und dem zuständigen Gremium der Organisation die Aufgabe der Prüfung von Änderungen des Übereinkommens von 1973 in der durch das Protokoll von 1978 geänderten Fassung (MARPOL 73/78) sowie die Beschlußfassung darüber übertragen wird,

nach Prüfung der nach Artikel 16 Absatz 2 Buchstabe a des Übereinkommens von 1973 vorgeschlagenen und weitergeleiteten Änderungen des Protokolls von 1978 auf seiner zweiundzwanzigsten Tagung -

1. beschließt nach Artikel 16 Absatz 2 Buchstabe d des Übereinkommens von 1973 Änderungen der Anlage zu dem Protokoll von 1978 (in bezug auf Anlage II von MARPOL 73/78), deren Wortlaut in der Anlage zu dieser Entschließung wiedergegeben ist;

2. bestimmt nach Artikel 16 Absatz 2 Buchstabe f Ziffer iii des Übereinkommens von 1973, daß die Änderungen als am 5. Oktober 1986 angenommen gelten, sofern nicht vor diesem Zeitpunkt mindestens ein Drittel der Vertragsparteien oder aber Vertragsparteien, deren Handelsflotten insgesamt mindestens fünfzig v.H. des Bruttoraumgehalts der Handelsflotte der Welt ausmachen, der Organisation ihren Einspruch gegen die Änderungen übermittelt haben;

3 Invita a las Partes a que tomen nota de que, de conformidad con el artículo 16 2) g) ii) del Convenio de 1973, las enmiendas, una vez aceptadas con arreglo al párrafo 2 supra, entrarán en vigor el 6 de abril de 1987;

3. fordert die Vertragsparteien auf, zur Kenntnis zu nehmen, daß die Änderungen nach Artikel 16 Absatz 2 Buchstabe g Ziffer ii des Übereinkommens von 1973 am 6. April 1987 nach ihrer Annahme gemäß Nummer 2 dieser Entschließung in Kraft treten;

4 Pide al Secretario General que, de conformidad con el artículo 16 2) e) del Convenio de 1973, envíe copias certificadas de la presente resolución y de los textos de las enmiendas que figuran en el anexo a todas las Partes en el Protocolo de 1978;

4. ersucht den Generalsekretär, nach Artikel 16 Absatz 2 Buchstabe e des Übereinkommens von 1973 allen Vertragsparteien des Protokolls von 1978 beglaubigte Abschriften dieser Entschließung und des Wortlauts der in der Anlage enthaltenen Änderungen zuzuleiten;

5 Pide además al Secretario General que envíe copias de la resolución y de su anexo a los Miembros de la Organización que no sean Partes en el Protocolo de 1978.

5. ersucht den Generalsekretär ferner, den Mitgliedern der Organisation, die nicht Vertragsparteien des Protokolls von 1978 sind, Abschriften der Entschließung und ihrer Anlage zuzuleiten.

Abschnitt H

ANHANG

Korrekturlesen

(1) Die Druckfahnen der im Bundesgesetzblatt Teil II abzudruckenden **fremdsprachigen** Texte sind zusammen mit der Druckvorlage stets dem Sprachendienst des Auswärtigen Amts zum Korrekturlesen zu übersenden. Es hat sich als zweckmäßig erwiesen, dem fremdsprachigen Text **auch die deutsche Fassung oder Übersetzung beizufügen**, um dem Korrekturleser das Verständnis des fremdsprachigen Textes zu erleichtern.

Die **deutschen** Texte werden im zuständigen Fachreferat des Auswärtigen Amts oder des federführenden Ressorts gelesen.

(2) Für das Korrekturlesen **aller** Texte gilt folgendes:
Das Korrekturlesen soll grundsätzlich von zwei Personen ausgeführt werden, wobei die eine der anderen den Text anhand der Druckvorlage vorliest. Außerdem soll der für das Korrekturlesen Verantwortliche den vollständigen Text noch einmal **allein** durchlesen.

Erforderlichenfalls ist auch die als solche gekennzeichnete zweite, dritte usw. Korrektur zu lesen. Ihr ist neben der Druckvorlage die jeweilige Vorkorrektur zugrunde zu legen. Dabei genügt es im allgemeinen, wenn der Verantwortliche prüft, ob die Absätze, an denen Korrekturen auszuführen waren, richtig verbessert wurden.

Die Korrekturen sind stets mit rotem Kugelschreiber vorzunehmen. Sie sollen so angebracht werden - vorzugsweise am Rand -, daß sie deutlich zu erkennen sind. Der Auftraggeber erhält stets das korrigierte **Original** der Korrekturfahnen zurück.

Maßgebend sind die in der jeweils letzten Ausgabe des »Duden«, Band 1, aufgeführten Korrekturvorschriften, die dem Normblatt DIN 16511 entsprechen.

Durch das Korrekturlesen soll sichergestellt werden, daß der gedruckte Text der Druckvorlage genau entspricht. Es ist **nicht** Aufgabe des Korrekturlesers, die Druckvorlage und damit die Vertragsurschrift beziehungsweise die beglaubigte Abschrift nachträglich beim Druck zu »verschönern«. Daher dürfen nur offensichtliche und eindeutige Rechtschreibefehler im Originaltext, z.B. fehlende oder vertauschte Buchstaben, fehlende Akzente o.ä., verbessert werden. In der Druckvorlage vorhandene uneinheitliche Groß- und Kleinschreibung sollte nicht geändert werden.

Interpunktionsfehler im fremdsprachigen Wortlaut dürfen nicht verbessert werden. Allenfalls kann ein fehlender Punkt ergänzt werden, wenn anschließend ein neuer Satz beginnt.

Bei schwerwiegenden Irrtümern ist der Auftraggeber zu benachrichtigen, der gegebenenfalls eine Berichtigung der Vertragsurschrift veranlaßt.

Der Korrekturleser soll bedenken, daß beim Lichtsatzverfahren meist der ganze Absatz neu gesetzt werden muß. Dadurch entstehen nicht nur Kosten, sondern auch neue Fehlerquellen. Es dürfen deshalb nur unbedingt notwendige Änderungen vorgenommen werden.

Trennungen bei englischen Texten werden beim Korrekturlesen nur dann korrigiert, wenn sie ganz und gar unsinnig sind (z.B. P-arty, part-y) oder zu falscher Aussprache und damit möglicherweise zu Mißverständnissen führen (pres-ent = anwesend; Geschenk - pre-sent = überreichen, vorstellen).

Deutscher Index

Englischer Index

Französischer Index

Spanischer Index

FSC
www.fsc.org
MIX
Papier | Fördert
gute Waldnutzung
FSC® C083411

Kolibri 360 GmbH
Ferdinand-Jühlke-Straße 7
99095 Erfurt, Deutschland
produktsicherheit@kolibri360.de